W0062446

Knaur
MensSana

Über die Autorin:

Denise Linn arbeitet seit vielen Jahren als Heilerin und Leiterin von Vision Quests in der Tradition ihrer indianischen Vorfahren. Sie ist eine etablierte und namhafte Autorin zahlreicher Bücher, die in viele Sprachen übersetzt wurden. Weltweit hält sie Vorträge, Seminare und veranstaltet Workshops.

Denise Linn

Die eigenen Wurzeln finden

Vergangenheit heilen und
die Zukunft positiv gestalten

*Aus dem Englischen
von Diane von Weltzien*

Knaur
MensSana

Die amerikanische Originalausgabe erschien 2007
unter dem Titel »Four Acts of Personal Power« bei Hay House Inc., USA

Besuchen Sie uns im Internet: www.droemer-knaur.de
Alle Titel aus dem Bereich MensSana finden Sie im Internet unter
www.knaur-mens-sana.de

Deutsche Erstausgabe August 2008
Copyright © 2007 Denise Linn
Copyright © 2008 für die deutschsprachige Ausgabe
Knaur Taschenbuch. Ein Unternehmen der Droemerschen
Verlagsanstalt Th. Knaur Nachf. GmbH & Co. KG, München.
Redaktion: Katrin Ingrisch
Umschlaggestaltung: ZERO Werbeagentur, München
Umschlagabbildung: mauritius images
Satz: Adobe InDesign im Verlag
Druck und Bindung: Nørhaven Paperback A/S
Printed in Denmark
ISBN 978-3-426-87385-4

2   4   5   3   1

Ich widme dieses Buch
meiner Tochter Meadow Marie Linn.
Sie ist mein Nachkomme,
und für sie habe ich es geschrieben.

INHALT

EINFÜHRUNG

»Manchmal fällt einer Generation die Aufgabe zu, etwas Großartiges zu leisten. Sie könnten zu dieser Generation gehören.«
NELSON MANDELA, 2005

»Bei all unseren Überlegungen müssen wir die Wirkung unserer Entscheidungen auf die nächsten sieben Generationen einbeziehen.«
AUS DEM GROSSEN GESETZ
DER IROKESEN-KONFÖDERATION

Wenn Sie einmal in Ruhe darüber nachdenken, was sehen Sie dann in der Zukunft heraufziehen? Welche Zukunft sehen Sie für sich, Ihr Heimatland, die Welt? Wo sehen Sie sich selbst in zehn oder zwanzig Jahren? Welches Bild machen Sie sich von der Menschheit in zehn, zwanzig, fünfzig oder sogar hundert Jahren?

Vielleicht geht es Ihnen wie vielen Menschen, und Sie sehen die Zukunft nicht gerade rosig. Wissenschaftler, Politiker und Visionäre sind gleichermaßen der Auffassung, dass sich die Menschheit in einem der schwierigsten Jahrhunderte ihrer Geschichte befindet. Statt uns jedoch Sorgen über die Zukunft zu machen, sollten wir uns lieber darauf konzentrieren, dass wir sie selbst gestalten. Denn die Wahrheit ist, dass wir sowohl unser eigenes Schicksal wie auch das unseres Planeten selbst gestalten *können*. Ja, einen besseren Zeitpunkt für eine derartige spirituelle Aufgabe hat es bisher nicht gegeben. Manche behaupten, dass wir in ein düsteres Zeitalter eintreten. Doch das universelle Gesetz – *Je größer die Dunkelheit, desto größer das Licht* – hat seine Gültigkeit nicht verloren. Gerade jetzt müssen Sie Ihr Licht mit aller Intensität, Strahlkraft und Schönheit leuchten lassen.

Die Schwere der spirituellen und ökologischen Krise, in der sich die Menschheit momentan befindet, verlangt kühnes und visionäres Handeln. Sie sind auf diesem Planeten geboren worden, um Ihr spirituelles Wachstum voranzutreiben. Jetzt ist der richtige Zeitpunkt gekommen, um beherzt zur Tat zu schreiten. Bestimmt würden Sie dieses Buch nicht lesen, wenn Sie nicht bereit wären, einen ernsthaften Beitrag zu Ihrem eigenen Schicksal und zum Fortbestand unseres Planeten zu leisten.

Wir wissen nicht, wie wir den Herausforderungen, die vor uns liegen, begegnen sollen. Aber gerade deshalb ist es wichtig, dass wir uns von Unsicherheit, Angst und Pessimismus befreien und diese durch Vertrauen, Optimismus, Intelligenz und Visionen ersetzen, damit wir uns in den kommenden Jahren nicht vollkommen machtlos fühlen. Der Schlüssel zur Zukunft liegt im Verstehen und Heilen der Vergangenheit, und dieses Buch wird Sie mit bemerkenswerten Hilfsmitteln ausstatten, damit Sie sich von den negativen Einflüssen aus Ihrer Vergangenheit lösen und Ihre Zukunft aktiv und frei gestalten können. Mit den Techniken dieses Buches können Sie Ihrer persönlichen Entwicklung einen neuen Anstoß geben. Indem

Sie dies tun, werden Sie auf jeden Aspekt Ihres Lebens einwirken, ja sogar auf zukünftige Generationen und auf das Schicksal unseres Planeten.

Die Reise, die mich schließlich dazu führte, dieses Buch zu schreiben, begann vor vielen Jahren, als in der Schule meiner Tochter die Kinder über ihre Vorstellungen der Zukunft befragt wurden. Das Ergebnis war entmutigend. Viele von Meadows Mitschülern gaben an, dass sie Angst hätten, vielleicht gar nicht besonders alt zu werden. Sie fühlten sich durch Atom- und Umweltkatastrophen und durch die überhandnehmende Bandenkriminalität bedroht. Als ich meiner Bestürzung über diese Ergebnisse Luft machte, versicherte man mir, dass sie keine landesweite Gültigkeit besäßen, da man sie ausschließlich an einer städtischen öffentlichen Schule erhoben habe.

Dieses Argument tröstete mich jedoch keineswegs. Vielmehr kam es mir so vor, als würden die Gefühle der Kinder eine gefährliche Unterströmung aus wachsender Angst und Negativität im Hinblick auf die Zukunft zum Ausdruck bringen, die die gesamte Gesellschaft erfasst hatte. Denn die gleiche Haltung begegnete mir immer wieder auch bei Erwachsenen. Daher konnte ich mir nicht vorstellen, dass es sich um ein vereinzeltes Phänomen bei Stadtkindern handelte. Seither verfolgten mich quälende Fragen: »Wie können wir eine Welt schaffen, in der sich unsere Kinder sicher fühlen? Was können wir tun, um für unsere Nachkommen eine bessere Zukunft zu sichern? Was kann *ich* tun?« All die Jahre beschäftigten sie mich, und ich suchte nach Antworten.

Angst vor der Zukunft ist zu einem festen Bestandteil unseres kollektiven Unbewussten geworden. Als die Jahrtausendwende bevorstand, prophezeiten viele das Ende eines Erdzyklus. Andere erinnerten daran, dass Nostradamus für die Jahrtausendwende ein Inferno vorhergesagt hatte. Manche befürchteten, dass der sogenannte Y2K-Milleniumvirus unsere Computer abstürzen lassen und ein weltweites Chaos hervorrufen würde. Zahlreiche »wiedergeborene« Christen erklärten, das neue Jahrhundert stehe für »Armageddon«.

Als tatsächlich keines dieser Ereignisse eintraf, wandten sich einige den Prophezeiungen der Mayas zu, die für das Jahr 2012 eine Katastrophe vorhersagen. Irgendwann einmal nahm ich an einer New-Age-Veranstaltung teil, bei der die Podiumsgäste gefragt wurden: »*Wann* findet die große verheerende Umwälzung statt?« – *dass* sie stattfinden würde, wurde gar nicht erst in Frage gestellt. Eine bevorstehende Katastrophe wurde als Gewissheit angenommen, nicht als eine unter zahlreichen anderen Möglichkeiten.

Die Prophezeiungen bevorstehender dunkler Zeiten sind nicht nur auf einige wenige New-Age-Anhänger und Christen beschränkt. Umweltaktivisten und Sozialtheoretiker weissagen globale Umweltkatastrophen und erzeugen Ängste vor terroristischen Angriffen, Atominfernos, der Vergiftung unseres Planeten, Übervölkerung und vor zahllosen anderen möglichen Schrecken. All diese Ängste haben uns den Blick verstellt auf unsere Eingebundenheit in das große Ganze des Lebens und in unsere Zukunft und die unserer Kinder und Enkelkinder.

Für manche Menschen kann der Reiz, sich eine weltumspannende Zerstörung vorzustellen, die Vorstellung einer positiven Zukunft verdrängen – die im Vergleich vielleicht ein wenig zu banal erscheinen mag. Man kann gar nicht oft genug sagen, wie wichtig es ist, der magischen Anziehungskraft des Verhängnisses zu widerstehen, denn was immer wir uns für unsere Zukunft ausmalen, wird sich in der Regel auch bewahrheiten. Angesichts gewaltiger möglicher Schwierigkeiten kann man sich leicht überwältigt und machtlos fühlen. Derartige Entmutigung, wenn ihr nicht Vertrauen, Freude und Handlungsbereitschaft entgegengesetzt werden, besitzt das beängstigende Potenzial, eine Befürchtung in eine sich selbst erfüllende Prophezeiung zu verwandeln.

Der Glaube an zukünftige Katastrophen kann gerade diese herbeiführen – wenn nicht in globaler so doch zumindest in persönlicher Hinsicht. Wer immer nur das Schlimmste erwartet, muss sich oft mit schwierigen Situationen herumschlagen. Optimisten hingegen stehen viel mehr Türen offen. Menschen neigen einfach dazu, ihre eigenen Vorstellungen auf die äußeren Umstände zu übertragen. Viele der gegenwärtigen Vorhersagen spielen auf große Überschwemmungen an. So wurde beispielsweise prophezeit, dass Kalifornien im Meer versinken, dass eine gewaltige Flutwelle New York, London, Sydney oder Auckland überschwemmen und dass der Pazifik Amerika von der Westküste bis hin nach Colorado bedecken und das Land in einen Küstenstaat verwandeln würde.

Die »Wasser des Todes« sind keine neue Erfindung. Seit Noah und der großen Flut ist die reinigende, symbolische Kraft des Wassers ein immer wiederkehrendes Thema. In asiatischen und ozeanischen Mythen spielen Fluten eine immens wichtige Rolle im Zusammenhang mit Erlösung und Reinigung. Selbst das christliche Ritual der Taufe nutzt Wasser, um die Sünden fortzuwaschen. Als die Stadt New Orleans nach zahlreichen Deichbrüchen unter Wasser stand, glaubten viele, sie sei damit von schlechten Energien gereinigt worden. Ich konnte dieser Vorstellung nichts abgewinnen, fand es jedoch äußerst interessant, dass sie verbreitet wurde. Selbstverständlich ist es möglich, dass wir als Folge der globalen Erwärmung mehr Überschwemmungen erleben werden. Mir jedoch scheint der

Rückgriff auf diese universelle Symbolik eher ein Hinweis auf ein persönliches Bedürfnis nach Erlösung und Reinigung zu sein. Die Menschen, die an eine Sintflut glauben, projizieren möglicherweise ihre persönlichen Bedürfnisse auf die Welt als Ganzes. Gut möglich, dass viele Wahrsager nur über ihre eigene innere Zerrissenheit sprechen, wenn sie globale Katastrophen vorhersagen.

Der Sektenführer der Davidianer in Texas prophezeite, dass die Welt im Feuer vergehen werde. Und diese Prophezeiung war durchaus zutreffend, jedoch betraf sie nur das Ende seiner eigenen Welt, die in Flammen aufging. Wenn ein Mensch sich von der Weissagung bevorstehender Katastrophen in den Bann gezogen fühlt, dann kann dies der Ausdruck bevorstehender Veränderungen auf einer persönlichen statt auf einer globalen Ebene sein.

Halten Sie einen Augenblick inne und denken Sie darüber nach: Würde die Angst vor einer kommenden Katastrophe heute Ihr Leben bereichern? In den siebziger Jahren kannte ich Leute, die solche Angst vor einem herannahenden Unglück hatten, dass sie sich in eine Hütte in den Bergen zurückzogen und dort Lebensmittel und Waffen horteten. Mit den Waffen wollten sie die Opfer der Katastrophe vertreiben, die kommen würden, um ihnen ihre Lebensmittel zu stehlen. Inzwischen sind dreißig Jahre vergangen, und diese Leute warten noch immer. Wie viel kostbare Lebenszeit haben sie mit ihrem Verfolgungswahn und ihrer Angst verschwendet.

Kann die Angst vor einem Terrorangriff oder der Erderwärmung Ihre Beziehungen verbessern, Gemeinschaft fördern oder Sie zu einem toleranteren, liebevolleren Menschen machen? Welchen Nutzen hat sie?

Die Schwierigkeiten, mit denen wir es an diesem Wendepunkt

der Menschheitsgeschichte zu tun haben, sind durchaus real, und es ist leicht, sich von ihnen überfordert zu fühlen. Damit wir uns ihnen stellen und sie überwinden können, benötigen wir eine Vision, die uns Kraft gibt und dafür sorgt, dass wir alle gemeinsam an einem Strang ziehen. Auf uns allein gestellt sind wir machtlos. Durch gemeinsames Handeln hingegen können wir den Lauf der Geschichte verändern – das haben schon frühere Generationen bewiesen. Große historische Veränderungen haben oft als kleiner persönlicher Beitrag begonnen und sind dann zu einer gewaltigen Bewegung angeschwollen.

Die Entscheidungen, die Sie jetzt für Ihr Leben treffen, können für die vor Ihnen liegenden Jahre eine kraftvolle Vision schaffen und auf diese Art und Weise zum Wohl der gesamten Menschheit beitragen. Indem Sie Ihre Vergangenheit heilen, die Verantwortung dafür übernehmen, wie Sie über die Zukunft denken, und Ihren kleinen Beitrag zu einer besseren Zukunft leisten, werden Sie zum Mitschöpfer einer besseren Wirklichkeit. Wenn Sie sich dafür entscheiden, optimistisch nach vorne zu schauen, statt über mögliche Katastrophen zu grübeln, dann wenden Sie mit dieser Entscheidung Ihr eigenes Leben und das Ihrer Mitmenschen zum Positiven.

Indem wir gemeinsam unseren Blick auf eine leuchtende und verheißungsvolle Zukunft für uns und unsere Nachkommen richten, können wir sie tatsächlich auch herbeiführen. Und der Weg zu dieser Zukunft beginnt mit Ihrem ersten Schritt in diese Richtung. Mit einem Stein allein kann man noch keinen Damm bauen. Doch viele Tausend Steine verändern den Lauf des mächtigsten Flusses.

In vier Schritten zu persönlicher Macht

Vier Schritte sind erforderlich, um den Weg zur positiven Einflussnahme auf die eigene Zukunft zu finden. Als Erstes muss unsere Beziehung zur Vergangenheit wiederhergestellt werden, indem wir unsere Wurzeln erforschen und begreifen, dass wir das letzte Glied in einer langen Kette bemerkenswerter Menschen sind, die uns vorausgegangen sind. Dann müssen wir unser Erbe in Augenschein nehmen; die Anteile unserer Persönlichkeit verinnerlichen, die uns Kraft geben, und negative ererbte Muster verwerfen. In einem dritten Schritt verwandeln wir unsere hemmenden Vorstellungen von der Zukunft in eine positive Vision. Und schließlich schreiten wir beherzt zur Tat, um unsere Zukunft durch konkrete Handlungen so zu gestalten, wie wir sie uns erträumen. Wer sich diesem Prozess unterwirft, kann nicht nur grundlegende Veränderungen im eigenen Leben herbeiführen, sondern auch den Lauf der Geschichte beeinflussen.

Erster Schritt: Die eigenen Wurzeln finden

Der erste Schritt besteht darin, eine Verbindung mit der Vergangenheit aufzubauen. Indem Sie sich an Ihre Verbundenheit mit dem großen Ganzen, also dem Leben an sich, erinnern und an die Menschen, die Ihnen vorausgegangen sind, finden Sie den Mut und erschließen Sie sich den menschlichen Einfallsreichtum, die Sie benötigen, um sich den Problemen der Zukunft zu stellen. Die Anbindung an das große Ganze gelingt Ihnen, indem Sie sich auf Ihre Wurzeln zurückbesinnen: Woher kommen Sie? Wer ist Ihre Familie? Warum sind Sie hier? Wer sind Sie? Die Kenntnis der eigenen Wurzeln ist eine gute Basis, um die Antworten auf diese Fragen zu finden, denn wir alle haben unseren Ursprung in unseren Vorfahren und in den Menschen, die uns vorausgegangen sind.

Ein jeder Mensch steht an der Spitze einer hohen Säule, die aus der Geschichte, der Kultur und der Evolution unserer Art geformt wurde. In uns bündelt sich das jahrtausendelange Ringen unserer Vorfahren um Liebe, Arbeit, Kinder und das in ihren Augen bestmögliche Leben. Die Lösungen, die sie für ihre Probleme gefunden haben, sind die Grundlage unserer Existenz. Manchmal waren die von ihnen getroffenen Entscheidungen nicht so gut, und manchmal erreichten sie ihre Ziele nicht, doch ohne unsere Vorfahren gäbe es uns sicher nicht.

Dass Menschen vor enormen Schwierigkeiten stehen und gewaltige Hindernisse überwinden müssen, ist keine neue Erkenntnis. Unsere ältesten Vorfahren waren tagtäglich mit weitaus schwierigeren Problemen konfrontiert, als manch einer von uns sie während seines ganzen Lebens zu Gesicht bekommt – Probleme wie Hunger, einen durch Krankheiten oder Raubtiere herbeigeführten Tod und die Möglichkeit, aufgrund von Verletzungen für die Gemeinschaft unbrauchbar zu werden. Beim Bewältigen ihrer Schwierigkeiten standen unseren Vorfahren Hilfsmittel zur Verfügung, die wir verlernt oder vergessen haben. Sie verstanden sich als Teil einer ungebrochenen Ahnenlinie, die sich über sie hinaus bis hin zu jenen, die ihnen nachfolgen würden, erstreckte. Sie waren verwurzelt in einem tiefen Glauben an den Fluss der Geschichte und in einem starken Zugehörigkeitsgefühl zu ihrer Gemeinschaft. Schwierigkeiten stellte man sich in der Gruppe und musste sie nicht allein bewältigen. Die Menschen früherer Zeiten waren davon überzeugt, dass sie mit großer gemeinschaftlicher Anstrengung beste Ergebnisse erzielen konnten. Gemeinsam suchten sie nach Lösungen, die allen nützlich waren und die an die nächste Generation weitergegeben werden konnten.

Den Menschen in unserer Gesellschaft fehlt das Gefühl, einem spirituellen Geschlecht anzugehören, einem Geschlecht, das ihnen als sicherer Anker dienen und ihnen angesichts großer Herausforderungen Mut verleihen kann. Die Erwartung drohenden Unheils ist auch das Ergebnis unserer ökosozialen Vereinsamung. Die meisten Menschen haben vergessen, dass sie Teil eines ehrwürdigen Vermächtnisses, eines großen Zusammenhalts sind. *Wir sind zugleich die Nachkommen unserer Vorfahren und die Vorfahren unserer Nachkommen.*

Unser Zugehörigkeitsgefühl zur Vergangenheit ist im Zuge der gewaltigen Veränderungen, die sich in den zurückliegenden hundert Jahren ereignet haben, verlorengegangen. Von der Fahrt im Eselkarren haben wir es seither bis zur Landung auf dem Mond gebracht. Hattie, die Großmutter meines Mannes, die um die Jahrhundertwende geboren wurde, erzählte mir von ihrer Kindheit, als es weder Autos noch Flugzeuge noch Fernseher gab. All diese Fortschritte hielten Einzug innerhalb nur eines Menschenlebens! Die Kommunikation durch Briefe und Telegramme wurde ersetzt durch sofortige Übertragung per Satellit, durch Handys und das Internet. Massentransportmittel haben die Welt zu einem globalen Dorf zusammenschrumpfen lassen. Aber diese Fortschritte haben uns auch um unsere regionalen Kulturen gebracht. Nur wenige Menschen betrachten einen einzigen Ort als ihr lebenslanges Zuhause, ja, die meisten ziehen inzwischen alle fünf Jahre mit Sack und Pack um. Zwar eröffnet diese Mobilität dem Einzelnen größere Möglichkeiten, doch hat sie zugleich auch die Verbundenheit mit Ort, Gemeinschaft und Traditionen zerstört.

Unsere Vorstellungen von Erfolg und Misserfolg, die Art, wie wir unser Familienleben gestalten, und unsere kulturellen Werte stehen unter dem Einfluss der weltweiten Entwicklungen. Die frühere Unantastbarkeit des Heims ist von einer mobilen Gesellschaft, deren Kindererziehung, Mahlzeiten und Freizeitvergnügungen oftmals fern von zu Hause stattfinden, verworfen worden. Gelegenheiten für Ältere, die Jungen zu erziehen und auszubilden, sind kaum mehr vorhanden, und als Folge wird die Kluft zwischen den Generationen immer größer.

In der westlichen Gesellschaft betrachten wir die Älteren für gewöhnlich als nutzlos oder als Last. Alte Menschen erfahren wenig Respekt und erhalten oft keine angemessene Versorgung. Diese Missachtung wird verstärkt durch ein immer größeres Abgeschnittensein von unseren familiären Wurzeln. Die daraus entstehenden Gefühle wirken sich auf die Jungen ebenso aus wie auf die Alten. Familien mit kleinen Kindern verfügen in Zeiten von Krankheit oder wenn sie das Bedürfnis haben, sich zurückzuziehen, nicht mehr über die erforderliche Infrastruktur. Kinder wachsen nicht selten auf, ohne ihre Tanten, Onkel oder Großeltern zu kennen, und wissen nicht, wie es sich anfühlt, Teil eines großen Familienverbundes zu sein.

Die Veränderungen kamen so rasch, dass weder der Einzelne noch die Gesellschaft als Ganzes Zeit und Gelegenheit hatte, sie zu verinnerlichen. Das Leben hat sich derart beschleunigt, dass die meisten Menschen, so haben Untersuchungen gezeigt, nach dreimaligem Telefonklingeln ungeduldig werden und einhängen – nach nicht einmal zehn Sekunden! Wir verfügen über unglaubliche Möglichkeiten der Zeitersparnis – Geschirrspüler, Waschmaschinen, Fertiggerichte, Mikrowellenherde und so fort –, trotzdem scheinen wir immer weniger Zeit zu haben.

Veränderungen sind natürlich nicht von vornherein etwas Schlechtes. Die Gesellschaft durchläuft ebenso wie die Natur Veränderungen und Umwälzungen als Bestandteil natürlicher Wachstumszyklen. Auf der persönlichen Ebene befreien uns Veränderungen und innerer Aufruhr gelegentlich von alten, negativen Angewohnheiten und Verhärtungen. Sie sind ein wesentlicher Bestandteil neuen Wachstums, gleichgültig ob sie sich in einem Menschen, in der Gesellschaft oder der Natur ereignen. Doch die atemberaubenden Umwälzungen haben uns unseres Gemeinschaftssinns beraubt und uns aus unserer Verwurzelung in der Vergangenheit gerissen.

Unseren Vorfahren gelang es besser als uns, Veränderungen in ihr Leben mit einzubeziehen, weil neue Ereignisse und Herausforderungen durch Traditionen und Rituale Eingang in die Muster der Gegenwart fanden. Statt sich von zahlreichen, immer neuen und immer beängstigenderen Nachrichtenmeldungen überwältigen zu lassen, ließen sich unsere Ahnen am Abend ums Feuer nieder und verpackten ihre »Nachrichten« in Geschichten, um sie weiterzureichen. Mögliche Schwierigkeiten, aktuelle Ereignisse und Herausforderungen wurden diskutiert und vor dem Hintergrund der Stammesgeschichte gemeinsam bewertet. Diese Vorgehensweise wirkte wie ein Anker, verknüpfte die Gegenwart mit der Vergangenheit und lieferte ihrerseits eine Grundlage für Entscheidungen über die Zukunft. Traditionsempfinden und die gemeinsame Erinnerung an Erfolge aus der Vergangenheit – ebenso wie an Misserfolge, die schließlich überwunden wurden – schafften ein Gefühl der Sicherheit beim Umgang mit den aktuellen Problemen.

Das Bewusstsein, dass alle Generationen miteinander verbunden sind – in Vergangenheit, Gegenwart und Zukunft –, erzeugte ein starkes Verantwortungsgefühl im Hinblick auf

Entscheidungen und die Auswirkungen, die sie auf lange Sicht haben würden. Indem wir die Verbindung zu unseren Vorfahren wiederherstellen, finden wir unseren Platz in einem Kontinuum, das uns verstehen lässt, wer wir sind und woher wir kommen.

Zweiter Schritt: Die Heilung ererbter Muster

Sobald wir unsere familiären Wurzeln gefunden haben, geht es im nächsten Schritt darum, die negativen Muster aufzuspüren, die wir von unserer Familie und von unseren Vorfahren übernommen haben. Wir müssen heute nicht mehr den größten Teil unserer Zeit damit zubringen, unser Überleben zu sichern. Wir sind in unserer Evolution an einem Punkt angelangt, wo wir Zeit haben, uns und die nachfolgenden Generationen von negativen Mustern zu befreien. Diese Bestandteile unseres Erbes schädigen unsere Gefühlswelt, vor allem dann, wenn sie unbearbeitet bleiben.

Um Veränderungen in der Menschheitsfamilie einzuleiten, müssen wir uns zunächst den von der eigenen Familie übernommenen Verhaltensmustern zuwenden, die in jedem von uns schlummern. Das bedeutet nicht nur, die ererbten positiven Einflüsse anzunehmen und fortzuentwickeln, sondern auch übernommene negative Muster aufzugeben, damit sie nicht an unsere nachfolgende Generation weitergereicht werden. Die Heilung unserer Vergangenheit ist die Grundlage einer vielversprechenden Zukunft. Indem wir uns bewusst machen, dass unsere negativen familiären Muster über Generationen hinweg immer wiederkehren, und diese durchbrechen, tragen wir zur Schaffung eines neuen kollektiven Unbewussten bei, von dem der Fortbestand des Lebens auf unserem Planeten abhängt.

Im dritten Schritt erschaffen wir eine Vision für die Zukunft der Welt. Dieser Schritt ist dringend erforderlich, weil die Menschen in einer Wahrnehmungskrise stecken. Wir sind kurzsichtig geworden und haben die Fähigkeit verloren, in eine positive und strahlende Zukunft zu blicken. Die schöpferischen Gedanken und Taten eines einzelnen optimistischen Menschen können der Ausgangspunkt dafür sein, dass sich das kollektive Unbewusste wandelt. Der Einzelne verhält sich zur Welt wie der Mikrokosmos zum Makrokosmos.

Um die Welt zu verändern, müssen wir uns unbedingt zuerst einmal von unseren negativen Vorstellungen befreien, die wir im Hinblick auf die Zukunft unseres Planeten haben. Wenn wir nur einige solcher Grundüberzeugungen ablegen, die uns einengen, dann wird in uns Energie frei, die in die Herzen und Seelen unserer Mitmenschen eindringt und wie ein Stein, der ins Wasser geworfen wird, immer größere Kreise zieht.

Wenn Sie anfangen, diese geheimnisvolle Verbindung mit der Zukunft zu spüren, dann helfen Sie damit anderen, ebenfalls in Kontakt mit den nachfolgenden Generationen zu treten.

Viele meiner eigenen Vorfahren gehörten dem Stamm der Cherokee-Indianer an. Für sie umfasste ein traditionelles Zeitmaß sieben Generationen. Diese magisch anmutende Zeitspanne, die hundert bis zweihundert Jahre umfassen kann, veranlasste meine Vorfahren, sich die Menschen vorzustellen, die nach ihnen kommen würden. Sich die Zukunft in abstrakten Maßeinheiten vor Augen zu führen, die sich in den unvorstellbaren Bereich der Zukunft hinein erstrecken, ist etwas vollkommen anderes als die Frage, wie wohl unsere Ururururenkel leben werden. Ersteres erzeugt Gefühle des Abgeschnittenseins und der Machtlosigkeit, während Zweiteres unmittelbar Bilder, Hoffnungen, Pläne und Spekulationen entstehen lässt, die auf natürliche Weise positive Handlungen in der Gegenwart auslösen.

Vierter Schritt: Tätig werden

Folgerichtig gilt der vierte Schritt zur Stärkung der Zukunft dem Tätigwerden. Sich bildlich vorzustellen, wie die eigenen Nachfahren wohl aussehen und in spiritueller Hinsicht sein mögen, kann einen zu Handlungen inspirieren, die zukünftigen Generationen von Nutzen sein werden. Jede Handlung, angefangen beim Pflanzen eines Baumes bis hin zum Recyceln von Rohstoffen oder der Schaffung eines weiterzureichenden Erbes, kann etwas bewirken. Selbstverständlich steht die Menschheit gerade jetzt vor gewaltigen Herausforderungen; doch das war zu allen Zeiten so und wird auch immer so sein. Statt uns jedoch durch diese Schwierigkeiten entmutigen und uns unserer Träume und Vorhaben beschneiden zu lassen, sollten wir uns durch sie zum Handeln inspirieren lassen. Es ist ganz einfach, zu der Tradition zurückzukehren, die von den Alten Überliefertes schätzt und Verantwortung für das übernimmt, was vor uns liegt.

Dieses Buch ist meine persönliche Reaktion auf die beängstigenden Schatten, die ich auf den Gesichtern meiner Tochter und ihrer Klassenkameraden gesehen habe. Ich bin fest davon überzeugt, dass wir uns dieser Furcht stellen und sie in Hoffnung verwandeln müssen, wenn wir eine positive, lebendige Zukunft für uns alle schaffen wollen. Wir müssen unsere Wurzeln verstehen lernen, das Beste aus unserem spirituellen

Erbe auswählen und wertschätzen, damit wir unsere Nachfahren liebevoll ermächtigen und die Fackel an sie weiterreichen.

Ich hoffe, dass Sie sich mir anschließen, meine Vision teilen und sie schließlich Wirklichkeit werden lassen.

Auf den nachfolgenden Seiten finden Sie Hilfsmittel, um sich Ihre Vergangenheit zu erschließen, sie zu heilen, Ihre Vision für die Zukunft zu erschaffen und dann in ihrem Sinne tätig zu werden.

1. Kapitel

Die Macht
der Generationen

Plötzlich schossen die Lachse wie verirrte Pfeile panisch durch den Bach. Das bedeutete, dass etwas oder jemand sich näherte. Roter Vogel duckte sich geräuschlos hinter dem hohen Gras. Sein Bogen war gespannt, er war bereit. Er lauschte und hörte, wie ein rhythmisches Platsch, Platsch, Platsch durch das Wasser flussaufwärts auf ihn zukam. Hinter der Flussbiegung trat ein riesiger, mit vielen Narben übersäter Bär in sein Blickfeld. Roter Vogel zwang sich, langsamer zu atmen, und wartete.

Ohne provoziert worden zu sein, war dieser alte Bär vor kurzem in Roter Vogels Dorf eingedrungen und hatte einen Mann angegriffen. Der Winter stand vor der Tür, und das Dorf war nicht sicher, solange der Bär lebte. Bewaffnet nur mit Pfeil und Bogen und seinem Mut, wartete Roter Vogel. Er spürte, wie sich seine Muskeln in der kühlen Morgenluft anspannten. Während er das Herannahen des Bären beobachtete, zwang er sich, sich zu entspannen.

Er wartete, bis der Bär seitlich vor ihm stand, dann spannte er den Bogen so weit es ging, zielte und schoss. Das leise Flirren der Bogensehne beunruhigte den Bären nicht. Falls der Pfeil sein Ziel gefunden haben sollte, so reagierte der Bär jedenfalls nicht darauf. Dann, als sei er plötzlich er-

wacht, hob der Bär seinen gewaltigen Schädel und blickte zu ihm. Langsam und bedächtig bewegte er sich auf den Krieger zu.

Ebenso bedächtig legte Roter Vogel einen neuen Pfeil auf die Sehne und spannte sie. Wohl wissend, dass sein Schicksal untrennbar mit seinem nächsten Schuss verbunden war, zielte er sorgfältig, blickte dem Bären direkt in die schwarzen Augen ... und wartete. »Noch einen Schritt«, sagte er zu sich selbst. »Noch einen Schritt, und ich werde schießen.« Plötzlich und ohne jegliche Warnung brach der Bär vor ihm zusammen. Der erste Pfeil hatte sein Ziel nicht verfehlt.

Diese Geschichte über die Tapferkeit eines nordamerikanischen Indianers zeigt, dass sein Können als Jäger weit zurückreicht in eine Zeit, noch bevor er seinen ersten Atemzug machte. Sein Vater war ebenso Jäger gewesen wie sein Großvater und Urgroßvater. Als Knabe bereits hat Roter Vogel gelernt, wie man Wild nachspürt und tötet, hatte Techniken erlernt, die sich bewährt hatten und deshalb bereits über mehrere Generationen weitergegeben worden waren. In dieser Kultur hatten Männer seit Generationen die Rolle des Nahrungsbeschaffers für Familie und Dorf inne.

Wenn Menschen in kleinen Gemeinschaften oder Dörfern beisammen leben, dann fühlen sie sich oft auf eine Weise an die Vergangenheit gebunden, die ihr Handeln adelt und sie von einer tiefen Wertschätzung für diejenigen erfüllt, die ihre Traditionen bewahrt und an sie selbst weitergereicht haben. In einer solchen Gesellschaft ist ein Mann nicht allein aus sich selbst heraus ein Jäger oder nach dem Willen des Schicksals. Sondern er ist das letzte Glied in einer langen Kette von Jägern, steht vor den gleichen Schwierigkeiten und berauscht sich an den gleichen Triumphen wie seine Vorfahren. Ein solcher Stammbaum verleiht dem Alltäglichen etwas Heiliges und schafft einen übergeordneten Zusammenhang, in dessen Rahmen individuelle Erfahrungen interpretiert und verstanden werden können.

Eine Welt, in der der Einzelne nicht auf sich gestellt ist, kann enorme Kräfte mobilisieren. Er erlebt nicht nur seine Zugehörigkeit zu Familie und Dorfgemeinschaft, sondern empfindet sich außerdem als Glied einer starken, ungebrochenen Kette, die sich gleichermaßen in die Vergangenheit und in die Gegenwart erstreckt. Fragen wie »Welchen Sinn hat das alles?« und »Kann mein Leben irgendjemandem etwas bedeuten?« stellten sich kaum. In einer solchen Kultur ist dem Einzelnen die Rolle, die ihm übertragen ist, vollkommen klar. Es ist offensichtlich, in welche Schwierigkeiten die Gemeinschaft gerät, wenn eines ihrer Mitglieder seine Rolle nicht mehr erfüllen kann oder will. Alle sind voneinander abhängig, insbesondere von der Weisheit der Älteren, denn sie haben in einem langen Leben einen gewaltigen Erfahrungsschatz angesammelt.

In einem seiner Bücher schreibt der berühmte Schweizer Psychiater und Psychologe Carl Gustav Jung, dass der Mensch gewiss nicht siebzig oder achtzig Jahre alt würde, wenn diese Langlebigkeit nicht von irgendeiner Bedeutung für die Menschheit sei. Der Nachmittag des menschlichen Lebens müsse einen eigenen Sinn haben und könne nicht einfach nur der jämmerliche Anhang an den Morgen des Lebens sein. Nachdem wir einen Beruf ausgeübt, vielleicht Kinder großgezogen und unseren Beitrag für die Gesellschaft geleistet haben, muss auch die zweite Lebenshälfte irgendeinem Zweck dienen.

Die Ältesten früherer Kulturen waren die Hüter des Friedens. Junge Männer von der Pubertät bis in das Erwachsenenalter durften ihre Aggressivität zur Schau stellen. Doch ältere Männer, die Ältesten, lehnten Aggression ab, vermieden Provokationen und mahnten zum Frieden. Sie glichen die forschen Tendenzen der Jugend mit Abwägen und Vernunft aus. Dieses gesunde Gleichgewicht scheinen wir heute verloren zu haben.

In früheren Kulturen waren die Ältesten außerdem die Hüter der heiligen Weisheit und der inneren Mysterien. Sobald der Einzelne die fruchtbaren und körperlich produktiven Jahre hinter sich hatte, gestattete es ihm die Tradition, seine Kräfte nach innen auf das Spirituelle zu richten. Folglich oblag es den Ältesten, das spirituelle Erbe und Vermächtnis des Stammes für nachfolgende Generationen zu bewahren. Die Funktion der Ältesten als das Gedächtnis des Stammes war überlebenswichtig für die gesamte Gemeinschaft. Ohne Erinnerungen hat eine Rasse keine Zukunft. Wenn die Ältesten zum Beispiel in ihrer Jugend eine schwere Dürre überlebt hatten, dann hatten sie am eigenen Leib erfahren, wie man eine solche Katastrophe übersteht. Das Überleben der ganzen Gruppe war abhängig von der Geschicklichkeit, der Weisheit und Erfahrung dieser Ältesten.

Der Tsunami, der 2004 Thailand und die umliegenden Regionen verwüstete, liefert ein aktuelles Beispiel für diese generationenübergreifende Weisheit. Ein kleiner Stamm, der seit Jahrzehnten zurückgezogen auf einer Insel vor der thailändischen Küste lebte, überstand die Katastrophe nahezu unversehrt, weil sich seine Mitglieder an die Überlieferungen hielten, in denen festgehalten war, was man tun muss, wenn die »Menschenfresserwelle« kommt. Ein ganzes Dorf wurde gerettet, weil die Ältesten das Wissen des Stammes bewahrt hatten.

Kürzlich unterhielt ich mich mit meinem Freund Nundjan Djiridjakin (Ken Colbung) über die Rolle, die die Ältesten in seiner Kultur spielen. Nundjan ist der älteste männliche Häuptling des australischen Bibulmun-Stammes und bemüht sich aktiv um den Erhalt alter Aborigines-Praktiken und um ihre Vermittlung an die Jugend. Er strahlt Wärme, Kraft und Offenheit aus und ist von einer aufrichtigen Sorge um seine Stammesgenossen beseelt. Er sagte:

In unserer Gesellschaft wurde den Ältesten Achtung entgegengebracht, weil sie das Wissen bewahrten. In früheren Zeiten wurde nichts aufgeschrieben. Traditionen, Werte und Gesetze wurden mündlich weitergegeben. Und die Ältesten waren die Hüter dieses Wissens. Sie blickten zurück auf ein langes Leben und verfügten über eine Masse an Erfahrungen. Sie wussten, was zu tun war, wenn ein großer Sturm kam oder etwas Ähnliches. Sie kannten die Antworten auf viele Fragen. Es konnte sein, dass der letzte große Sturm oder die letzte große Trockenheit mehr als hundert Jahre zurücklag. Und sie wussten eben, wie mit einer solchen Gefahr umzugehen war. Jemanden anderen brauchte man gar nicht erst zu fragen. Die erforderlichen Informationen waren nicht in Büchern niedergeschrieben; es gab sie nur bei den Ältesten. Darin hatte die Ehrerbietung ihnen gegenüber ihren Ursprung.

Heutzutage fühlen sich viele Menschen entwurzelt, zweifeln am Sinn ihres Lebens und sehnen sich unbewusst nach dem Zugehörigkeitsgefühl, das ein fester Bestandteil der Gemeinschaften ihrer Vorfahren war. Manchen Menschen ist die Zugehörigkeit zu einer Gruppe selbst im Rahmen ihrer eigenen Familie verwehrt. Vermutlich rührt daher die Popularität kultischer Religionen und Vereinigungen, die häufig das Leben ihrer Mitglieder mit strengen und stark einschränkenden Regeln beherrschen. Man fragt sich, warum sich irgendjemand ohne Zwang einer solchen erheblichen Beschneidung seiner persönlichen Freiheit unterwirft. Die Mitglieder fühlen sich jedoch nicht durch die rigiden Abläufe und Reglementierungen angezogen, sondern durch das Verbundenheitsgefühl, das durch die Zugehörigkeit zu einer so starken Gemeinschaft entsteht.

Die meisten Menschen würden niemals so weit gehen, sich einer Sekte anzuschließen. Dennoch sind wir häufig auf der Suche nach etwas, das größer ist als wir selbst. Wir brauchen etwas, woran wir glauben und dem wir unser Herz schenken können. Außerdem wünschen wir uns Berater an unserer Seite, Menschen, die den Weg bereits gegangen sind und uns an ihrer Weisheit teilhaben lassen. Wir sehnen uns nach Ältesten, als müssten wir auf einer tiefen, unbewussten Ebene die Erfahrung der Zugehörigkeit zu einem Stamm wiederherstellen.

Solche Sehnsüchte sind nur zu verständlich und außerdem vollkommen natürlich. Sie gehören zu unserem Wesen. Leider haben die industrielle Revolution und die damit einhergehenden, unglaublich schnellen Veränderungen der modernen Welt uns aus der für den Menschen unverzichtbaren Kontinuität herausgerissen. Wenn wir unsere Großeltern und andere Alte in unserer Gesellschaft betrachten, dann empfinden wir sie in der Regel nicht als die heldenhaften Individuen, die das Wüten der Zeit und des Schicksals überstanden und ihre Weisheit wie ein kostbares Juwel in sich bewahrt haben. Meistens sind unsere Senioren, ähnlich wie wir selbst, entmutigte Menschen –

Menschen, die sich am Ende ihres Lebens, weil sie weder gebraucht noch respektiert werden, noch machtloser und nutzloser fühlen.

Schon möglich, dass wir uns danach sehnen, uns von Älteren Rat zu holen, doch hat unsere Kultur diese Funktion der Ältesten im zurückliegenden Jahrhundert ausrangiert. Folglich sind unsere Alten inzwischen genauso wenig weise wie wir selbst. Vielleicht bringt Ihre Großtante Hertha den ganzen Tag vor dem Fernseher zu und begreift, statt eine geachtete Älteste zu sein, noch weniger als Sie selbst. Das ist eine Tragödie. Dieses Problem, das auf den ersten Blick nur ein kleines Detail in dem großen Ungleichgewicht unserer Welt zu sein scheint, ist in Wahrheit von größter Bedeutung.

Die Anbindung an unsere Vergangenheit, an unsere Vorfahren und an die Ältesten unserer Familie, die noch am Leben sind, könnte uns das Gefühl von Kontinuität vermitteln, das uns in Zeiten des Zweifels und der Schwierigkeiten Halt gibt. Doch gerade diese Verbindung ist durch die gewaltigen Veränderungen in unserer Welt zerstört. Zwischen unserer Vergangenheit und unserer Zukunft hat sich ein tiefer Graben aufgetan, und nun sehnen wir uns nach einem Gut, dessen Verlust wir uns noch nicht einmal bewusst gemacht haben.

Die wichtigste Aufgabe, vor der wir meiner Meinung nach zum gegenwärtigen Zeitpunkt stehen, ist, uns wieder mit unseren Vorfahren zu verbinden. Das ist der Auftrag, den unsere Generation zu erfüllen hat. Auf dem Spiel steht nicht nur unsere persönliche Heilung und die unserer Familie, sondern auch die des gesamten Planeten.

Die Bedeutung dieser Aufgabe ist gewaltig. Doch sollten wir uns davon nicht entmutigen lassen. Es wird uns zwar nicht sofort gelingen, unsere Alten in die weisen Ältesten zu verwandeln, die uns auf der Suche nach dem richtigen Weg unterstützen, doch es gibt grundlegende Schritte, die uns in die richtige Richtung führen werden. Wir haben die Möglichkeit, auf eine Weise zu handeln, die nicht nur unser eigenes Leben maßgeblich beeinflussen wird, sondern auch das unserer Nachkommen.

Wenn man etwas verändern will, dann beginnt man am besten bei sich selbst. Warum? Weil man auf sich selbst immer noch den größten Einfluss hat. Bevor man nicht gelernt hat, auf sich selbst Einfluss zu nehmen, ist es noch nicht an der Zeit, ihn auf andere ausüben zu wollen. Schauen Sie Ihr bisheriges Leben an und stellen Sie fest, in welche Richtung es zielt. Machen Sie sich ein Bild davon, wie Sie als alter Mensch sein werden. Welche Entscheidungen treffen Sie jetzt, um Ihre Weisheit und Einflussnahme zu vergrößern? Nutzt Ihr Leben denjenigen, die Ihnen nachfolgen werden? Welche Art Ältester werden Sie sein? Was können Sie dazu beitragen, dass ein Verbundenheitsgefühl zwischen Ihnen und Ihren Mitmenschen entsteht?

Tatsache ist, dass Sie in vielerlei Hinsicht bereits ein Ältester sind, ein Ältester, der im Entstehen begriffen ist. Es gibt Bereiche in Ihrem Leben, in denen Sie wertvolle Erfahrungen gesammelt haben. Beschäftigen Sie sich mit ihnen. Machen Sie sich diese Lektionen bewusst und würdigen Sie den positiven Einfluss, den sie auf Ihr Leben und das Ihrer Mitmenschen genommen haben. Keiner wird von einem Augenblick zum nächsten ein Ältester. Jede getroffene Entscheidung, jeder noch so kleine Triumph, den Sie auf Ihrem Lebensweg erzielen, lässt Ihre persönliche Weisheit anwachsen und macht Sie zu einem wertvolleren Mitglied Ihrer Gemeinschaft. Die Ältesten waren für die Gesellschaften unserer Vorfahren wertvoll, weil die im Laufe ihres Lebens gesammelten Erfahrungen einen unersetzlichen Schatz der Weisheit darstellten. Sie sind gerade dabei, diesen Speicher des Wissens und der Erfahrung zu füllen. Darin liegt eine sehr bedeutungsvolle Verantwortung.

Wenn Sie Ihr Leben sorgsam und in Verbundenheit mit anderen Menschen gestalten, dann werden sich Ihre Mitmenschen, wenn sie Hilfe und Rat suchen, schon bald an Sie wenden. Das ist ein Hinweis darauf, dass Sie in Ihrer Familie, Schule, Gemeinde oder in dem Rahmen, den Sie als Ihre Gemeinschaft definieren, nach und nach in die Rolle des Ältesten hineinwachsen. Ein Mensch gehört im Laufe seines Lebens vielen verschiedenen Kreisen an, von denen manche einander überschneiden. Machen Sie sich bewusst, welchen Platz Sie in Ihren Kreisen einnehmen und welche Rolle Sie als Ältester darin spielen können. Erschließen Sie sich das Gesamtbild Ihres bisherigen Lebens.

Indem Sie sich entscheiden, ein weiser Ältester zu sein, arbeiten Sie an der Ordnung der Abstammung und stellen den Weg, der uns von unseren Vorfahren überliefert wurde, wieder her. Ein Ältester zu werden, ist eine heilige Aufgabe, die allen Aspekten Ihres Lebens, angefangen bei den größten Erfolgen bis hin zu den schmerzhaftesten Niederlagen, plötzlich einen Sinn verleiht. Sich selbst Fragen zu stellen wie: »Was lehrt mich diese Erfahrung, und welchen Wert hat sie für andere Menschen?« oder: »Wie kann ich jüngeren Menschen die Lektionen meines Lebens so begreiflich machen, dass sie auch für sie von Nutzen sind?«, kann ein wertvolles Werkzeug darstellen, um die eigene Vergangenheit zu ordnen. Ihre Rolle als Ältester gibt alltäglichen Handlungen, selbst den allergewöhnlichsten, Bedeutung.

Sobald Sie sich entschlossen haben, ein weiser Ältester zu sein, haben Sie die Möglichkeit, die Anlage für diese Rolle auch in anderen, insbesondere älteren Menschen, zu würdigen und zu fördern. Jeder Mensch trägt die Fähigkeit in sich, das Bestmögliche aus sich herauszuholen. In allen Menschen ist Würde, Einfühlungsvermögen, Weisheit und Liebe bereits angelegt. Was wir vom Leben erwarten, das trifft auch meistens ein. Wenn Sie sich also dazu entschließen, die Größe in Ihren Mitmenschen zu erkennen, dann wächst die Wahrscheinlichkeit, dass Sie diese auch tatsächlich erkennen.

Schon möglich, dass Ihr Großvater ungeduldig und im Wesentlichen ein egozentrischer Mann ist. Indem Sie jedoch daran glauben, dass er außerdem noch viel mehr kann – und wissen, dass es wunderbare Augenblicke in seinem Leben gab, in denen er von beispielhafter Güte und Freundlichkeit war –, helfen Sie ihm, sich in den weisen Ältesten zu verwandeln, den Sie suchen. Außerdem verankern Sie im endlosen Ozean des kollektiven Unbewussten das Ideal, demzufolge wir unsere Alten für ihre Weisheit wertschätzen sollen. Und so wird es geschehen. Kleine individuelle Handlungen gewinnen nicht selten so viel Schwung, dass sie sich zu mächtigen, unaufhaltsamen Bewegungen entwickeln.

Dieses Buch bietet zahlreiche Möglichkeiten, wie die Herausforderungen der kommenden Jahre in Angriff genommen werden können. Meiner Meinung nach eröffnen sowohl der Blick zurück in die Menschheitsgeschichte bis hin zu unseren prähistorischen Vorfahren als auch der weit voraus in die Zukunft eine einzigartige Perspektive auf unser Leben. Dieser Weitblick zeigt eine Wirklichkeit, die uns mit Hoffnung und Sinn erfüllt. Wenn Sie die Gewissheit spüren, dass Sie die entscheidende Verbindung sind zwischen Ihren Vorfahren und

Ihren Kindern und jenen, die Ihnen nachfolgen werden, dann ist der Tod nicht mehr sinnlos. Sie wissen dann, dass Ihr Geist weiterlebt. Sobald Sie sterben, wird Ihr Vermächtnis einen entscheidenden Beitrag zum Leben Ihrer Nachkommen leisten. Das Bewusstsein entsteht, dass Sie ein wichtiger, unglaublich wertvoller Teil eines größeren Ganzen sind. Sie wissen, dass Ihre Handlungen weitreichend wirken, weil Sie mit allen um Sie herum verbunden sind – mit jenen, die vor Ihnen kamen, und mit jenen, die nach Ihnen kommen werden. Sie erleben sich als ein Mitglied des Menschheitsstammes.

Weder unsere individuelle noch unsere kollektive Vergangenheit ist nur rosarot. Das muss sie auch nicht sein. Es ist nicht unsere Aufgabe, die negativen Bestandteile unserer Vergangenheit zu leugnen. Es gehört zum Leben dazu, sowohl die Verhaltensweisen und Eigenschaften zu durchforsten, die uns weitergebracht haben, als auch jene, die uns Schaden zugefügt und uns in unserer Entwicklung gebremst haben. Das ist es, was Evolution verlangt; das ist das Vermächtnis, das über Generationen hinweg an uns weitergereicht wurde. So haben es unsere Vorfahren seit jeher gehalten.

Angesichts der gewaltigen Herausforderungen, mit denen unsere Welt heute konfrontiert ist, kann man leicht in Verzweiflung und Angst verfallen. Doch indem wir den Graben zwischen uns und unserer Vergangenheit überbrücken, erkennen wir, dass von uns nur verlangt wird, unsere eigenen kleinen Schritte in die richtige Richtung zu machen. Mehr haben auch unsere Vorfahren nicht getan. Sie haben nicht alles auf einmal erreicht; sie gaben sich mit kleinen, individuellen Handlungen zufrieden, die erst im Zusammenwirken ihren Beitrag für die Zukunft leisteten. Während unseres Lebens müssen wir nur unseren Beitrag leisten und dürfen dann die Fackel unseres größten Bemühens und unserer tiefsten Hoffnungen an die nächste Generation weiterreichen. Sie tragen sie hinein in das Land, in dem unsere Träume Wirklichkeit werden. Das ist die Kraft der Generationen.

2. Kapitel

Die eigenen Wurzeln finden und würdigen

Es liegt einige Jahre zurück, da übergab man mir einen Brief, den meine Großmutter, eine Cherokee-Indianerin, in den zwanziger Jahren verfasst hatte. Darin schrieb sie über ihre Tiere:

Meine Jahre in der Putenaufzucht waren zugleich gut und mager, aber auch aufregend. Letztlich hing mein Erfolg von natürlichen Faktoren ab. Dieses Jahr zum Beispiel kostete die Verunreinigung des Baches mit Salzwasser viele Vögel das Leben. Die Kojoten verursachten große Verluste, und als die Jungvögel gerade anfingen, in den Bäumen zu schlafen, kamen die Eulen und trugen sie in nächtlichen Überfällen davon. Doch es gibt für mich auf der Farm nichts Schöneres, als wenn sich abends bei Sonnenuntergang Hunderte von Puten auf dem Feld neben dem Gehölz am Bach versammeln, um gefüttert zu werden. Ihre glänzenden Federn leuchten und versichern mir, dass sich die schwere Arbeit lohnt.

Während ich diese Worte las, die meine Großmutter vor so langer Zeit aufgeschrieben hatte, wurde mir bewusst, dass sich ihre Einstellung, ja, sogar ihre Art zu schreiben irgendwie in meiner Mutter, in mir selbst und in meiner Tochter widerspiegelte. Ich war fasziniert von diesen Eigenschaften, die sich im Laufe der Generationen entwickelten und festigten. Zum Beispiel war meine Großmutter trotz der vielen Rückschläge und hohen Verluste hinsichtlich ihrer Puten in der Lage, sich an ihren »glänzenden Federn« zu freuen.

Als ich diesen Abschnitt las, musste ich darüber nachdenken, wie ihre Fähigkeit, trotz großer Schwierigkeiten das Schöne wahrzunehmen, von einem ihrer Nachkommen auf den nächsten übergegangen war. Dabei fiel mir ein Vorfall ein, der sich ereignete, als ich ungefähr 17 Jahre alt war: Mich traf die Kugel eines Heckenschützen. Während des Transports in das nächstgelegene Krankenhaus hatte ich sehr starke Schmerzen. Doch als mein Blick aus dem Fenster des Krankenwagens auf die Blätter eines Baumes fiel, die sich vor dem blauen Himmel abzeichneten, da konnte ich mich trotz meiner Schmerzen an diesem Bild erfreuen. Mir kam es damals vollkommen natürlich vor, trotz meiner Verwundung über die Schönheit der vor dem Fenster vorbeigleitenden Bäume nachzudenken. Die gleiche Eigenschaft entdeckte ich in meiner Tochter Meadow, die drei Jahre lang in einer Fußballmannschaft spielte, ohne einen einzigen Punkt zu machen. Trotzdem sagte sie nach jedem Spiel zu mir: »Mom, war das nicht großartig? Wir haben wirklich alles gegeben.«

Ich fühle mich immer wieder dadurch getröstet, dass die Zähigkeit des Geistes und die Fähigkeit, in Menschen und Situationen das Beste zu sehen, von meinen Vorfahren an mich weitergereicht wurden. Erziehung, Familie und Abstammung können die Grundlage für Vertrauen, innere Kraft oder Kreativität legen, doch ein Erbe kann durchaus auch eine dunkle Seite entfalten. Wenn Sie sich auf die Suche nach Ihren Wurzeln machen und mehr über Ihre Vorfahren herausfinden, dann werden Sie auf die Gesamtheit der Charaktereigenschaften stoßen, die sich durch die Generationen hinweg bis zu Ihnen nachverfolgen lassen. Der Mensch, der Sie jetzt sind, ist eine Mischung aus zahlreichen biologischen und psychologischen Faktoren. Ein Teil Ihres Selbstverständnisses ist sowohl auf kulturelles als auch familiär eingeübtes Verhalten zurückzuführen. Das Erbe Ihrer Vorfahren kann sich in Ihrer Persönlichkeit niederschlagen, selbst wenn Sie sich dessen in keiner Weise bewusst sind.

Das physische Vermächtnis der Vorfahren

Unsere Vorfahren sind über unsere Gene im wahrsten Sinne des Wortes ein physischer Bestandteil unserer selbst. Jeder einzelnen Zelle Ihres Körpers wohnt eine winzige Spur eines jeden Ihrer Vorfahren inne. Es kann sehr überraschend sein, wie sich Gesichtszüge und andere typische Körpermerkmale manchmal über viele Generationen hinweg in einer Familie erhalten. Das Gleiche gilt auch für körperliche Eigenschaften oder manche Angewohnheiten, die mit einer bestimmten Familie in Verbindung gebracht werden. Vielleicht hat das aufbrausende Wesen der männlichen Mitglieder einer Familie sprichwörtlichen Charakter angenommen, oder aber alle ihre weiblichen Mitglieder heiraten in jungen Jahren. Selbstverständlich kann man solche typischen Züge immer auch auf die Umwelt zurückführen, doch genetische Faktoren als Ursache sind ebenfalls wissenschaftlich nachgewiesen. Die genetische

Veranlagung zum Alkoholmissbrauch beispielsweise wurde in bestimmten Genpools häufiger nachgewiesen als in anderen.

Die Schamanen in Sibirien behaupten, dass jemand nur dann Schamane werden kann, wenn bereits einer seiner Vorfahren Schamane war, denn die Befähigung zum Schamanen werde in direkter Linie von einer Generation auf die nächste übertragen. Außerdem versuche der verstorbene Schamane aus dem Geisterreich heraus, seinen Nachkommen dazu zu bewegen, ebenfalls Schamane zu werden.

Das verhaltenstypische Vermächtnis der Vorfahren

Der Einfluss, den Ihre Vorfahren auf Ihre äußere Erscheinung nehmen, ist vielleicht offensichtlich. Ihre roten Haare und Ihre Sommersprossen auf der Nase zum Beispiel sehen möglicherweise genau so aus wie bei Onkel Martin. Schwerer zu ergründen ist es, welche verborgenen Werte, festen Vorstellungen und Einstellungen vererbt wurden. Sie zu ergründen und zu erforschen, kann für das Verständnis Ihrer eigenen Persönlichkeit von großem Nutzen sein. Zwar sind wir alle Abkommen der Menschheitsrasse, doch unsere Einzigartigkeit und die Grundlage unseres Seins beruht auf unserem speziellen ethnischen, biologischen und kulturellen Erbe.

Wir werden ununterbrochen von diesem Erbe beeinflusst, auch wenn die Auswirkungen in der Regel unbewusst oder nur unterschwellig sind. Ob Sie sich darüber im Klaren sind oder nicht, Ihre Abstammung wirkt unablässig auf Sie ein, und Ihr

Schicksal wird oft gerade durch die Dinge bestimmt, die Ihnen nicht bewusst sind oder die Sie für gewöhnlich lieber ignorieren. Indem Sie sich dazu entschließen, Ihre Familiengeschichte zu erforschen, können Sie eigenständig entscheiden, welche der ererbten Verhaltensweisen Ihre Lebensqualität steigern und auf welche Sie lieber verzichten möchten. So erarbeiten Sie sich größere persönliche Freiheit und können Ihr Leben selbstbestimmt gestalten.

Wenn Sie sich mit Ihren familiären Wurzeln beschäftigen, können Sie dort nach dem Ursprung Ihres eigenen gegenwärtigen Verhaltens suchen. Zum Teil haben Sie es in Ihrer Familie erlernt, oder es beruht auf Erfahrungen, die Sie in der frühen Kindheit gemacht haben. Manches ist vielleicht auf den kulturellen Rahmen zurückzuführen, in dem Sie aufgewachsen sind, auf Erlebnisse in früheren Leben, oder Sie haben es ererbt. Obgleich es natürlich viele Ursachen für Ihre aktuellen Einstellungen und Verhaltensweisen gibt, ist es dennoch nützlich herauszufinden, welche das Ergebnis ererbter Muster sind. Oftmals wurzeln persönliche Entscheidungen in familiär bedingten Mustern, die sich eine um die andere Generation immer wieder zeigen. Weil viele Menschen recht wenig über ihre Vorfahren wissen, ist es ihnen nicht bewusst, dass die von ihnen getroffene Wahl tatsächlich Ausdruck eines umfassenden, sich immer aufs Neue wiederholenden Familienmusters ist.

Mein Mann David war seit zwanzig Jahren Zimmermann und arbeitete im Innenausbau von Wohnhäusern, als er sich zum Künstler wandelte. Er leistete vorzügliche Arbeit und war deshalb insbesondere bei der Restaurierung schöner alter Häuser sehr gefragt. Als seine Schwester anfing, sich für ihre Familiengeschichte zu interessieren, fand sie heraus, dass viele ihrer Vorfahren ebenfalls Zimmerer gewesen waren. Meinem Mann war nicht klar gewesen, dass ihm die Begabung für dieses Handwerk vererbt worden war. Besonders interessierte ihn die Tatsache, dass sein Urgroßvater im Staat Washington, in dem wir gerade lebten, ebenfalls mit der Instandsetzung von Wohnhäusern sein Brot verdiente. David selbst war gar nicht in Washington aufgewachsen, und er fand es erstaunlich, dass sein Vorfahre die gleiche Art Arbeit im gleichen Bezirk, in dem auch wir jetzt lebten, getan hatte.

Meine Freundin Laura lebt in Australien. Als sie sich eine Weile in England aufhielt, beschloss sie, sich dort auf die Suche nach ihren Vorfahren zu begeben. Wie überrascht war sie, als sie feststelle, dass ihr Vater in einem englischen Waisenhaus aufgewachsen war. Ihr Vater sprach nicht gerne über die Vergangenheit, und sie hatte bisher nichts über diesen Aspekt seiner Kindheit gewusst. Das Waisenhaus, in dem er aufgewachsen war, befand sich in Bloomsbury, im nördlichen London. Obgleich das Schulgebäude selbst schon vor Jahren abgerissen worden war, befand sich das Schulbüro noch am gleichen Ort, und Laura zog dort Erkundigungen über ihren Vater ein.

Eine äußerst freundliche Sozialarbeiterin half Laura beim Durchforsten der Schulakten. Außerdem erläuterte sie ihr, wie die Vergangenheit ihres Vaters sich möglicherweise auf ihre eigne Gefühlswelt ausgewirkt hatte. Laura fand heraus, dass ihr Vater erst zu einer Amme und danach in eine Pflegefamilie kam. Mit fünf Jahren schließlich wurde er in der Schule aufgenommen. Danach sah er seine Pflegefamilie nur noch zweimal im Jahr. Das Erbe aus Trauer und Einsamkeit hatte sich nicht nur auf Lauras Vater ausgewirkt, sondern auch auf ihr Leben. Indem sie diese Zusammenhänge entdeckte, eröffnete sich Laura auch ein tieferer Einblick in ihre eigenen

Lebensmuster, und sie konnte von da an bewusster mit ihnen umgehen.

Eigenschaften gelangen häufig von einer Generation zur nächsten, ohne dass die einzelnen Mitglieder sich darüber im Klaren sind, dass bestimmte Muster, Rituale und Vorstellungen nicht allgemeingültig, sondern nur ihrer Familie eigen sind. In zahlreichen Familien folgen die einzelnen Mitglieder einem roten Faden bei der Berufswahl, der Persönlichkeitsgrundstruktur, der Art der Problemlösung und der allgemeinen Lebenseinstellung. Ihre Persönlichkeitszüge nehmen die Familienmitglieder meist als gegeben hin und denken dabei sogar oft: »So macht man das eben.« Dabei entgeht ihnen eine Fülle alternativer Wahlmöglichkeiten, die in anderen Familien und Kulturen wahrgenommen werden. Die Muster, denen sie sich unterworfen haben, sind den meisten Menschen in der Regel ganz und gar unbewusst.

Familiäre Charakteristika werden jedoch nicht nur erworben, sondern auch vererbt. Neuere Forschungen mit identischen Zwillingen an der Universität von Minnesota haben bemerkenswerte Ähnlichkeiten zwischen eineiigen Geschwistern festgestellt – nicht nur im Hinblick auf das Äußere, sondern auch auf Persönlichkeit, Gewohnheiten und persönliche Vorlieben, und zwar auch dann, wenn sie nach der Geburt getrennt wurden. Zum Beispiel fand Barbara Herbert, eine füllige Frau mittleren Alters, ihre verlorene Zwillingsschwester Daphne Goodship, vierzig Jahre nachdem sie getrennt worden waren, wieder. Die Übereinstimmungen zwischen beiden waren atemberaubend. Beide verließen mit 14 Jahren die Schule, stürzten mit 15 Jahren eine Treppe hinunter, fanden eine Anstellung bei der Regierung, lernten ihre Ehemänner mit 16 Jahren bei einer Tanzveranstaltung kennen, hatten im gleichen Monat eine Fehlgeburt und gebaren jede zwei Söhne und eine Tochter. Und das ist nur die Spitze des Eisbergs im Hinblick auf die erstaunlichen Übereinstimmungen im Leben von Zwillingen. Die Ähnlichkeiten zwischen jenen, die nach der Geburt getrennt wurden, zeigen eindrucksvoll, dass familientypische Wesenszüge ebenso ererbt wie erworben werden können.

Eine Familie ist möglicherweise beseelt von immerwährendem Optimismus im Hinblick auf das Leben. Was auch geschieht, ihre Mitglieder handeln immer auf der Basis der Gewissheit, dass am Ende alles gut wird. Eine andere Familie reagiert auf die gleichen Lebensumstände vielleicht mit Schwarzseherei und interpretiert jede Schwierigkeit als einen Hinweis darauf, dass etwas zum Scheitern verurteilt ist. Solche Haltungen spielen bei der Wahl der Maßnahmen und im Umgang mit den unvermeidlichen Problemen des Lebens eine entscheidende Rolle. Die einen familiär bedingten Verhaltensweisen sind nützlich, die anderen vielleicht sogar schädlich. Doch nur wenn man das eigene Erbe kennt, kann man das eine vom anderen unterscheiden und einen entsprechende Wahl treffen.

Vor kurzem lernte ich in Schweden eine bemerkenswerte Frau namens Monica kennen. Sie und ihre Tante hatten gründliche genealogische Forschung betrieben und ihre Familie fünfhundert Jahre zurückverfolgt bis in die Zeit um 1400. Monica berichtete mir einige erstaunliche Einzelheiten über ihre Familie. All ihre direkten weiblichen Vorfahren (mit einer Ausnahme) hatten ihre Ehemänner um mindestens zehn Jahre (manche sogar um zwanzig Jahre) überlebt und wurden achtzig, ja sogar neunzig Jahre alt – für damalige Zeiten ein ungewöhnlich hohes Alter. Anfangs hatte sie diese Zusammenhänge als negatives Muster innerhalb der Familie interpretiert. Doch dann erkannte sie, dass die Frauen ihrer Familie, indem sie ihre Männer überlebten, sich selbst Zeit verschafften, um ihre spirituelle Entwicklung voranzubringen, ohne sich zugleich um die Bedürfnisse eines Partners kümmern zu müssen. Außerdem entdeckte Monica noch einige weitere familiäre Muster: Fast alle Frauen in ihrer Familie litten unter einer schwierigen Beziehung zu ihren Müttern, schlossen sich jedoch umso enger an ihre Großmütter an. Und fast alle weiblichen Familienmitglieder verließen irgendwann die Gegend, in der sie geboren waren. Monica stellte fest, dass sich diese Eigenschaften auch in ihrem Leben gezeigt hatten, lange bevor sie die Gelegenheit hatte, sie sich bewusst zu machen.

Auch wenn es nur den wenigsten gelingt, familiäre Muster so weit zurückzuverfolgen, es ist faszinierend zu erkennen, wie sie von einer Generation an die nächste weitergereicht werden. Wir meinen unseren Kindern unsere eigenen Werte beizubringen, doch tatsächlich sind wir zugleich Empfänger und Vermittler von Eigenschaften, die in unseren Familien weit zurückreichen und sie zu dem machen, was sie sind. Die Werte, die wir vermitteln, werden weit über unser eigenes Leben und das unserer direkten Nachkommen hinausreichen. Die Entscheidungen, die wir in unserem Leben treffen, treffen wir nicht allein aus uns heraus. Vielmehr sind sie die Essenz all derer, die uns vorausgingen. Je deutlicher wir uns unseres Stammbaums bewusst werden, desto leichter fällt es uns, das zu würdigen, was gut ist, und uns von dem Rest zu befreien.

Ein Kind, das mit Scham aufwächst, lernt, sich schuldig zu fühlen.
Ein Kind, das mit Kritik groß wird, lernt, zu verurteilen.

Ein Kind, das mit Feindseligkeit aufwächst, lernt aggressiv zu sein.

Ein Kind, das dominiert wird, lernt zu unterdrücken.

Ein Kind, das mit Angst aufwächst, lernt sich zu ängstigen.

Ein Kind, das gefördert wird, lernt Selbstvertrauen.

Ein Kind, das gelobt wird, lernt Sicherheit zu vermitteln.

Ein Kind, das fair behandelt wird, lernt gerecht zu sein.

Ein Kind, das Toleranz kennenlernt, kann offen sein.

Ein Kind, das geliebt wird, lernt zu lieben.

Die Vorfahren definieren und entdecken

Die zwei beliebtesten Hobbys in den Vereinigten Staaten sind Gärtnern und Ahnenforschung. Möglicherweise hat die Popularität von Ahnenforschung etwas mit unserem Bedürfnis zu tun, uns selbst besser zu verstehen. Je mehr man über seinen Stammbaum herausfindet, desto mehr erfährt man über die eigenen unbewussten Motive. Je mehr man über die Kräfte weiß, die dem eigenen Leben die Richtung geben, desto größer ist das Potenzial, das eigene Schicksal und das der nachfolgenden Generationen in eine andere Richtung zu lenken.

Es gibt viele Wege, sich mit der Idee der Abstammung zu beschäftigen. Zuallererst sind da natürlich Ihre biologischen Ahnen, die Menschen, deren Gene Sie in sich tragen. Doch wenn Sie adoptiert wurden oder bei Menschen aufwuchsen, mit denen keine biologische Verbindung besteht, dann empfinden Sie sie wahrscheinlich dennoch als Ihre Familie. Außerdem sind noch ethnische, kulturelle oder sogar mythische Vorfahren denkbar, die möglicherweise alle in Ihnen fortleben. All diese unterschiedlichen Formen der Herkunft haben Sie zu dem Menschen gemacht, der Sie heute sind. Wenn Sie diese Einflüsse untersuchen, dann wird Ihr Verständnis für Ihre Persönlichkeit wachsen und damit auch die Möglichkeiten in Ihrem Leben. Wenn Sie wirklich herausfinden wollen, wer Sie sind, dann ist es unvermeidbar, etwas über Ihre Abstammung in Erfahrung zu bringen.

Die Kraft der Intention

Wenn Sie sich auf die Suche nach Ihren Wurzeln begeben, dann ist es hilfreich, zuvor Ihre Intention zu stärken. Neben vielen anderen Dingen sind Rituale und Zeremonien am besten geeignet, die Kraft der Intention aufrechtzuerhalten. Symbolische Gesten haben große Macht, daher möchten Sie sich vielleicht ein eigenes kleines Ritual ausdenken, wie etwa das Anzünden einer Kerze, um Ihre Überzeugung zu stärken, dass Sie etwas über Ihre Familie herausfinden werden. Ist Ihre Intention stark, dann kann sie zahlreiche unsichtbare und bemerkenswerte Kräfte aktivieren, die Sie in Ihrer Suche unterstützen. Auch dann, wenn Ihnen Ihre Intention nicht bewusst ist, sendet Ihr unbewusster Wunsch, etwas über Ihre Herkunft zu erfahren, ein stummes, aber wirkungsvolles Signal an andere Familienmitglieder aus.

Nachdem mein Buch *The Secret Language of Signs* (Die geheime Sprache der Zeichen) erschienen war, wurde ich von dem Fernsehsender ABC-TV eingeladen, an einer Talkshow teilzunehmen. Ein weiterer Gast der Show war John Garcia, ein Mann aus Colorado. Eines Tages war John auf dem Weg zur Arbeit, als er plötzlich das Bedürfnis verspürte, bei der nächsten Tankstelle anzuhalten, um zu tanken, obwohl sein Tank noch nicht leer war. Er hielt bei einer Tankstelle an, die er noch nie vorher aufgesucht hatte, und als er bezahlte, tat er dies mit einem Scheck, was er beim Tanken normalerweise nicht tat. Der junge Tankwart am Schalter musterte den Scheck eingehend. Dann fragte er: »Ihr Name ist John Garcia?« John bestätigte. »Waren Sie jemals in Thailand?«, wollte der Angestellte als Nächstes wissen. Ein wenig verwundert antwortete John: »Ja, ich war dort während meiner Zeit bei der Armee.« Und schließlich wollte der junge Mann wissen, ob John einen Sohn in Thailand habe. Als John auch dies bestätigte, sagte der junge Mann: »Ich bin dein Sohn, ich bin Nueng Garcia.« Es war ein bemerkenswerter Augenblick. Beide Männer hatten seit einiger Zeit die Verbindung wiederherstellen wollen, und durch diesen merkwürdigen »Zufall« war es nun geschehen. Seit dieser spontanen Wiedervereinigung ist einige Zeit vergangen, die beide genutzt haben, um eine neue Beziehung zueinander aufzubauen. Dies ist ein wunderbares Beispiel dafür, wie die Sehnsucht der Seele Familienmitglieder zusammenführen kann.

Manchmal ist Ihnen Ihr Wunsch, die Verbindung zu einem Familienmitglied wiederherzustellen, vielleicht nicht bewusst, und doch machen liebevolle, unsichtbare Kräfte das Undenkbare möglich. Eines Frühlings vor einer Reihe von Jahren fuhren mein Mann, meine Tochter und ich von Seattle in die Gegend von San Francisco, weil wir dort zu einer Hochzeit eingeladen waren. Die Fahrt würde ungefähr drei Tage dauern, also beschlossen mein Mann und ich, uns am Steuer abzuwechseln. Bei solchen längeren Fahrten hat bei uns der Beifahrer die

Rolle des Kartenlesers, ich aber ziehe es vor, die Leute auf der Straße nach dem Weg zu fragen. Mein Mann hingegen will dazu nie anhalten. Er meint, er findet seinen Weg, wenn er die Karte nur eingehend genug studiert.

Auf halber Strecke zwischen Seattle und San Francisco verirrten wir uns in Oregon. Ich saß hinter dem Steuer, und wir stritten uns, weil ich anhalten wollte, um nach der Richtung zu fragen. Mein Mann hingegen war überzeugt, dass er uns, auch ohne anzuhalten, auf den richtigen Weg bringen würde. Auf dem Höhepunkt unseres Streits lenkte ich den Wagen einfach in die Einfahrt einer Farm, sprang heraus und lief zum Haus, um zu fragen, wo wir seien. Ich klopfte, und als sich die Tür öffnete, stand plötzlich meine Stiefschwester vor mir, die ich seit Jahren nicht gesehen hatte. Es war ein Schock, Sandy so unvermittelt vor mir zu sehen. Wir hatten und aus den Augen verloren, und ich hatte keine Ahnung, wo sie wohnte. Somit kam unser Zusammentreffen für uns beide vollkommen unerwartet.

Wir freuten uns unglaublich über das Wiedersehen. David und ich lernten ihre Kinder kennen, und unsere beiden Familien saßen an diesem Abend gemeinsam am Abendbrottisch. Obwohl ich nicht bewusst nach ihr gesucht hatte, bin ich doch überzeugt, dass ich unbewusst den Wunsch hegte, verschollene Familienmitglieder wiederzufinden, und diese Energie hatte uns zusammengeführt. Seit diesem erstaunlichen Nachmittag haben wir die Verbindung zueinander aufrechterhalten, und ich fühle mich durch sie bereichert.

Die biologischen Vorfahren

Falls Sie bei Ihren biologischen Eltern aufgewachsen sind, dann ist es ein Leichtes für Sie, Ihre Suche bei Ihrer Ursprungsfamilie zu beginnen. Sprechen Sie mit den Familienmitgliedern, die noch am Leben sind, und fragen Sie sie nach ihrer Kindheit. Sprechen Sie auch mit Ihren Geschwistern. Die Wahrnehmung, die sie von Ihren Eltern haben, unterscheidet sich möglicherweise von der Ihren und kann Ihnen einen neuen Blick auf Ihre Familie eröffnen.

Familientreffen

Reden Sie mit allen Ihren lebenden Verwandten: Tanten, Onkeln, Großeltern, Vettern, Cousinen und Cousins zweiten Grades. Am besten ist dies auf einem Familientreffen möglich. Wenn es in Ihrer Familie diese Gelegenheit nicht gibt, dann möchten Sie vielleicht selbst eine solche Zusammenkunft organisieren oder die Idee an einen besonders geselligen Verwandten weitergeben. Ein Familientreffen bietet die besten Voraussetzungen, um alte Geschichten noch einmal neu zu erzählen. Sie könnten sich ein Aufnahmegerät besorgen und einen Schreibblock mitnehmen, um ältere Verwandte zu interviewen und nach ihrem Leben zu befragen. Achten Sie ebenso auf die Details wie auf das Gesamtbild. Vielleicht reizen Sie Fragen wie: »Wie habt ihr euch kennengelernt?« oder: »Wenn du deine Lebenserinnerungen aufschreiben würdest, welchen Titel würdest du dem Buch geben?« oder: »Welches sind die drei Begriffe, mit denen du dich selbst am treffendsten beschreiben könntest?« Auf diese Weise die einzelnen Mitglieder

Ihrer Familie kennenzulernen, macht nicht nur enorm viel Spaß, es verschafft Ihnen auch wertvolles Material, um möglicherweise in der Familie verankerte Muster zu erkennen.

Stammbaum

Ein Familientreffen ist außerdem eine gute Ausgangsbasis für die Aufzeichnung eines Familienstammbaums. Meistens finden Sie bei dieser Gelegenheit Angehörige, die sich ebenfalls für die Geschichte der Familie interessieren. Vielleicht hat ja sogar schon jemand begonnen, einen Stammbaum zu erarbeiten. Man muss sich nicht mit Haut und Haaren der Familienforschung verschreiben, um einfache genealogische Zusammenhänge sichtbar zu machen. Nehmen Sie einfach ein Blatt Papier und beginnen Sie mit sich selbst und Ihren Geschwistern. Dann folgen Ihre Eltern und deren Geschwister, Eltern und Großeltern. Finden Sie heraus, wie weit Sie kommen, bevor es Ihnen zu kompliziert wird, Ihr Interesse nachlässt oder Ihnen entsprechende Informationen ausgehen. Vielleicht wollen Sie in Ihrem Notizbuch jedem Familienmitglied eine Seite zuweisen und dort alle Informationen eintragen, die Sie über diese Person sammeln können. Natürlich ist es keineswegs erforderlich, eine Familienzusammenkunft zu organisieren, um einen Familienstammbaum zu erstellen. Es gibt noch viele Informationsquellen, die Ihnen Aufschluss über Ihre Familie verschaffen können.

Die Herkunft erforschen

Der weltweit größte genealogische Informationspool ist die Genealogische Bibliothek, die von der Kirche Jesu Christi der Heilgen der Letzten Tage (Mormonen) in Salt Lake City, Utah, betreut wird. Diese Bibliothek ist jedermann, auch über das Internet, zugänglich. Unterstützung bei der Recherche bieten außerdem zahlreiche Bücher oder Programme. Neben den Kirchenbüchern und Standesämtern ist inzwischen das Internet mit seinen Chat Rooms und individuellen Webseiten zu einer wichtigen Informationsquelle geworden.

Sobald Sie die Grundstruktur Ihres Stammbaums erstellt haben, wenden Sie sich Ihrem Notizbuch zu und sammeln dort Angaben über die einzelnen Mitglieder Ihrer Familie. Werden Sie zum Detektiv und finden Sie so viel wie möglich über Ihre Verwandten heraus. Dazu gehören sowohl die Grundangaben wie Geburtsort, wo sie gelebt haben, wen sie geheiratet haben und wann und wo sie gestorben sind. Doch Sie können noch viel mehr über sie und sich herausfinden, wenn Sie einen Schritt weitergehen und sich mit ihrer Berufstätigkeit und ihren Hobbys beschäftigen, mit ihren Hoffnungen und Träumen, den Enttäuschungen und Tragödien, die ihr Leben geprägt haben, mit ihren Leistungen und Triumphen und mit den Vorurteilen, die typisch für sie waren.

Vielleicht möchten Sie mit Menschen sprechen, die sie gut gekannt haben, um an zusätzliche Informationen zu gelangen. Familienmitglieder, Freunde der Familie, alte Briefwechsel, Nachrufe in Zeitungen oder andere biographische Texte sind ein guter Einstieg. Was sich nicht im persönlichen Gespräch von Angesicht zu Angesicht in Erfahrung bringen lässt, ist vielleicht über das Telefon herauszufinden.

Kleine Informationsbruchstücke lösen manchmal ein tiefes Verständnis für die Vorfahren aus. Ich kenne eine Frau, die große Mühe hatte, etwas über ihre Ahnen in Erfahrung zu bringen, weil ihr Vater gestorben war, als sie noch klein war, und die Mehrzahl seiner Angehörigen ebenfalls bereits verstorben war. Sie wusste, dass ihre Familie in der Zeit vor dem Amerikanischen Bürgerkrieg in den Südstaaten gelebt hatte und dass erst die Eltern ihres Vaters nach Kalifornien gezogen waren.

Ihr Vater erzählte ihr einmal, dass er, als er noch ein Junge war, geschlagen worden war, weil er zu Hause ein Yankee-Lied gepfiffen hatte. Die Bestrafung hatte ihn verwirrt, weil er den Text des Liedes nicht kannte und lediglich Gefallen an der Melodie gefunden hatte. Aus dieser Geschichte konnte die Frau schließen, wie stark die Familie ihre noch aus den Südstaaten stammenden Werte selbst noch in der Generation ihres Vaters bewahrt hatte. Außerdem erkannte sie, dass einige ihrer eigenen Vorstellungen ihren Ursprung in dieser Kultur hatten. Einige von ihnen, wie etwa die Bedeutung der Familienehre und der Stolz auf die Familientraditionen, waren Eigenschaften, die sie selbst hochhielt. Andere wiederum, wie Rassismus und Diskriminierung, waren Vorstellungen, von denen sie sich distanzierte.

An die Stätten der Familie pilgern

Eine Fahrt zu den Orten, an denen Ihre Vorfahren gelebt haben, wo sie geboren wurden oder gestorben sind, ist eine großartige Möglichkeit, die Verbindung zum eigenen Erbe herzustellen. So können Sie etwas über die Welt in Erfahrung bringen, in der Ihre Ahnen lebten und wie sie diese Welt sahen. Vielleicht spüren Sie ihre Beziehung zu dem Boden, über den sie gingen, und finden heraus, welchen Platz sie in der Gemeinschaft einnahmen. Falls in dem Ort niemand mehr lebt, der Ihre Verwandten kannte, hilft Ihnen Ihre Intuition, sich vorzustellen, wie ihre Sicht auf ihre Welt war. Auf dieser Basis entsteht auch in Ihnen ein Bild davon, welchen Einfluss Ihre Vorfahren noch heute auf Sie ausüben.

Geben Sie bei Ihrer Suche gut acht auf die Bedeutung der gesammelten Informationen. Sie suchen nach den großen Zusammenhängen, nicht nur einfach nach toten Fakten. Und Sie wollen erfahren, welchen Einfluss all dies auf Ihr Leben hat. Sie versuchen herauszufinden, welche Art Menschen Ihre Vorfahren waren – interessieren sich für ihre Eigenarten, ihre Persönlichkeitsmerkmale und das Einzigartige in ihnen –, nicht nur für ihre biographischen Daten. Je persönlicher und tiefer Ihr Verständnis von diesen Menschen ist, desto mehr hilft es Ihnen, Ihr eigenes Leben zu verstehen.

ÜBUNG:
RÜCKKEHR ZU DEN DIREKTEN VORFAHREN

Diese Übung soll Ihnen helfen, Zugang zu Ihren biologischen Vorfahren zu finden. Sie wird Sie auf eine neue Art mit ihnen bekannt machen und Ihnen die Gelegenheit geben, die Kräfte zu verstehen, die ihr Leben bestimmt haben und sich vielleicht auch auf Ihr eigenes Leben auswirken. Sie können den Text der Übung entweder mit einem Diktiergerät aufnehmen, ihn sich von einer vertrauten Person vorlesen lassen, während Sie selbst sich auf die innere Reise begeben, oder aber Sie prägen ihn sich ein und machen die Übung aus der Erinnerung.

Sie können eine sanfte, leise Musik als Hintergrund für diese Visualisierungsübung abspielen. Suchen Sie sich einen Platz, wo Sie ungestört sind und ausreichend Bewegungsfreiheit haben. Stellen Sie sich in die Mitte des Raumes, den Sie ausgewählt haben. Gestatten Sie es Ihrem Körper, sich angenehm und leicht zu fühlen. Machen Sie ein paar tiefe Atemzüge, damit sich Entspannung in Ihnen breitmachen kann. Dann halten Sie einen Augenblick inne, um zu erspüren, wie Sie sich jetzt in Ihrem Körper fühlen.

Welche körperlichen und emotionalen Signale empfangen Sie? Nehmen Sie sie wahr, ohne sie verändern oder beeinflussen zu wollen. Wenn Sie ein Mann sind, dann stellen Sie sich jetzt vor, dass Ihr Vater direkt hinter Ihnen steht. Sind Sie eine Frau, dann visualisieren Sie Ihre Mutter. (Diese Übung zeigt auch dann Wirkung, wenn es sich um Adoptiveltern handelt.) Spüren Sie, wie es sich anfühlt, dass dieser Elternteil hinter Ihnen steht. Nun treten Sie einen Schritt zurück und stellen sich dabei vor, dass Sie in den Körper dieses Elternteils hineintreten. Nehmen Sie sich einen Augenblick Zeit, um sich daran zu gewöhnen, im Körper dieses Menschen zu sein. Welche Gefühle und innere Einstellungen können Sie wahrnehmen? Gestatten Sie Ihrem Körper, die Haltung einzunehmen, die am besten zum Ausdruck bringt, wie Sie sich im Körper dieses Elternteils fühlen. Zum Beispiel fühlte John, der in den Körper seines Vaters trat, wie er steif wurde und geradezu erstarrte. Sein Vater war in der Armee gewesen und verharrte oft lange in der Hab-Acht-Stellung.

Nun malen Sie sich aus, dass der Vater Ihres Vaters (Ihr Großvater, und, wenn Sie eine Frau sind, Ihre Großmutter) hinter Ihnen steht. Machen Sie wieder einen Schritt zurück, und stellen sich vor, wie Sie in seinen/ihren Körper eintreten. Setzen Sie die Übung fort und gehen dabei immer einen Schritt weiter zurück in der Zeit. Es spielt keine Rolle, ob Sie irgendwelche exakten Kenntnisse über das Leben Ihrer Vorfahren haben; stellen Sie sich einfach vor, wie sie vielleicht gewesen sein könnten. Jedes Mal, wenn Sie in einen Vorfahren hineintreten, nehmen Sie sich ein wenig Zeit, um sich mit ihm vertraut zu machen. Nehmen Sie dann eine Körperhaltung an, von der Sie meinen, dass sie diesem Menschen entspricht.

Suchen Sie eine Haltung, die Ihnen hilft, sich so zu »fühlen« wie diese Person. Übertreiben und dramatisieren Sie diese Haltung, bis sie in Ihnen ein »Wissen« oder eine Intuition zum Leben dieser Frau oder dieses Mannes freisetzt. Dieser Aspekt der Übung ist sehr wichtig. Denn in Ihrem Unbewussten und in den Zellen Ihres Körpers sind Erinnerungen an Ihre Vorfahren gespeichert, die Sie aktivieren können, indem Sie Ihren Körper physisch so verändern, dass Sie förmlich in *ihren* Körper hineinschlüpfen. Sobald Sie die Körperhaltung eines Vorfahren angenommen haben, stellen Sie sich vor, wie wohl seine Antworten auf die folgenden Fragen lauten würden:

- Was ist dir am wichtigsten und warum? Karriere? Familie? Gesundheit? Besitz? Spirituelles Wachstum? Religiöse Zugehörigkeit? Hobbys?
- Was bereitet dir die größte Freude?
- Was macht dir die größten Schwierigkeiten?

Kümmern Sie sich nicht darum, ob die Informationen, die Sie erhalten, faktisch korrekt sind. Der Wunsch nach historischer Korrektheit blockiert sonst möglicherweise Ihr Einfühlungsvermögen. Indem Sie sich fortwährend in die Rolle Ihres eigenen Beobachters begeben, erschweren Sie sich die Wahrnehmung und den Empfang von Informationen. Ziel dieser Übung ist es, Zugang zur »Ahnenseele« zu erlangen, die in sich all die Erfahrungen und Stimmen der Ahnen versammelt, die in Ihnen weiterleben. Auch wenn Ihnen die Übung keine rein faktischen Daten vermittelt, so stellt sie doch ein wertvolles Mittel zur Schulung Ihrer Intuition dar, und die erlangten Informationen können Ihnen kraftvolle Einblicke in Ihr Innerstes und in Ihr Erbe geben.

Sie können die Übung »Rückkehr zu den direkten Vorfahren« jederzeit wiederholen und sich immer wieder mit einer anderen Linie der Familie beschäftigen. Achten Sie darauf, ob es irgendwelche Gemeinsamkeiten zwischen den einzelnen Linien gibt oder ob Sie ähnliche Antworten auf Ihren Fragen bekommen. Und stellen Sie fest, ob es Übereinstimmungen zwischen den Angewohnheiten Ihrer Ahnen und Ihren eigenen gibt.

Die Vorfahren adoptierter Personen

Falls Sie als Kind adoptiert und von nichtleiblichen Eltern aufgezogen wurden, wird das Suchen Ihrer Wurzeln sich ein wenig anders gestalten. Viele Menschen erlangen wichtige Aufschlüsse, indem sie Recherche sowohl zu ihren adoptierten als auch zu ihren leiblichen Vorfahren betreiben, denn sie spüren, dass beide Familien sie beeinflusst haben. Sollten Sie sich jedoch der Familie Ihrer Adoptiveltern verbundener fühlen, dann haben Sie das Recht, sie sozusagen als Ihre Vorfahren im Geiste zu »adoptieren«, und betreiben Ihre genealogischen Nachforschungen natürlich über sie. Es kann geschehen, dass die spirituelle Verbindung zu den Adoptiveltern stärker ist als die biologische zu den leiblichen Eltern, und das gibt Ihren Adoptiveltern den höheren Stellenwert. Haben Sie sich jedoch in Ihrer Adoptivfamilie immer als Außenseiter gefühlt oder spüren eine sehr starke Verbundenheit mit Ihren leiblichen Eltern, dann kann es sich lohnen, so viel wie möglich über sie herausfinden oder sie ausfindig zu machen. Adoptionsvermittlungsstellen und das Internet geben Ihnen Aufschluss darüber, wie dabei vorzugehen ist.

Falls es Ihnen, aus welchen Gründen auch immer, nicht gelingt, Ihre leiblichen Eltern zu finden, dann nutzen Sie die nachfolgende geführte Meditation, um einen spirituellen Kontakt zu ihnen herzustellen. Diese Meditation eignet sich auch dann, wenn Sie rein gar nichts über Ihre leiblichen Eltern wissen. Sie wird Ihnen helfen, eine Verbindung herzustellen, indem sie die Informationen über Ihre Herkunft tief im Inneren Ihres Geistes anzapft. Sie müssen nur bereit sein, sich Ihrer Vorstellungskraft zu bedienen, denn ihr gelingt es oft, wertvolle Informationen sozusagen aus dem Speicher Ihres sechsten Sinnes zu bergen. Ich weiß von vielen Personen, die diese Meditation ausprobiert haben, dass die Informationen, die sie auf diesem Wege erlangten, sich später, als sie Zugang zu Fakten über ihre Vorfahren erlangten, als zutreffend erwiesen haben.

ÜBUNG:
MEDITATION FÜR ADOPTIERTE MENSCHEN

Stellen Sie sich für den Verlauf dieser Meditation vor, dass Sie sich an einem ganz und gar sicheren Ort aufhalten. Für manchen ist dies ein besonderer Platz in der Natur. Andere stellen sich eher eine sichere Zufluchtsstätte im eigenen Haus vor. Probieren Sie in Ihrer Vorstellung verschiedene Umgebungen aus und wählen Sie dann jene, die Ihnen das größte Gefühl von Sicherheit vermittelt. Sehen Sie sich selbst vor Ihrem inneren Auge an diesem Ort umherwandern. Stellen Sie sich Ihre Umgebung so realistisch wie möglich vor. Vielleicht möchten Sie, bevor Sie Ihren leiblichen Eltern gegenübertreten, einen Geistführer, Engel oder eine geliebten Menschen gedanklich bitten, Sie dabei zu begleiten. Wählen Sie jemanden, durch den Sie sich beschützt und getröstet fühlen. Falls Sie sich für einen Geistführer entschieden haben, dann investieren Sie Zeit, um mit ihm zu sprechen und eine Art Zugehörigkeitsgefühl zu entwickeln und ein Vertrauensverhältnis aufzubauen.

Sobald Sie ausreichend vorbereitet sind, stellen Sie sich eine magische Tür vor, durch die Ihre leibliche Familie Ihre Zufluchtstätte betritt. Die Personen können, wenn Sie es wünschen, den Raum entweder einer nach dem anderen betreten oder alle zugleich. Es spielt keine Rolle, falls einzelne Angehörige Ihrer leiblichen Familie nicht mehr leben – Sie können trotzdem Zeit mit Ihnen verbringen. Die Seele verlischt nicht, wenn der Körper zerfällt. Auch Ihre weiter zurückliegenden Ahnen dürfen durch die magische Tür zu Ihnen kommen. Falls Sie sich zu irgendeinem Zeitpunkt unsicher fühlen, dann können Sie Ihren Geistführer um Unterstützung bitten. Sie haben die Möglichkeit, mit jedem der erschienenen Vorfahren auf der Ebene Ihres Herzen zu kommunizieren. Sobald Sie diese Form von Austausch beenden möchten, verabschieden Sie sich und stellen sich vor, wie ein jeder durch die magische Tür davongeht.

Diese Übung eignet sich hervorragend, um einen Heilungsprozess einzuleiten und um unverarbeitete Angelegenheiten im Hinblick auf Ihre leibliche Familie zum Abschluss zu bringen.

Die ethnischen Wurzeln ermitteln

Einen weiteren Bereich der Erforschung und Interpretation stellt die ethnische Zugehörigkeit Ihrer Vorfahren dar. Mit diesem Feld kann man sich auf zweierlei Art befassen. Entweder Sie denken über Ihre ethnische Herkunft nach. Zum Beispiel könnte es ja sein, dass Ihre Großeltern ursprünglich aus Vertriebenengebieten stammten und dass Ihre Eltern sich große Mühe gegeben haben, um Sie von der entsprechenden Kultur abzuschirmen, weil sie sich in ihrer Jugend dafür schämten, die Kinder armer Vertriebener zu sein. Es könnte also sein, dass Sie in einer süddeutschen Kleinstadt aufgewachsen sind und wie alle anderen Ihr Abendessen im Familienkreis zu sich genommen haben, ohne etwas von Ihrer ethnischen Herkunft zu ahnen. Trotzdem haben Sie vielleicht das starke Bedürfnis, etwas über Ihr sudetendeutsches oder ostpreußisches Erbe herauszufinden, weil es die Weltsicht Ihrer Eltern, auch wenn sie es leugnen, und damit Ihre eigene tief beeinflusst hat.

Dies als Beispiel für ethnische Herkunft. Sie stehen jedoch nicht nur unter dem Einfluss Ihrer leiblichen ethnischen

Vorfahren, sondern auch unter jenem der Menschen, mit denen Sie die Kultur gemeinsam haben. Zwar sind Sie mit den Nachbarn Ihrer Großeltern in deren sudetendeutschem oder ostpreußischem Dorf nicht verwandtschaftlich verbunden, dennoch könnte man sie durchaus als Bestandteil Ihres Herkunftspools betrachten.

Oder aber Sie konzentrieren sich auf den ethnischen Raum, in dem Sie aufgewachsen sind. Wenn Sie zum Beispiel in Lateinamerika geboren und als Baby von einer deutschen Familie in Frankfurt adoptiert wurden, dann wird diese Tatsache sich tiefgreifend in Ihrer Weltsicht niederschlagen, auch wenn keine biologische Verbindung zur deutschen Kultur besteht.

In beiden Fällen hat der ethnische Hintergrund, an den Sie sich entweder durch Geburt oder Kultur gebunden fühlen, einen starken Einfluss auf Ihr Leben. Auch wenn die Zugehörigkeit Ihrer Ahnen zu einer anderen Ethnie als Ihrer eigenen mehrere Generationen zurückliegt, kann sie sich dennoch auf Sie auswirken. Wenn beispielsweise Ihre Familie seit vielen Generationen in Deutschland lebt, ursprünglich aber aus Frankreich stammt, von wo sie, weil sie Hugenotten waren, fortgehen mussten, dann ist die Energie des Herkunftslandes auch weiterhin in Ihnen anwesend. Rituale, Überzeugungen, Vorurteile, Stärken und Gewohnheiten, die für Sie typisch sind, können in Beziehung stehen zur ursprünglichen Herkunft Ihrer Familie und/oder zu der Kultur, in der Sie aufgewachsen sind.

Am besten gelingt es, eine Verbindung zu den eigenen ethnischen Wurzeln herzustellen, wenn man in den Lebensraum der Ethnie, der die eigene Familie angehört, zurückkehrt. Dieser Schritt unterscheidet sich etwas von der Suche nach den Wurzeln der leiblichen Eltern. Beispielsweise könnte Ihre Familie seit acht Generationen in Deutschland leben, ursprünglich aber aus Polen stammen. Planen Sie eine Reise zurück in das Dorf oder die Stadt, wo Ihre Vorfahren herkommen, oder doch wenigstens in die Region, in der sie ansässig waren. Lassen Sie sich auf die Erfahrung ein, wie es ist, sich im Land Ihrer Vorfahren aufzuhalten. Wählen Sie aber nicht internationale Hotels und Restaurants. Entscheiden Sie sich für kleine Landgasthöfe, nutzen Sie öffentliche Verkehrsmittel, machen Sie Spaziergänge und suchen Sie Menschen, mit denen Sie reden können. Es wird Sie überraschen, wie sehr eine solche Reise Ihre Weltsicht und auch Ihren Blick auf sich selbst verändern kann.

Die kulturellen Wurzeln ermitteln

Es kann zugleich amüsant und aufschlussreich sein, sich mit den kulturellen Traditionen seiner Vorfahren oder seiner Herkunftsfamilie zu befassen. Vielleicht gibt es Dinge, die Sie Ihr ganzes Leben lang immer auf die gleiche Weise getan und als gegeben hingenommen haben. Möglicherweise meinen Sie, jeder Mensch handle so, doch dann stellen Sie fest, dass Ihre Handlungsweise an Ihre kulturelle Herkunft geknüpft ist. Beispielsweise hat man mir als kleines Mädchen kaum je etwas über meine indianische Herkunft erzählt. Dennoch zog ich mich oft stundenlang in den Wald zurück, um dort mit den Bäumen und der Erde zu sprechen. Ich sammelte bestimmte Pflanzen und Wurzeln und bezeichnete sie als meine »Medizin«. Später als Erwachsene erkannte ich ganz deutlich, dass dieses Verhalten etwas mit meiner indianischen Herkunft zu tun hatte, auch wenn mir das als Kind nicht bewusst war.

Investieren Sie ein wenig Zeit, um die Traditionen Ihrer Familie kennenzulernen. Jede Ethnie hat ihre eigenen Rituale, Vorstellungen, Geschichten, künstlerischen Traditionen, Speisen und eigene musikalische Vorlieben. Lesen Sie nach, sprechen Sie mit alten Leuten, befassen Sie sich mit Kunst und Kunsthandwerk, mit der für Ihre Kultur spezifischen Musik, und lernen Sie die typische Küche kennen, indem Sie entsprechende Restaurants aufsuchen oder selbst Rezepte ausprobieren.

Der Einfluss historischer Persönlichkeiten

Einen weiteren Zugang zu den eigenen Vorfahren kann man sich erschließen, indem man sich fragt, welche historischen Persönlichkeiten wohl Einfluss auf Ihr Leben genommen haben. Dabei kann es sich um Personen handeln, deren Leben und Werk Sie selbst besonders beeindruckt haben. Gibt es vielleicht einen Künstler, dessen Sichtweise Sie in Ihrer Wahrnehmung der alltäglichen Dinge für immer geprägt hat? Verdanken Sie irgendeinem bestimmten Philosophen das Grundgerüst, auf dessen Basis Sie bestimmte Ereignisse in Ihrem Leben erst richtig verstehen? Oder möglicherweise hat Sie die Arbeit eines brillanten Wissenschaftlers so sehr beeindruckt, dass Sie Ihr Leben ein Stück weit nach seinem Vorbild ausgerichtet haben? Solche historischen Persönlichkeiten dürfen Sie zu Ihren »geistigen« Vorvätern zählen, da sie Sie und Ihre Entscheidungen mit ihrem Werk so maßgeblich beeinflusst haben.

Ein für Sie wegweisendes Buch oder eine Melodie, die Sie so stark berührte, dass sich etwas in Ihrem Leben nachhaltig verändert hat, sind wichtige kulturelle Einflussfaktoren, die Sie geprägt haben: Kunst, Musik, Literatur, Sagen, Erfindungen, veränderte Formen des Denkens und Handelns – all diese Neuerungen und Schöpfungen tragen dazu bei, uns zu dem Menschen zu machen, der wir schließlich sind. Auch sie gehören zu unserem kulturellen Erbe. Ihren Einfluss müssen wir auf der Suche nach unseren Wurzeln mit in Betracht ziehen.

Mythische Vorfahren

Wenn ein junger Aborigine in Zentralaustralien ins Jugendalter eintritt, dann wird zu seinen Ehren die folgende Zeremonie abgehalten: Seine Brust wird mit bestimmten Mustern angemalt, und man erklärt ihm, dass diese Muster die Merkmale mythischer Vorfahren sind, deren lebendiges Gegenstück er ist. Diese Tradition stellt die Verbindung zum größeren Bild her und erzeugt Stolz; das Ritual macht deutlich, dass das Leben auf Erden eine Spiegelung des mächtigen mythischen Reichs namens Traumzeit ist. Der Jugendliche selbst wird zu einem zeitlosen mythischen Wesen, das sich inkarniert hat. Auch die Freunde und Gefährten des Jungen werden im Rahmen dieses Initiationsrituals zur Manifestation alter mythischer Mächte.

Auch wenn dies für Europäer keine Gültigkeit besitzt, so ist es doch interessant zu wissen, dass in manchen traditionell orientierten Kulturen mythische Figuren oder Totemtiere als Vorfahren betrachtet werden. Der Ursprung von Totemvorfahren ist nicht entwicklungsbiologisch zu verstehen. Vielmehr werden sie als Nachfahren göttlicher Wesen betrachtet, die eine symbolische oder eine Tierform angenommen haben. Totemvorfahren sind kollektive Wesen und werden als heilig betrachtet. Klanmitglieder werden durch ihre Totemvorfahren unterschieden und sind durch die symbolische Form ihrer Tier- oder Totemvorfahren mit der Vergangenheit verbunden. Falls Sie aus einer traditionell orientierten Kultur stammen, stellen Sie vielleicht fest, dass Totemvorfahren auch in Ihrer Familie eine Rolle spielen.

Spirituelle Vorfahren

Eine andere Art Vorfahre ist der spirituelle, zu dem keine direkte Verwandtschaft besteht, den Sie aber dennoch zu Ihren persönlichen »geistigen« Ahnen zählen dürfen. Bei einem spirituellen Vorfahren kann es sich um einen Menschen handeln, der Sie über eine weite Strecke in Ihrem Leben begleitet hat und der dann verstorben ist, dessen Einfluss auf Sie jedoch fortbesteht. Nahe Verwandte und frühere Lehrer oder alte Familienfreunde – gar nicht unbedingt Menschen, zu denen eine Blutsverwandtschaft besteht, sondern solche, die mit ihrer Liebe und Führung in Ihrem Leben auch nach ihrem Tod noch präsent sind. Auch Sie haben einen Beitrag geleistet, Sie zu dem Menschen zu machen, der Sie sind. Falls Sie an Reinkarnation glauben, dann könnten für Sie spirituelle Vorfahren sogar diejenigen sein, denen Sie in früheren Leben begegnet sind und die Sie weiterhin beeinflussen.

Außerdem spüren manche Menschen eine tiefe Verbundenheit mit bestimmten spirituellen Traditionen oder Führern. Möglicherweise fühlen Sie sich im Rahmen einer bestimmten Glaubensgemeinschaft besonders wohl, oder aber Sie erleben sich als Einheit mit der Natur und dem Universum. Solche spirituellen Verknüpfungen stellen möglicherweise ein Gefühl von Verbundenheit mit Dingen dar, die größer sind als das Ich und Bestandteil des spirituellen Erbes. Die Gemeinschaft mit unseren spirituellen Vorläufern vermittelt uns ein Gefühl der Zugehörigkeit, das begrenzende Faktoren wie Familie und Nationalität überwindet. Sich mit der Quelle allen Seins, die manche als Gott bezeichnen, verbunden zu fühlen, lässt uns alle wahrhaftig zu einer Familie verschmelzen und macht alle Menschen, die jemals gelebt haben, zu unseren Vorfahren.

Die eigenen Vorfahren definieren

Die Auswahl der Personen, die Sie als Ihre Vorfahren bezeichnen und entsprechend erforschen möchten, kann willkürlich erfolgen und sich im Laufe der Zeit ändern. Einen vorschriftsmäßigen Weg für diese Art der Familienforschung gibt es nicht. In manchen Phasen Ihres Lebens konzentrieren Sie sich vielleicht auf Ihre leiblichen Vorfahren, in anderen interessieren Sie sich mehr für die geistigen Kräfte, die Einfluss auf Ihr Leben genommen haben. Beide Ansätze besitzen Gültigkeit und sind von großem Nutzen, wenn Sie herausfinden wollen, wer Sie tatsächlich sind.

Man könnte auch sagen, Ihre Vorfahren sind all die Personen, mit denen Sie sich identifizieren wollen. In unserer Zeit musste der Begriff »Familie« einige Erweiterungen durchlaufen, um geschiedenen und wiederverheirateten Familienmitgliedern gerecht zu werden oder jenen, die sich in weit entfernten Gegenden niedergelassen haben oder sich ohne jegliche Blutsverwandtschaft einander zugehörig fühlen. Indem Sie sich mit der Frage befassen, was für Sie das Wort »Vorfahre« beinhaltet, begeben Sie sich auf eine Reise der Selbstentdeckung, in deren Verlauf Sie erst die eine und dann eine andere Richtung einschlagen können. Diese Art der »Ahnenforschung« kann äußerst erfüllend sein und Sie ein Leben lang beschäftigen. Die Entscheidungen, die Sie im Laufe dieses Prozesses treffen, helfen Ihnen, sich über sich selbst Klarheit zu verschaffen und sich selbst zu definieren.

ÜBUNG:
IM KREIS DER VORFAHREN

Die nachfolgende Übung wird Ihnen helfen, den Kontakt mit Ihren Vorfahren aufzunehmen, egal ob es sich um leibliche, adoptierte, kulturelle, historische, mythische oder spirituelle handelt, und Sie darin unterstützen, ihnen in Ihrem Leben einen festen Platz einzuräumen. Die Übung ist als geführte Meditation angelegt. Sie können entweder jemanden bitten, Sie durch die Meditation zu führen, oder für sich selbst den Text auf Band sprechen und ihn nach Bedarf abspielen.
Die Übung ist dann wirkungsvoll, wenn Sie entspannt und offen dafür sind. Sie können sie im Liegen oder im Sitzen durchführen. Achten Sie auf eine gerade Wirbelsäule und eine bequeme Körperhaltung.

Nehmen Sie sich ein paar Augenblicke Zeit, um sich zu entspannen und Ihren Körper auf Ihr Vorhaben einzustimmen. Dann stellen Sie sich vor, dass Sie einem ausgetretenen Pfad über eine Wiese folgen. Es ist ein angenehm warmer, diesiger Sommertag. Sie sind erfüllt vom würzigen Duft der Wiesengräser und -kräuter. Sie hören das leise Summen der Insekten und das Singen der Vögel. All diese Geräusche verbinden sich und durchdringen die Luft mit einer wohltuenden, rhythmischen Melodie. Vor Ihnen liegt ein kleines Wäldchen. Jeder einzelne Baum wirkt wie umgeben von einer Aura aus Licht. Der Weg führt Sie in diesen Baumkreis. Die Blätter rascheln in einem sanften Lufthauch und klingen wie ein Glockenspiel. In der Mitte des Wäldchens befindet sich ein Kreis aus großen stehenden Steinen. Zeit und Wetter haben die Steine verwittern lassen. Sie sind fest in die Erde eingebettet. Sie stehen vor dem heiligen Steinkreis der Vorfahren. Es ist ein Ort der Kraft und alter Weisheit.

Sobald Sie in die Mitte des Steinkreises treten, spüren Sie ein leises Summen, das von der Erde auszugehen scheint. Nebel bildet sich. Zunächst nur ein wenig, direkt über dem Boden. Dann wird er dichter und dichter. Der Nebel steigt auf und umfängt Sie warm. Obwohl Sie nichts sehen, hören Sie die Ankunft Ihrer Vorfahren, die durch Raum und Zeit zu Ihnen gelangen. Einer nach dem anderen treten Ihre Vorfahren vor Sie hin. Manche sehr visuell gestimmte Menschen sehen ihre Vorfahren, andere fühlen sie oder spüren ihre Anwesenheit, auch wenn sie sie nicht sehen können. Wieder andere sind eher akustisch orientiert, und falls Sie zu dieser Gattung gehören, dann lauschen Sie, wie Ihre Vorfahren zu Ihnen sprechen, auch wenn Sie sie weder sehen noch fühlen. Sie können Ihre Hand in den Nebel hinein ausstrecken und versuchen, Ihre Vorfahren zu berühren. Manchmal hilft dies, um zu erkennen, um wen es sich handelt. Die Bereitschaft zum Experimentieren ist wichtig, denn auf diese Weise wird Ihnen der Prozess einen besseren Zugang zu Ihren Vorfahren verschaffen.

Sobald Ihre Vorfahren einzeln hervortreten, haben Sie die Gelegenheit, sie zu befragen. Die folgenden Fragen könnten Sie ihnen stellen:

- Welches Leben hast du geführt?
- Womit hast du deinen Lebensunterhalt verdient?
- Was war dir in deinem Leben wichtig?
- Woran hast du geglaubt?
- Welche Begabungen und Talente hattest du?

Jede empfangene Antwort trägt zur Schärfung Ihrer Intuition bei und liefert Ihnen Bilder, die Ihnen Ihre Herkunft greifbarer machen.

Vergessen Sie nicht die Frage: »Ich bin dein Nachkomme. Welche Mitteilung möchtest du mir machen, welchen Rat möchtest du mir geben?«

Bitten Sie Ihre Vorfahren, bevor sie sich zurückziehen, einzeln um ihren Segen. Sie können Ihnen ihren Segen in Form von Worten oder eines Geschenks geben. Akzeptieren Sie ihren Segen so, wie Sie ihn bekommen. Zum Abschluss bedanken Sie sich für alles, was Sie erhalten haben. Dann können Sie langsam zum Tagesbewusstsein zurückkehren.

Die eigenen Vorfahren ehren

Als eine Freundin davon erfuhr, dass ich ein Buch schrieb, in dem Anweisungen enthalten sein sollten, wie man seine Vorfahren würdigen kann, da erklärte sie mir, dass sie weder mit ihrer Familie noch mit ihren Vorfahren irgendetwas zu tun haben wollte. Ihrer Meinung nach hatten sie alle ihr Leben äußerst negativ beeinflusst, und sie wollte sie sich so gründlich wie irgend möglich vom Leib halten. Solche Gefühle sind weit verbreitet. Jeder, der in einer kaputten Familie aufwachsen musste, weiß, wie wichtig es für die Heilung ist, sich von diesen Menschen zu distanzieren. Doch auch wenn Sie und Ihre Familie sich voneinander entfremdet haben, können Sie dennoch davon profitieren, Ihre Vorfahren zu kennen und zu würdigen. Außerdem sind Sie keineswegs gezwungen, ihre negativen Muster zu wiederholen.

Um Ihren Vorfahren Ehre widerfahren zu lassen, müssen Sie ihnen zunächst einmal vergeben. Vergebung ist wichtig, denn sie neutralisiert jegliche möglicherweise von Ihren Ahnen auf Sie übergegangene negative Energie wie etwa Scham, Schuldgefühle, Wut, Angst, Hass und sogar Verleugnung. Die an diese Emotionen gebundene Energie ist so stark, dass sie von einer Generation auf die nächste übertragen wird. Deshalb sind Ehrerbietung und Vergebung eine so zentrale Voraussetzung für die Auflösung negativer Familienmuster (siehe Kapitel 3). Das heißt jedoch nicht, dass Sie Ihren Vorfahren ausnahmslos alles vergeben müssen – mache Dinge kann man einfach nicht vergeben. Doch kann es nützlich sein, die Tat vom Täter zu trennen, denn die meisten Taten geschehen als Folge einer Fehlprogrammierung durch die Familie oder die Vorfahren. Wenn es Ihnen nicht gelingt, die Tat zu vergeben, dann versuchen Sie, sich mit der Person zu versöhnen. Den Vorfahren zu vergeben und sie zu ehren, kann Ihnen helfen, sich von einem negativen Erbe zu befreien, das Sie möglicherweise in sich tragen. So verhindern Sie, dass es an die nächste Generation weitergereicht wird. Also, auch wenn Sie alles andere als zufrieden sind mit Ihrer Herkunft, es kann dennoch sinnvoll sein, den Vorfahren Ehrerbietung zu zollen.

Unsere Vorfahren existieren nicht nur in der Vergangenheit; sie existieren in unserem Kopf und in jeder Zelle unseres

Körpers. Indem wir unseren Ahnen einen Ehrenplatz in unserem Herzen geben, anerkennen wir die Geschenke, die sie uns gemacht haben. Wie auch immer Sie den Begriff Vorfahren für sich definieren, sie zu ehren, kann den Bereich in Ihnen stärken, den Sie ihnen zugebilligt haben.

Einem Vorfahren einen Brief schreiben

Wählen Sie die beiden Vorfahren aus, mit denen Sie sich am innigsten verbunden fühlen, und schreiben Sie ihnen einen Brief. Es kann sich um einen Vorfahren handeln, den Sie noch kennengelernt haben, wie etwa die verstorbene Großmutter, oder um einen »geistigen« Vorfahren, dem Sie nie begegnet sind, wie etwa Mahatma Gandhi. Der Brief kann sich sogar an jemanden richten, der nur in Ihrer Vorstellung existiert. Wichtig ist nur, dass Sie der ausgewählten Person genau mitteilen, wie sie Ihr Leben beeinflusst hat, und dass Sie sich bei ihr für ihre Gaben bedanken.

Falls Sie einem Blutsverwandten schreiben, der erst kürzlich verstorben ist, könnten sich ambivalente Gefühle einstellen. Vielleicht war der Großvater, der Sie aufgezogen und Ihnen alles über Autoreparatur beigebracht hat, außerdem sehr streng mit Ihnen und hat Sie hart angefasst. Auch das darf zum Ausdruck kommen. Man muss Vorfahren nicht fälschlich auf ein Podest stellen, um sie zu würdigen. Tatsächlich bringt man ihnen mehr Ehrerbietung entgegen, wenn man anerkennt, dass sie, auch wenn sie entscheidend zur eigenen »Ichwerdung« beigetragen haben, letztlich unvollkommene Menschen waren. Sie haben sich den Schwierigkeiten ihres Lebens auf die für sie bestmögliche Weise gestellt, und es gelang ihnen außerdem noch, Ihnen Nützliches und Wesentliches mit auf den Weg zu geben.

Wenn Sie die Briefe geschrieben haben, dann können Sie sie in einer kleinen Zeremonie verbrennen und dabei entweder ein Gebet für Ihre Vorfahren sprechen oder erbaulichen Gedanken an sie nachgehen. Dies kann in der Vorstellung geschehen, dass der Rauch des Feuers Ihre Gebete und Gedanken durch Zeit und Raum zu Ihren Vorfahren auf die spirituelle Ebene trägt. Oder aber Sie bewahren die Briefe auf und lesen dann und wann in ihnen nach, schreiben sie vielleicht sogar um oder ganz und gar neu, um Sie Ihrem veränderten Erkenntnisstand anzupassen.

Die Vorfahren durch einen Hausaltar würdigen

Der Erinnerung an die Vorfahren irgendwo in der Wohnung einen speziellen Platz zu widmen, ist eine besondere Art, die Tatsache zu würdigen, dass Sie in Ihrem Leben weiter präsent sind und es weiter prägen. Ein solcher Altar wird Sie daran erinnern, dass Sie der Hüter eines heiligen Schatzes sind, der irgendwann einmal von Ihnen auf Ihre Nachkommen übergehen wird. Ein solcher fester Platz des Erinnerns kann uns gemahnen, unser Leben im Bewusstsein unserer Verantwortung zu leben.

In vielen Kulturen ist ein spezieller Bereich der Wohnung für die Errichtung einer Andachtsecke oder eines Altars vorbehalten. Häufig dient dieser Platz auch der Ahnenverehrung. In Japan und in anderen asiatischen Ländern ist diesem Zweck oft sogar ein ganzer Raum gewidmet, inklusive Stühle für die Verstorbenen. Täglich werden den Vorfahren dort Speisen,

Räucherwerk und Blumen dargeboten. Auch wenn es für Sie vielleicht nicht praktikabel ist, Ihren Vorfahren ein ganzes Zimmer zu überlassen, so möchten Sie es ja vielleicht in Betracht ziehen, ihnen einen Altar einzurichten. Ein Altar ist ein Brennpunkt für alles Heilige, ein Ort der Sammlung, an dem die Fäden des Lebens, und seien sie noch so scheinbar weit voneinander entfernt, zusammenlaufen und ein integrales Ganzes bilden.

Hausaltäre errichtet die Menschheit seit Tausenden von Jahren, und es gibt sie in allen nur denkbaren Formen und Größen. Traditionell sind sie ein Kraftpunkt in der eigenen Behausung und gleichen einer kleinen Kapelle, einem Platz im Haus, der heilig ist. Es ist von großem Nutzen, ein wenig Platz abzutrennen, um dort das Heilige in Ihrem Leben zu würdigen. Dazu brauchen Sie nicht viel Raum. Der Kaminsims zum Beispiel kann einen wunderbaren kleinen Altar abgeben; oder aber ein schmales Sideboard, das an einer Wand steht; oder aber ein niedriger kleiner runder Tisch. Der Altar kann aus Holz, Glas, Metall oder einer beliebigen Zahl anderer Materialien gefertigt sein und an einer Wand hängen. Ein Zuhause ist mehr als nur Ziegel, Holz und Glas; Ihr Zuhause ist ein Brennpunkt, an dem viele verschiedene Energiefelder zusammentreffen und sich miteinander verbinden. Der Altar kann Ihnen als Erinnerung daran dienen, dass alles Leben heilig ist. Er kann ein Zentrum der Heilung, Liebe und des Glücks darstellen.

Falls Sie bereits einen Heimaltar besitzen, könnten Sie einen Bereich für die Verehrung Ihrer Ahnen vorbehalten. Oder aber Sie errichten für Ihre Ahnen einen eigenen Schrein. Ziel und Zweck eines Ahnenschreins ist es nicht, dort die Ahnen anzubeten. Vielmehr soll er Sie daran erinnern, dass sie einen besonderen Ehrenplatz in Ihrem Leben einnehmen. Ein Hausaltar kann auch ein Sammelplatz für Gedanken, Erinnerungen und Symbole der Vergangenheit sein, damit sie einen festen Platz in Ihrem gegenwärtigen Leben haben. Er kann dazu beitragen, das wieder ganz zu machen, was einst zerbrochen wurde. Er ist ein sichtbares Symbol einer unsichtbaren Wirklichkeit, das unsere Abstammung von einem ununterbrochenen Menschheitsgeschlecht bezeichnet.

Ihr Ahnenschrein kann die einfache Form einer Sammlung von Fotografien aus Vergangenheit und Gegenwart annehmen. (Manchmal entsteht ein Ahnenschrein unbewusst, wenn etwa Fotos von der Familie in einer Nische oder auf dem Klavier aufgestellt werden.) Oder aber es kann sich um eine eigens eingerichtete und mit entsprechendem Licht ausstaffierte Ecke handeln. Außer den Bildern Ihrer Ahnen können Sie auf Ihrem Altar auch Gegenstände plazieren, die jene Eigenschaften symbolisieren, die ein Vorfahre hatte. Beispielsweise können Sie einen hübschen Stein, den Sie beim Besuch des Hofes Ihres Großvaters aufgehoben haben, auf den Altar legen. Er wird Sie immer an die Kraft und Unerschütterlichkeit Ihres Großvaters erinnern.

Falls Ihre Vorfahren aus einem anderen Land zugereist sind wie etwa die Hugenotten aus Frankreich und Sie nichts über ihre Eigenschaften wissen, dann könnten Sie sich ihre Entschlossenheit und die Kraft ihrer inneren Überzeugung vorstellen, die sie veranlasste, in die Fremde zu gehen, um religiöse Freiheit oder bessere wirtschaftliche Bedingungen zu erlangen. Zur Würdigung ihrer Opferbereitschaft könnten Sie die Feder eines Zugvogels, der den ehemaligen Lebensraum Ihrer Vorfahren überfliegt, auf den Altar legen.

Oder aber Sie legen einen Gegenstand auf Ihren Hausaltar, der sich seit langer Zeit im Besitz Ihrer Familie befindet, wie etwa der Fingerhut, der unter den Frauen der Familie weitergereicht wurde. Sinnvoll ist auch ein Gegenstand, der Ihre Vorfahren symbolisiert, wie etwa ein Fläschchen mit Meereswasser, falls Ihre Ahnen zur See gefahren sind. An speziellen familienrelevanten Feiertagen könnten Sie Räucherstäbchen oder Kerzen anzünden oder Ihr Zuhause entsprechend schmücken. Zum Beispiel kenne ich eine Familie, die zündet jedes Jahr eine Kerze an, wenn der Tag wiederkehrt, an dem ihr Urgroßonkel John durch den eiskalten Fluss schwamm, um für seine schwangere Frau Medikamente zu besorgen.

Ein Hausaltar sollte Kraft ausstrahlen und sich, wie es für zwischenmenschliche Beziehungen typisch ist, ständig verändern und weiterentwickeln. An einem Tag schmückt vielleicht eine frisch gepflückte Frühlingsblume den Altar, an einem anderen ein vom Meer blank geschliffener Stein oder ein einzelnes zu einem Gebet entzündetes Räucherstäbchen. Sie wählen die Form, so wie die Form Sie wählt. Ihr Ahnenschrein kann zugleich die Vergangenheit ehren, die Gegenwart feiern und die Zukunft visualisieren. Er kann der kraftvolle Ausdruck dafür sein, dass Sie Ihre Vergangenheit annehmen, achten und zu einem festen Bestandteil Ihres Lebens machen. Indem Sie Ihren Vorfahren Raum in Ihrem heiligen Bereich einräumen, erweisen Sie sich des Vertrauens würdig, das Ihre Vorfahren in Sie gesetzt haben und das Sie Ihrerseits in Ihre Nachkommen setzen werden. Dies ist eine alte Tradition, die es wert ist, wiederbelebt zu werden.

Die Vorfahren um Hilfe und Führung anrufen

In manchen Kulturen werden Räucherstäbchen auf dem Hausaltar angezündet und dann verstorbene Familienmitglieder um Rat und Unterstützung gebeten. Es kann sehr tröstlich sein, direkten Kontakt mit dem Geist eines verehrten Vorfahren aufzunehmen und seine Führung zu erbitten. Bei vielen Völkern ist diese Vorgehensweise eine alte Tradition. Ich selbst nehme, bevor ich ein Seminar abhalte, gelegentlich Kontakt mit meiner Cherokee-Großmutter oder meinem Onkel auf. Beide sind schon lange tot und mir besonders wichtig. Danach fühle ich mich immer erfüllt von Selbstvertrauen und Ruhe.

Zu Lebzeiten war meine Großmutter äußerst beharrlich und sehr streng. Sie war nicht die herzliche und liebevolle Großmutter, die ich gerne gehabt hätte. Mir kam sie damals eher kalt und distanziert vor. Doch ich konnte, nachdem sie hinübergegangen war, ihre Gegenwart spüren. Offenbar hatte ihr Tod sie verändert, denn nun erschien sie mir sanfter und freundlicher, und ich hatte den Eindruck, dass ihr Geist voller Mitgefühl für mich war und dass ihm sehr an meinem Wohl lag. Bei Kulturen, in denen die Ahnenverehrung eine wichtige Rolle spielt, kommt so etwas häufig vor. Sobald Familienmitglieder aus dem Leben scheiden, verwandeln sie sich in ihr besseres Selbst.

Wenn Sie einen Vorfahren um Unterstützung anrufen, dann können Sie ihm alles sagen, was Ihnen auf dem Herzen liegt und mit welchem Problem Sie sich gerade herumschlagen. Dabei ist es gut, sich an den Mut und an die besonders bewundernswerten Eigenschaften dieses Vorfahren zu erinnern und darum zu bitten, dass er Ihnen helfen möge, indem der diese Eigenschaften auf Sie überträgt. Diese Art des Gebets ist besonders wirkungsvoll, und mir haben viele Menschen von den sehr erstaunlichen, positiven Auswirkungen dieser Übung berichtet.

Ihre Vorfahren sind eine riesengroße, im Wesentlichen unerschlossene Quelle der Kraft, Segnungen und Unterstützung. Ich habe, indem ich mich an meine Vorfahren wandte, ebenso viel – wenn nicht mehr – spirituelle Führung erfahren wie von Engeln und Geistführern. Sie lieben es, um Unterstützung gebeten zu werden, lassen Sie sich darauf ein!

Die archetypischen Vorfahren würdigen

Wer seine Vorfahren ehren und sie in sein Leben einladen will, kann dies auch tun, indem er Verbindung mit den archetypischen Vorfahren aufnimmt. In vielen traditionell orientierten Kulturen gibt es Rituale, mit deren Hilfe man die kollektiven Ahnen eines ganzen Stammes oder Volkes anrufen kann. Die Maori zum Beispiel kennen sowohl Zeremonien, mit denen sie Verbindung zu einzelnen Ahnen aufnehmen, als auch solche, um mit allen Vorfahren zugleich in Kontakt zu treten. Andere Völker ehren ihre Vorväter grundsätzlich nur als Kollektiv und nicht als Einzelpersonen. Sie rufen sie als die Hüter der archetypischen Ahnenseele an.

Archetypische Ahnen verfügen über die kollektive Weisheit und Macht aller, die ihnen vorausgegangen sind. In der westlichen Kultur kommen sie in Märchen als die weise alte Frau oder der weise alte Mann vor. Es handelt sich um ein universell gültiges Bild. Im Rahmen einer Meditation haben Sie die Möglichkeit, Ihre archetypischen Ahnen zu finden und mit ihnen Kontakt aufzunehmen. Sie könnten sich zum Beispiel vorstellen, dass Sie sich am Fuße eines Berges befinden. Vor Ihnen liegt ein Weg, der sich den Berg hinaufschlängelt, und Sie wissen, dass er Sie zu Ihren archetypischen Vorfahren bringen wird. Alle Weisheit und Kraft und aller Mut, die es je in Ihrer Familie gegeben hat, werden in den Archetypen dort oben auf dem Berg sichtbar. Malen Sie sich aus, wie Sie hinaufsteigen und mit diesen Wesen kommunizieren. Sobald Sie dieses Treffen beenden möchten, werden Ihnen die Archetypen ein Geschenk überreichen, das Sie den Berg hinunter mit sich nehmen. Jedes Mal, wenn Sie sich mit dem Geschenk befassen und daran denken, öffnen Sie den Kanal zu Ihrer inneren weisen Frau und zu Ihrem inneren weisen Mann.

Sie gehen in den Fußspuren der Alten, die ihren Weg vor Ihnen beschritten haben. In gewisser Weise ist alles und jeder Ihr Vorfahre. Ihre Zellen enthalten die Grundmuster allen Lebens, aller Formen und allen Seins. Ihre Vorfahren leben in Ihnen weiter. Ehren Sie sie, und Sie würdigen die Heiligkeit, die allem Leben, Ihnen und dem gesamten Kosmos innewohnt.

3. Kapitel

Die Befreiung von negativen Familienmustern

Ihre Vergangenheit ist nicht abgeschlossen. Sie ist ein Teil von Ihnen im Hier und Jetzt; sie entfaltet sich noch immer. Leben heißt, eine Vergangenheit zu haben. Ihre Psyche hat ihren Ursprung nicht in der Gegenwart; ihre Quellen reichen Tausende von Jahren zurück. Sie ist nur ein neuer Spross an einer alten Wurzel. Obwohl man sich meist vorstellt, dass Einstellungen und Vorstellungen aus einem selbst heraus erwachsen, so hat doch ein Großteil unserer Persönlichkeit und unseres Bewusstseins seine Wurzeln in einem tiefen, ursprünglichen und uns von den Vorfahren überreichten Erbe, das im Inneren eines jeden Menschen wohnt.

Die Ausbildung Ihrer Persönlichkeit ist, wenigstens zum Teil, das Ergebnis der fortgesetzten Abstammungslinie Ihrer Vorfahren. Die Art, wie Sie das Leben wahrnehmen, wird gefiltert durch die Erfahrungen all der Generationen, die Ihnen vorausgegangen sind. Ihr Selbstverständnis beruht weitestgehend auf den Erfahrungen, die Sie als Kind gemacht haben, die über eine weite Strecke durch Ihre Familie herbeigeführt wurden. Die Mitglieder Ihrer Familie wiederum wurden in ihrer Kindheit von ihren Vorfahren beeinflusst, und so lässt sich der Prozess endlos zurückverfolgen. Diesem Erbe verdanken Sie positive

Eigenschaften, die Ihnen Kraft geben und Sie handlungsfähig machen; doch Eigenschaften wie Misstrauen, Angst und Einsamkeitsgefühle können ebenfalls Bestandteil dieses Vermächtnisses sein.

Die ganze Bandbreite negativer Emotionen wie Frustration, Zorn und Angst, die Menschen im Laufe der Jahrtausende gefühlt haben, sind unterschwellig in uns als Bestandteil unseres Menschseins abgespeichert. Auch wenn manche ihre Vorfahren durch eine rosarote Brille sehen, das Wesen der Menschen hat sich im Laufe der Jahrhunderte kaum verändert. Ihre Vorfahren haben sicherlich ebenso wie wir heute Eifersucht, Hass, Wut und Trauer empfunden. Vermutlich begegneten sie ihren Lebensumständen mit den gleichen Verhaltensmustern, sowohl negativer als auch positiver Art, wie ihre Eltern und Großeltern. Körperliche Merkmale und selbst einige psychologische Veranlagungen wie etwa jene zur Schizophrenie werden genetisch von einer Generation an die nächste weitergereicht. Manche Verhaltensweisen, wie sie etwa im sexuellen Missbrauch, Inzest und bei Triebtätern zum Ausdruck kommen, lassen sich in der Familiengeschichte weit zurückverfolgen. Manchmal treten bestimmte Gewohnheiten und Persönlichkeitsmerkmale von einer zur nächsten Generation auf geheimnisvolle Weise wieder und wieder in Erscheinung. Man könnte meinen, das Bewusstsein der Ahnen fließe mehrere Generationen lang unterirdisch dahin, um dann plötzlich an die Oberfläche zurückzukehren und sich im Leben der Jetztzeit-Nachkommen Ausdruck zu verschaffen.

Die Ahnenseele kann die Psyche eines Menschen auf eine Weise durchdringen, dass sie sogar Einfluss auf sein Schicksal nimmt. Manche adoptierte Menschen, die als Erwachsene ihre leibliche Familie ausfindig machen, entdecken eine Vielzahl von Ähnlichkeiten zwischen sich selbst und ihren weitläufigeren Verwandten. Diejenigen von ihnen, die bereits seit der frühen Kindheit in Gastfamilien aufwuchsen, wurden gewiss nicht beeinflusst, um sich bei der Wahl ihres Berufes, der Ausbildung von bestimmten Eigenschaften und Persönlichkeitszügen an ihrer Ursprungsfamilie zu orientieren, und dennoch werden solche auffälligen Ähnlichkeiten unter Blutsverwandten, die einander noch nie zuvor begegnet sind, in vielen Studien dokumentiert. Bei jungen Männern der australischen Aborigines, die ohne Berührung mit ihrer Kultur aufgewachsen sind, ist es immer wieder vorgekommen, dass sie ihre Körper spontan auf die für ihren Stamm typische Weise bemalen.

Nundjan Djiridjakin, ein Stammesältester des Bibulmun-Stammes in Australien, berichtete mir interessante Einzelheiten darüber, wie junge Aborigines, die keinerlei Kontakt zu den Traditionen ihrer Vorväter hatten, die Stammestradition erneuern:

Der Geist der Alten kehrt durch die Jungen zu uns zurück. Wir erkennen das daran, dass einige der Jungen auf eine Weise malen, wie sie ihnen nie beigebracht wurde. Offenbar tragen sie das Wissen um die Verfahrensweise bei dieser Art Körperbemalung in ihrem Unterbewusstsein. Wir empfinden das als einen Beweis dafür, dass die Ahnen noch unter uns weilen und noch immer unser Schicksal beeinflussen.

Unsere Gene sind durch unsere Vorfahren bereits kodiert, möglicherweise wohnt die Ahnenseele auch in unseren Genen.

Bei Zwillingen oder Geschwistern, die nach der Geburt getrennt wurden und dennoch ähnliche Vorlieben und Verhaltensweisen entwickeln, tritt dieses Phänomen deutlich sichtbar zutage. Ich lernte einmal ein Zwillingspaar kennen, das nach der Geburt getrennt wurde und viele Jahre später durch bemerkenswerte Zufälle wieder zusammenfand. Sie stellten fest, dass sie in Kanada auf ein und derselben Hochschule gewesen waren und eine Reihe von Verhaltensweisen gemeinsam hatten. Zum Beispiel hatten beide, sie waren inzwischen 25 Jahre alt, bisher darauf verzichtet, den Führerschein zu machen, und beide spielten leidenschaftlich gerne Schach. Außerdem kenne ich auch noch zwei Schwestern, die nach der Geburt ohne Kontakt zueinander in unterschiedlichen Familien aufwuchsen. Bemerkenswerte Umstände sorgten dafür, dass sie im gleichen Kaufhaus arbeiteten und sich sogar miteinander anfreundeten. Sie beide verließen mit 16 Jahren die Schule und heirateten ältere Männer. Ob die Ähnlichkeiten zwischen Geschwistern nun auf den Einfluss der Ahnenseele oder auf die genetische Kodierung zurückgehen, das Ergebnis ist das gleiche. Unsere Vorfahren beeinflussen unser Leben, ob uns das nun bewusst ist oder nicht.

Ihre Vorfahren und Ihre Gene nehmen unablässig auf Sie Einfluss. Manchmal wirkt sich die Vergangenheit positiv auf uns aus. Doch es kommt auch vor, dass die Ahnenseele unser Leben in negative Bahnen lenkt. Das Erbe unserer Vorfahren kann unsere Emotionen in Aufruhr versetzen, insbesondere dann, wenn es keine Beachtung findet. Die Ahnenseele in Ihnen ist immer gegenwärtig und bereit, sich zu verwirklichen. Sie und ihren Einfluss zu leugnen, schafft nur eine einseitige Sicht der Dinge und hebt Ihre Programmierung durch die Vergangenheit nicht auf. Die Vergangenheit macht die Gegenwart erst schlüssig, und sie wird so lange Schaden anrichten, wie wir uns weigern, sie unvoreingenommen zu untersuchen. Eine Vergangenheit haben Sie, ob Sie wollen oder nicht. Sie können jedoch darüber entscheiden, ob Sie Ihre Vergangenheit unterdrücken, erforschen oder immer nur wiederholen wollen. Entweder Sie kämpfen mit der unaufgelösten Vergangenheit in Ihnen oder Sie untersuchen die Kräfte, die sie geformt haben, und nehmen selbst auf sie Einfluss. Moderne therapeutische Methoden setzen häufig psychologische Heilung in Gang, indem sie Erinnerungen an die frühe Kindheit und an die Beziehungen innerhalb der Familie offenbaren. Doch manche negative Verhaltensmuster haben ihren Ursprung jenseits der frühen Kindheit. Normalerweise werden Therapien mit den meisten Schwierigkeiten fertig, doch wenn herkömmliche Methoden keine Wirkung zeigen, dann kann es ratsam sein, noch weiter in die Vergangenheit vorzustoßen. Die Auflösung negativer Muster von Ahnen und Vorfahren kann umfassende Heilung innerhalb des Stammbaums bedeuten.

Um die Heilung des Stammbaums zu unterstützen, habe ich für dieses Buch ein Vier-Stufen-Programm entwickelt. Im ersten Schritt geht es darum, sowohl die eigenen als auch die Erinnerungen der Vorfahren freizulegen. Dann sollen die negativen oder unangemessenen Verhaltensmuster in der Familie identifiziert werden. Die dritte Stufe beinhaltet das Aufbrechen dieser Muster, damit sie nicht in die nächste Generation weitergetragen werden. Und zuletzt erfahren Sie, wie Sie, als Ihr Vermächtnis an die Zukunft, die alten durch neue, nützlichere Muster ersetzen können.

1. Erinnern und Entdecken

Es ist eine ungeschriebene Gesetzmäßigkeit, dass wir das, woran wir uns nicht erinnern, wiederholen müssen. Die Muster der Vergangenheit kehren wie in einem Bogen immer wieder zu uns zurück und wiederholen sich endlos. Diese Endlosschleife bezeichnet man als Karma. Unser Leben wird von der Vergangenheit bestimmt, insbesondere von der vergessenen. In der Vergangenheit gemachte Erfahrungen werfen lange Schatten über unsere naturgemäß strahlende Zukunft.

Die dunkelsten Schatten ziehen Familiengeheimnisse und Lügen nach sich. Weil sie fast immer auf Scham- und Schuldgefühlen beruhen und sich fest in der Familienpsyche verankern, sind sie besonders zerstörerisch. Eine Lüge baut auf der nächsten auf, und die Anstrengung, Geheimnisse zu bewahren, verlangt einer Familie ein gewaltiges psychologisches Opfer ab. Lügen, die der Bewahrung von Familiengeheimnissen dienen, werden nicht selten von einer Generation an die nächste weitergereicht und können ein ganzes Geschlecht energetisch schwächen.

Manche Geheimnisse führen ein Eigenleben. Sie lassen Tabus entstehen, deren stillschweigende Regeln dafür sorgen, dass bestimmte Themen niemals angesprochen werden. Manche Familienmitglieder kennen das Geheimnis, andere nicht. Die Teilung der Familie in Wissende und Nichtwissende bewirkt die Entstehung versteckter Bündnisse, die allein der Geheimhaltung dienen. Auch die Psyche der Familienmitglieder, die bewusst nichts von dem Geheimnis wissen, wird von ihm negativ beeinflusst. Beispielsweise beziehen manche Kinder, die ahnungslos sind, die dem Geheimnis zugrundeliegende Handlungsweise bildlich in ihr Spiel mit ein. Kinder haben eine unheimliche Begabung, das Unausgesprochene zu erspüren; sie besitzen geradezu einen sechsten Sinn für das Verbotene und die dunklen Geheimnisse einer Familie. Es mag so scheinen, als ob sie Geschichten »erfinden« und lügen, doch oft genug verbergen sich hinter diesem Verhalten ernste Familienangelegenheiten, die einfach nicht ausgesprochen werden dürfen.

Ein Kind, das mit familiären Lügen oder Verschweigen aufwächst, übernimmt solche Bewältigungsstrategien für sich als Erwachsener. Zum Beispiel brachte eine Mutter ihren 15-jährigen Sohn zu einem New Yorker Familientherapeuten. Die Mutter machte sich Sorgen, weil der Junge die Familienmitglieder bestahl und in der Schule versagte. Der Therapeut war scharfsinnig genug, um zu erkennen, dass dem Problem ein Familiengeheimnis zugrunde lag.

Schließlich stellte sich nach langer Suche heraus, dass Kevins Urgroßmutter, die er nicht kannte, eine Diebin und in der Familie als Lügnerin verschrien war. Doch in der Familie war darüber niemals offen gesprochen worden. Viel häufiger wird unser Leben von Unausgesprochenem und Unsichtbarem beherrscht als von den Details, die bekannt sind und ausdiskutiert wurden. Kevins Mutter erhielt die Familienstrategie des Lügens und Verschweigens auch dadurch aufrecht, dass sie vor ihrem Sohn die Tatsache verbarg, dass sein Vater ein Alkoholiker und Drogendealer war. Sie rechtfertigte ihr Verhalten sich selbst gegenüber, indem sie ihrer Angst Raum gab, Kevin könnte in die Fußstapfen des Vaters treten. Der Therapeut brachte die Vermutung zum Ausdruck, dass die Wurzel von Kevins Lügen in der Familientradition des Verschweigens und Geheimhaltens liegen könne. Durch offene und aufrichtige

Gespräche über Familienangelegenheiten verbesserte sich Kevins Verhalten innerhalb eines Jahres drastisch.

In vielen Familien werden Geheimnisse über Adoption und außereheliche Elternschaft bewahrt. Inzwischen weiß man, dass sich die Kinder durch diese Art Geheimniskrämerei nicht etwa beschützt fühlen, sondern zutiefst betrogen, wenn sie die Wahrheit schließlich entdecken (was fast immer geschieht). Und selbst dann, wenn die Wahrheit niemals ans Licht kommen sollte, haben die verbotenen Themen und die zahllosen Lügen, mit denen die Wahrheit verborgen wird, mit der Zeit einen negativen Einfluss auf alle Betroffenen.

Nicht selten überspringen besonders üble Geheimnisse eine Generation und quälen erst die nächste. Überprüfen Sie also gründlich, ob Sie irgendwelche gravierenden Familiengeheimnisse hüten. Um den Stammbaum zu heilen, ist es wichtig, so viel wie möglich herauszufinden und dem Vergessen zu entreißen. Um Zugang zu persönlichen Erinnerungen zu finden und zu jenen der Vorfahren, gibt es verschiedene Methoden, die ich Ihnen nachfolgend vorstellen werde.

Die eigenen Erinnerungen

Es wird Ihnen helfen, die Kräfte zu verstehen, die Sie geformt haben, wenn Sie zu Ihren Erinnerungen an Ihre Kindheit zurückkehren. An die Begebenheiten, die Ihrem Handeln Antrieb verleihen, haben Sie meist keine genaue Erinnerung. Oft sind sie aus dem bewussten Geist ins Unbewusste abgeglitten. Die nachfolgenden Anregungen werden Ihnen helfen, einen besseren Zugang zu Ihrer Vergangenheit zu erlangen:

- Besorgen Sie sich ein Heft, in dem Sie für jedes Jahr Ihres Lebens eine Seite einrichten. Schreiben Sie über die Begebenheiten in diesem Jahr so viel wie möglich auf. Machen Sie sich keine Sorgen, nur weil Sie an bestimmte Abschnitte Ihres Lebens keine Erinnerung haben. Ein neu gefundenes Detail aus der Vergangenheit löst oft die Erinnerung an ein anderes aus. Außerdem bringt die Erinnerungsarbeit Ihr Gedächtnis in Schwung.

- Zeichnen Sie Lagepläne von den Häusern beziehungsweise den Wohnungen in Ihrer Kindheit. Unser Gedächtnis trennt schlecht zwischen uns selbst und unserer Umgebung. Schließen Sie die Augen und stellen Sie sich vor, wie Sie einen Raum nach dem anderen betreten und erforschen. Oft verknüpfen wir bestimmte Erinnerungen mit Orten. Es kann also sein, dass Ihre Reise zurück an die Stätten Ihrer Kindheit weitere Erinnerungen in Ihnen auslöst. Achten Sie insbesondere auf Gefühle und Emotionen, die die einzelnen Räume in Ihnen auslösen. Auch wenn die Erinnerung an konkrete Ereignisse Ihnen noch immer nicht zugänglich ist, so können doch Gefühle wichtige Hinweise liefern. Schenken Sie insbesondere den Räumen Ihre Aufmerksamkeit, die Sie vor Ihrem inneren Auge nur zögernd betreten.

- Wenden Sie die eben beschrieben Technik an auf das Haus Ihrer Nachbarn, Ihrer besten Freundin, der Großmutter und anderer Verwandter. Machen Sie sich ein detailliertes Bild von Ihrem Wohnort, von Einkaufs- oder Urlaubsfahrten. Je klarer Ihre Bilder sind und je besser es Ihnen gelingt, sie mit Gefühlen zu verbinden, desto größer ist Ihr Zugriff auf Ihr Erinnerungsvermögen.

- Auf Ihre Persönlichkeit Einfluss genommen haben maßgeblich auch öffentliche Einrichtungen wie Schulen, Kirchen,

Sportvereine. Stellen Sie sich vor, wie Sie sich an diesen Orten aufhalten und dort mit anderen Menschen interagieren. Schreiben Sie auf, woran Sie sich erinnern.

Die Erinnerungen der Vorfahren

Das Aufspüren der Erinnerungen der Vorfahren kann für Ihren Heilungsprozess von Bedeutung sein. Vielleicht denken Sie jetzt: »Wie soll ich mich an die Erinnerungen eines anderen Menschen erinnern?« Tatsächlich ist dieser Prozess einfacher, als Sie meinen. Sie suchen und finden die Erinnerungen Ihrer Vorfahren in sich selbst. Wenn ein Küken aus dem Ei schlüpft, wird es sich ducken, sobald es den Schatten eines Habichts sieht; der Schatten, den ein Rotkehlchen oder eine Taube wirft, löst jedoch keine solche Reaktion bei ihm aus. Es trägt in sich einen Erinnerungsrest daran, wie gefährlich Habichte sind. Man könnte vielleicht sagen, es trägt die Erinnerung seiner Vorfahren in seinem Unbewussten, dass Habichte Hühner fressen. Auch Sie tragen Erinnerungsreste Ihrer Vorfahren in sich. Die nachfolgenden Anregungen werden Ihnen helfen, einen besseren Zugang zu ihnen zu finden:

* Schließen Sie die Augen und stellen Sie sich eine lange Tafel vor, auf der verschiedene Masken liegen. Jede Maske stellt einen Ihrer Vorfahren dar. Gemeint sind sowohl Ihre nächsten Verwandten wie Eltern, Tanten und Onkel, Großeltern und Urgroßeltern wie auch entferntere Verwandte. Die Masken verfügen über magische Kräfte. Wenn Sie eine Maske aufsetzen, dann erhalten Sie Zugang zu den Gefühlen, Gedanken und Erfahrungen des Menschen, den sie reprä-

sentiert. Setzen Sie die einzelnen Masken auf, um Ihre Vorfahren kennenzulernen. Beschäftigen Sie sich besonders intensiv mit den Masken, hinter denen Sie sich unwohl fühlen. Kümmern Sie sich nicht darum, ob das, was Sie »sehen«, historischen Tatsachen entspricht. Auch dann, wenn die Bilder, die Sie sehen, und die Gefühle, die in Ihnen aufsteigen, nicht genau zutreffen, so sind sie doch eine wichtige Mitteilung Ihres Unbewussten und verdienen es, wahrgenommen zu werden.

- Falls Sie irgendwelche Gegenstände besitzen, die Ihren Vorfahren gehört haben, dann nehmen Sie einen nach dem anderen in Ihre Hände und stellen sich vor, dass Ihr Körper sich in jenes des Vorfahren verwandelt, dem der Gegenstand gehört hat. Es könnte sich um ein Schmuckstück, ein Souvenir oder ein Werkzeug handeln. Bestimmte Aspekte von Ihnen können sich mit dem Gegenstand verbinden, den Sie Ihren Nachkommen hinterlassen. Machen Sie sich Ihre mentalen, emotionalen und physischen Reaktionen bewusst. Wenn Sie sich jetzt sagen: »Aber ich kann doch nicht wissen, was dieser Mensch gefühlt hat«, dann versuchen Sie es stattdessen mit dem Satz: »Wenn ich es aber doch wissen könnte, was wäre es dann wohl gewesen?« Diese kleine Erweiterung macht es unserem logischen Verstand leichter, uns Zugang zu unserem inneren Wissen zu gewähren.

In meinem Besitz befindet sich eine Putenfeder, die meiner Cherokee-Großmutter gehörte, die mit der Aufzucht von Puten ihren Lebensunterhalt verdiente. Die Feder ist über fünfzig Jahre alt und ein Andenken, das ich in Ehren halte. Ich verwende die Feder, um mich auf eine innere Reise in ihre Welt zu begeben. Einmal, als ich die Feder in meinen Händen hielt und mir vorstellte, was meine Großmutter wohl gefühlt haben mochte, konnte ich spüren, wie stolz sie auf ihre Putenzucht war. Mit der Feder in der Hand merkte ich, wie meine Identität mit der meiner Großmutter verschmolz. Es kam mir so vor, als sähe ich die Welt mit ihren Augen. Einen kleinen Augenblick lang meinte ich sogar, *sie zu sein*. Ich fühlte mich belohnt durch die Zeit und Kraft, die sie in ihre Arbeit mit investiert hatte. Ich spürte, wie ihre Geduld und ihre Kraft mich erfüllten. Und ich spürte ihre Traurigkeit und Sehnsucht. Mir war, als hörte ich ihre Gedanken: »Die Arbeit ist immer so überwältigend viel. Ich bin stolz auf meine Leistung, aber manchmal wünschte ich mir, ich könnte mehr Zeit mit meinen Kindern verbringen.«

Als ich aus der Meditation zurückkehrte, war ich erfüllt von überwältigendem Mitgefühl für meine Großmutter. Ich begriff plötzlich bestimmte Aspekte ihrer Persönlichkeit, die sich mir zuvor entzogen hatten. Außerdem erkannte ich in mir die Neigung, gleichfalls immer beschäftigt zu sein und niemals Zeit zum Entspannen zu haben. Vielleicht war mein immerwährendes Beschäftigtsein ja Bestandteil des Vermächtnisses meiner Großmutter für mich. Die Erkenntnis, dass meine permanente Geschäftigkeit möglicherweise das Erbe meiner Vorfahren war, ermöglichte es mir, sie anzunehmen und nach und nach zu reduzieren.

2. Identifikation negativer Familienmuster

Der zweite Schritt auf dem Weg zur Heilung des Stammbaums verlangt eine aufrichtige und umfassende Selbsteinschätzung. Im Verlauf dieses Entdeckungsprozesses ist es gut festzustellen, welche Überzeugungen man im Hinblick auf sich und sein Leben hat und welche davon man von Angehörigen übernommen hat.

Eine Überzeugung ist ein Gedanke oder eine Wahrnehmung, die Sie als Tatsache oder Wirklichkeit einschätzen. Sie kann ihren Ursprung im emotionalen und psychischen Erbe Ihrer Familie und dem Ihrer Vorfahren haben. Überzeugungen sind äußerst mächtig und können Sie in Ihrem Denken und Handeln festlegen. Ja, sie sind in der Lage, Ihrem Leben seine Richtung zu geben. Ihre eigenen Überzeugungen zu untersuchen, verschafft Ihnen Zugang zu den Glaubensgebäuden, die von der vorangegangenen Generation auf Sie übergegangen sind, und hilft Ihnen, diese der nachfolgenden Generation zu ersparen.

Wenn man begreifen will, was es mit den ererbten Überzeugungen auf sich hat, dann ist es hilfreich zu wissen, welche Kraft Überzeugungen allgemein zugrunde liegt. Sie haben Einfluss auf die Qualität Ihres Lebens, und am einflussreichsten sind diejenigen, die Ihnen nicht bewusst sind. Sie sitzen meistens so tief, dass Sie gar nicht ahnen, dass es sie überhaupt gibt. Selbst dann, wenn Ihre Eltern nicht eigens mit Ihnen über ihre Überzeugungen gesprochen haben, wurden sie Ihnen doch vermittelt. Als Kind haben Sie die Gesichter und die Körpersprache Ihrer Eltern genau beobachtet, um Aufschluss über ihre Reaktionen auf bestimmte Situationen zu gewinnen.

Für Sie als Kind waren die Überzeugungen Ihrer Eltern von höchster Bedeutung.

Nancy ist ein gutes Beispiel dafür, wie Überzeugungen von einer Generation an die nächste weitergereicht werden. Sie meinte, Männern vertrauen zu können, doch auf der Ebene des Unterbewussten brachte sie ihnen tiefes Misstrauen entgegen. Auch wenn ihr dies niemals explizit gesagt wurde, die Reaktionen ihrer Mutter in bestimmten Situationen vermittelten ihr genau diese Botschaft. Ihre Mutter hatte ihre negative Einstellung zu Männern von ihrer eigenen Mutter auf die gleiche unbewusste Weise übernommen, diese wiederum von ihrer Mutter und so weiter. Aufgrund dieser in der weiblichen Linie verankerten Überzeugung wählten die Frauen durch die Bank vertrauensunwürdige Partner, *denn was man erwartet, dass erfüllt sich auch.*

Überzeugungen wirken auf die Wahrnehmung der Wirklichkeit ebenso ein, wie auch gefärbtes Glas nur bestimmte Farben an Ihr Auge gelangen lässt. Die unbewusste Programmierung erfolgt durch die Ahnenseele, durch die Art, wie Erwachsene mit Ihnen als Kind umgingen, durch Entscheidungen, die Sie im gegenwärtigen wie auch in vergangenen Leben getroffen haben, und durch das kollektive Unbewusste der Gesellschaft, in der Sie leben. Solche Überzeugungen können sich so tief in Ihrem Geist verankern, dass sie einen Teil Ihres »Wesensgrunds« ausmachen. Überzeugungen, die in Ihrem »Wesensgrund« fußen, gründen nicht auf individuellen Entscheidungen oder Wahrnehmungen; sie sind Annahmen, denen Sie, vielleicht mit den Worten »So ist das eben«, den Rang von Wahrheiten einräumen. Überzeugungen lassen sich gut mit unserer Atemluft vergleichen. Wir fühlen uns so selbstverständlich von Sauerstoff umgeben, dass wir ihn gar nicht mehr wahrnehmen. Luft ist ein so fundamentaler Bestandteil unserer »Wirklichkeit«, dass wir eigentlich nie über ihn nachdenken.

Überzeugungen, die Eingang in unsere Psyche gefunden haben, funktionieren wie Magnete, die gerade solche Menschen und Situationen anziehen, die mit diesen unbewussten Glaubensvorstellungen übereinstimmen. Das heißt, dass es jene Überzeugungen im Unbewussten sind, die unsere persönliche Realität erschaffen. Falls Sie nicht wissen, welche tiefen inneren Überzeugungen Sie haben, dann werfen Sie einen Blick auf Ihr Leben; es ist nichts anderes als die Projektionsfläche für Ihre verborgenen Überzeugungen und Einstellungen. Sie freizulegen, insbesondere dann, wenn Sie sie von Ihren Vorfahren ererbt haben, kann viel Gutes in Ihrem Leben bewirken, denn so haben Sie die Gelegenheit, die nützlichen von den schädlichen zu trennen und müssen letztere nicht an die nächste Generation weitergeben.

Mit großer Wahrscheinlichkeit hat Ihre Familie einen Großteil Ihrer Vorstellungen geformt. Starke negative Muster neigen dazu, sich selbst zu verstärken, und lassen sich im Zuge einer Generation nur kaum abschwächen. Vergeltung, Angst, Zorn, Schuld- und Schamgefühle kann man aus der Ahnenseele nur schwer entfernen. Doch indem Sie jede Ihrer Überzeugungen bis an ihre Wurzeln zurückverfolgen, ist es möglich, die negativen Beschränkungen durch Ihre Vorfahren, die Ihnen in Ihrem Leben Schwierigkeiten machen, zu heilen.

Der erste Schritt in Ihrem Entdeckungsprozess ist die Liste Ihrer Überzeugungen. Dabei spielt es zunächst keine Rolle, ob sie ihren Ursprung in Ihrer Erziehung, der Gesellschaft, in der Sie leben, Ihrer Nationalität, Ihren vergangenen Leben oder im kollektiven Unbewussten haben. Nicht alle Überzeugungen wurzeln in Ihren Vorfahren. Prüfen Sie also genau, ob dies der Fall ist oder nicht. Schreiben Sie zu jeder Überzeugung auf Ihrer Liste ihren möglichen Ursprung.

ÜBUNG:
DER URSPRUNG IHRER ÜBERZEUGUNGEN

1. Beispiel
Überzeugung: »Nur Menschen, die sich nicht im Griff haben, zeigen ihre Gefühle.«
Ursprung: Familie. In seiner Kindheit wurde mein Vater bestraft, weil er seinen Gefühlen freien Lauf ließ. Man sagte ihm, ein Mann müsse stark sein und dürfe nicht weinen. Sein Vater unterdrückte seine Gefühle ebenso wie sein Großvater und sein Urgroßvater.

2. Beispiel
Überzeugung: »Nur wer hart arbeitet, bringt es im Leben zu etwas.«
Ursprung: Familie, Kultur, Gesellschaft. Johns Eltern waren aus Deutschland eingewandert und lebten in einer deutschen Enklave in Minnesota. Die Vorstellung, dass man es nur durch harte Arbeit zu etwas bringt, wurde John schon in der Kindheit vermittelt. Er war sich dessen bewusst, dass seine Vorfahren gleicher Auffassung waren. Außerdem maß auch die deutsche Enklave, in der er aufwuchs, Fleiß und Arbeit hohen Wert bei. Seine Überzeugung war also zugleich familiären wie auch kulturellen Ursprungs. Da es von Deutschen immer heißt, sie seien ein hart arbeitendes Volk, hat Johns Überzeugung gewiss auch ethnische Wurzeln.

Wenn Sie sich auf die Entdeckungsreise zu sich selbst begeben, dann erforschen Sie auch Ihre Wurzeln und Ihre Familiengeschichte, um etwas über familiäre Wesenszüge und Überzeugungen herauszufinden. Bringen Sie Ihre Verwandten dazu, etwas »von früher« und von der Familie zu erzählen. Seien Sie dabei ebenso geduldig wie hartnäckig. Versuchen Sie, so viel wie möglich über die Persönlichkeiten und das Wesen Ihrer Vorfahren herauszufinden. Manchmal stößt man auf unangenehme Details, negative Eigenschaften oder sogar, im übertragenen Sinne, die berühmte Leiche im Keller; dann heißt es, sich nicht erschüttern zu lassen und der Sache mutig auf den Grund zu gehen.

Mary Gordon, eine in den Vereinigten Staaten bekannte Romanautorin mit katholischem Hintergrund, entschloss sich, die Lebensgeschichte ihres Vaters aufzuschreiben, den sie im Alter von sieben Jahren verloren hatte. Verzweifelt musste sie feststellen, dass der von ihr vergötterte Vater in Wahrheit ein bösartiger Antisemit war, der über seinen beruflichen Werdegang die Unwahrheit sagte. Auch wenn ihre Entdeckungen schmerzhaft waren, so gestatteten sie ihr doch zahlreiche tiefgreifende Erkenntnisse über ihr Leben und schafften Raum für Heilung. Vergessen Sie nicht, Sie begeben sich nicht nur für sich selbst auf die Suche nach Ihren Wurzeln, sondern auch für die Generationen, die nach Ihnen kommen. Das Päckchen ererbter Schwierigkeiten wird nur dann leichter, wenn man sich erstens bewusst macht, dass es vorhanden ist, zweitens die Versäumnisse der Vorfahren anerkennt, ohne sie dafür schuldig zu sprechen, und drittens die Schwierigkeiten angeht und aktiv einen Heilungsprozess in Gang bringt.

3. Die Befreiung
von negativen Familienmustern

Sobald Sie auf negative familiäre Überzeugungen stoßen, ist es wichtig, dass Sie mit Worten und Taten unmissverständlich zum Ausdruck bringen: »Jetzt ist Schluss!« Sprechen Sie Ihren Vorsatz vor sich selbst und anderen aus: »Meine ist die letzte Generation, die unter diesem negativen Muster leidet. Ich wehre mich dagegen, für mich selbst und die Menschen, die nach mir kommen. Ich durchbreche den Teufelskreis meiner Vorfahren und schaffe einen neuen und positiven Zyklus.« Je länger er Bestand hat, desto tiefer verankert er sich in der Ahnenseele. Und wenn Sie den Teufelskreis nicht durchbrechen, dann kann es sein, dass Sie ihn unbewusst auch an die nächste Generation weiterreichen.

Der Mensch hat eine Eigenschaft, die ihn von allen anderen Lebewesen auf dem Planeten deutlich unterscheidet und die es ihm besonders schwermacht, von vorangegangenen Generationen übernommene Zyklen zu durchbrechen. Wir sind die Einzigen, die behaupten: »Ich habe recht, und du irrst dich!« Wir klammern uns auch dann noch an Überzeugungen und Vorstellungen fest, wenn sie längst schon nicht mehr nützlich sind. Im natürlichen Ausleseprozess der Evolution werden Eigenschaften, die für das Überleben der Tiere und Pflanzen erforderlich sind, beibehalten und solche, die sich als wertlos erweisen, überwunden. Allein Menschen können sich auch dann noch nicht von ihren Meinungen und Glaubenssätzen trennen, wenn sie zerstörerisch wirken und jegliche Zweckmäßigkeit verloren haben. Meiner Meinung nach geschieht dies, weil wir ein verzweifeltes Bedürfnis haben, »im Recht« zu sein.

Der Mann, der sagt: »Euch werde ich es zeigen!«, und sich dann das Leben nimmt, ist ein erstklassiges Beispiel für jemanden, der seinen Standpunkt bis zum bitteren Ende vertritt und bereit ist, notfalls dafür zu sterben. Wenn jemand beispielsweise der Meinung ist, dass eine bestimmte Rasse minderwertig ist, dann kann es sein, dass er trotz gegenteiliger Beweise auf dieser Meinung beharrt, nur um mit seinen Vorstellungen »im Recht« zu sein.

Ein negatives Muster willentlich brechen

Um den Zyklus negativer Vorstellungen zu durchbrechen, müssen Sie zunächst den Wunsch aufgeben, immer recht zu haben. Dieser Schritt kann sehr schwierig sein, denn es ist ein Kraftakt, eine tief verwurzelte Überzeugung allein durch eine bewusste Willensentscheidung zu brechen. Ihr Wille muss seine ganze Kraft aufbieten, damit Sie diesen göttlichen Weg zur Veränderung erfolgreich beschreiten können.

Jim zum Beispiel stammte aus einer Familie, die immer irgendwie irgendwelchen Umständen oder Schurken zum Opfer fiel. Als er sein Erbe und seine Erziehung näher untersuchte, erkannte er, dass er dieses Familienmuster für sich übernommen hatte und häufig zum Opfer irgendwelcher unglücklichen Umstände geworden war. Eines Tages sammelte Jim all seine innere Kraft und beschloss für sich: »Ich werde nicht mehr länger die Opferrolle übernehmen. Ich akzeptiere die Verantwortung, die ich für mich selbst trage. In meinem Leben gibt es immer mehrere Möglichkeiten, unter denen ich auswählen kann. Auch wenn ich keinen Einfluss auf die äußeren Umstände habe, so kann ich doch wählen, wie ich auf die Ereignisse in meinem Leben reagiere. Das soll ab sofort meine Einstellung sein.« Jim stellte fest, dass ihm sein Entschluss die Energie verlieh, sich von einem uralten Familienmuster zu befreien.

Ihr Entschluss und Ihre Worte verleihen Ihnen Macht. Wenn Sie sich erst alter negativer familiärer Muster bewusst geworden sind, dann befreien Sie sich auch von ihnen. Stellen Sie sich vor, Sie stünden hoch oben auf dem Gipfel eines Berges und erklärten leidenschaftlich und kraftvoll mit hochgereckter Faust: »Mit diesem Verhaltensmuster hat es jetzt ein Ende!« Sobald Sie sich dessen bewusst werden, welche Rolle das Muster in Ihrem Leben spielt, verliert die Vergangenheit die Macht über Sie. Es ist an der Zeit, nicht mehr länger die Vergangenheit für Ihr Leben heute verantwortlich zu machen. Ihre Eltern haben in Anbetracht ihrer eigenen Erziehung ihr Bestes gegeben. Wenn Sie die Ereignisse und Muster Ihrer Vergangenheit anerkennen, dann kann sich Ihr Leben weiterentwickeln und entfalten.

Die Befreiung von tief verwurzelten Familienmustern

Ihre Willensentscheidung wird Ihnen helfen, sich von negativen Mustern zu distanzieren. Sie kann der entscheidende Schritt sein, um sich aus alten Programmierungen zu lösen und um vorhandene unnütze Muster abzubauen. Manchmal jedoch sind familiäre Muster so zerstörerisch und tief in der Ahnenseele verwurzelt, dass eine Willensentscheidung allein nicht ausreicht, um ihrer Herr zu werden. In diesem Fall rate ich dazu, die Ursprünge der einengenden Überzeugungen mit therapeutischer Unterstützung in der frühen Kindheit und in der Ihnen innewohnenden Ahnenseele aufzuspüren. Im Rahmen der Therapie durchlaufen Sie während Ihres Heilungsprozesses mehrere Stadien. Da Heilung sehr individuell erfolgt, werden Sie diese Stadien nicht immer und nicht immer in der gleichen Abfolge durchlaufen. Es kann sogar sein, dass Sie ein und dieselbe Phase wieder und wieder absolvieren und dabei Ihre Heilung jedes Mal aus einer anderen Stoßrichtung vorantreiben.

A. Der Entschluss zur Heilung

An erster Stelle steht die bewusste Entscheidung für die Heilung. Für diesen Schritt ist ein fester Wille erforderlich. Sagen Sie laut und mit Nachdruck: »Ich bin bereit und offen für die Heilung.« Mit diesen Worten leiten Sie den Heilungsprozess ein und manifestieren Ihre Bereitschaft.

B. Innerer Aufruhr

Der eigentlichen Entscheidung folgt oft eine Phase inneren Aufruhrs. Auch wenn sich dieses Stadium unangenehm anfühlt, handelt es sich doch um einen äußerst nützlichen Abschnitt des Heilungsprozesses. Jetzt treten Erinnerungen an Vergangenes an die Oberfläche. Sie können ihren Ursprung in der Kindheit, in vergangenen Leben oder im Leben der Vorfahren haben. Erinnerungen finden oft über den Weg der Träume zurück ins Gedächtnis. (Siehe mein Buch *Past Lives, Present Dreams*, um etwas über das Auftauchen von Bildern aus früheren Leben in gegenwärtigen Träumen zu erfahren.) Oder aber sie kehren spontan und plötzlich während alltäglicher Routinearbeiten zurück ins Gedächtnis.

Während der Phase des inneren Aufruhrs empfinden Sie möglicherweise Wut oder Trauer im Hinblick auf die Aspekte Ihres Lebens, denen die familiären Muster Schaden zugefügt haben. Vielleicht fühlen Sie sich ja sogar selbstgerecht und haben kein Mitgefühl mit denjenigen, die ihre familiären Muster an Sie weitergereicht haben. Diese Gefühle sind trotzdem wertvoll, denn sie signalisieren, dass Sie Ihren Schmerz zur Kenntnis nehmen und ihn deshalb loslassen werden können. Manchmal ist die Wucht eines Familienmusters so vehement und schmerzhaft, dass Sie diese Erfahrungen lieber tief in sich vergraben, sie leugnen oder sogar vergessen wollen. Um zu heilen, ist es jedoch erforderlich, sich an die Geschehnisse zu erinnern und sich genug Zeit zu nehmen, um sie und die dazugehörigen Emotionen auszudrücken.

Während der Phase des inneren Aufruhrs kann es außerdem geschehen, dass das Muster, dessen Sie sich entledigen wollen, eine noch größere Kraft entwickelt. Der Eindruck, dass es plötzlich ein Eigenleben führt und um sein Überleben kämpft, ist hierfür sehr typisch. Deshalb ist es nicht unbegründet, diese Phase mit dem Öffnen einer Wunde zu vergleichen. Zwar sieht eine geöffnete Wunde auf den ersten Blick schlimmer aus als eine geschlossene, aber tatsächlich fördert der Eingriff Giftstoffe zutage, damit sie ausgeschieden werden können.

Ben zum Beispiel war wie sein Vater voller Wut. Als Ben dieser Wut in der Geschichte seiner Familie nachging, stellte er fest, dass sie mehrere Generationen zurückreichte. Nachdem er sich entschlossen hatte, seine Wut zu überwinden, musste er feststellen, dass sie erst einmal weiter anwuchs und mit ihr seine Verzweiflung. Nun hatte er noch häufiger Wutanfälle als zuvor. Er erkannte, dass die Entscheidung zur Heilung familiäre Muster manchmal verstärkt. Die Wut in ihm gelangte schließlich an die Oberfläche, und er erhielt die Gelegenheit, sie loszulassen. Diese Einsicht ermöglichte es Ben, in das nächste Stadium der Selbstbefreiung vorzurücken.

C. Die Vergangenheit verstehen

Im nächsten Schritt geht es darum, die zugrundeliegenden Motive anderer, aber auch Ihre eigenen zu verstehen, um den Heilungsprozess weiter voranzubringen. Außerdem müssen Sie erkennen, dass Sie nicht schuld sind an negativen familiären Verhaltensmustern. Im Allgemeinen sind Kinder durchaus davon überzeugt, dass sie selbst ihre ungünstigen Lebensumstände verschuldet haben. Ein geschlagenes Kind meint häufig, es habe die Schläge verdient. Doch Sie sind nicht für die negativen familiären Verhaltensmuster in Ihrem Leben verantwortlich. Aus einer spirituellen Perspektive mag es zwar zutreffen, dass Sie diese Lebensumstände angezogen haben, um an ihnen zu lernen und zu wachsen; doch bringen weder Schuldgefühle noch Schuldzuweisungen irgendwelche Vorteile.

Heilung können Sie bewirken, indem Sie begreifen, dass Sie zwar alles in Ihrem Leben auf die eine oder andere Weise in Ihrer Entwicklung vorangebracht hat, doch die dazugehörigen Ereignisse haben Sie nicht verschuldet. Sie haben auf der Basis Ihrer Programmierung durch Ihre Vergangenheit gehandelt, und Gleiches gilt auch für diejenigen Ihrer Vorfahren, die Ihnen emotionale Verletzungen zugefügt haben. Sobald Sie diese Dynamik durchschauen und damit verstehen, warum Sie so sind, wie Sie sind, und warum andere Sie so behandelt haben, wie es geschehen ist, legen Sie das Fundament für Ihre Heilung.

D. Die Auflösung von Familienmustern

Nun haben Sie den Punkt erreicht, an dem Sie selbst entscheiden, wer Sie sind. Es ist nicht möglich, die Familiengeschichte umzuschreiben. Doch Sie haben die Macht, in Ihrem Leben nachhaltige Veränderungen vorzunehmen, damit die alten familiären Verhaltensmuster sich in der Zukunft nicht wiederholen. Sie haben Mitgefühl für Ihre Vorfahren entwickelt und sind nun mit sich selbst im Reinen. Auf diese Weise tragen Sie dazu bei, unsere Welt zu einem besseren Ort zu machen.

Machen Sie nun Ihren Frieden mit den Handlungen anderer, die sich negativ auf Ihr Leben ausgewirkt haben. Vielleicht ist es Ihnen nicht möglich zu vergeben, doch es ist wichtig, familiären Verhaltensmustern auf eine Weise zu begegnen, die Ihnen emotional keinen Schaden zufügt. Es ist in Ordnung, andere für ihr Handeln in die Verantwortung zu nehmen und darauf mit Zorn zu reagieren. Sie müssen nicht vergeben, um eine Auflösung alter Muster zu erreichen. Voraussetzung ist vielmehr Ihr Eingeständnis, dass familiäre Muster Sie negativ beeinflusst haben; möglicherweise haben Sie sich noch nicht ganz von ihnen verabschiedet, aber Sie durchschauen sie und haben sie überlebt. Mit Mitgefühl und Humor akzeptieren Sie, wer Sie sind und an welchem Punkt Ihrer inneren Reise auf dem Weg zur Heilung Sie angelangt sind.

Irgendwann im Verlauf der Auflösungsphase werden Sie Ihre Vergangenheit rekonstruieren (siehe auch Kapitel 5). Sehen Sie sich Ihre persönliche Lebensgeschichte genau an und fragen Sie sich, ob es sich lohnt, den Märtyrer zu spielen. Hat man Ihnen mehr Aufmerksamkeit geschenkt, nur weil Sie krank waren? Fühlen Sie sich geadelt, weil Sie sich für Projekte eingesetzt haben und jedes Mal gescheitert sind? Was hat es Ihnen gebracht, Opfer zu sein? Wer als Opfer »Ich kann nicht« sagt, erhält Hilfe, doch wer ein »Ich will nicht« ausspricht, der wird bestraft. In unserer Kultur sind wir es gewohnt, Opfern Tapferkeit zu unterstellen. Doch könnte es nicht vielleicht auch so sein, dass die Drückeberger zum Schluss das Sagen haben, weil sie den Mutigen und Tapferen ihre Energie rauben? Geben Sie Ihrer Lebensgeschichte eine neue Struktur. Auch wenn wir tatsächlich Opfer des Lebens sein und keinen Einfluss auf unsere Erfahrungen haben sollten, der Machtzuwachs ist gewaltig, wenn wir selbst die Verantwortung für uns übernehmen. Schreiben Sie zur Übung Ihre Lebensgeschichte so um, dass der Leser über Ihre Eigenheiten lachen kann, statt Sie bemitleiden zu müssen.

E. Verzeihen

Nachdem Ihnen die Auflösung Ihrer familiären Verhaltensmuster gelungen ist, stellt Verzeihen den letzten und vielleicht wichtigsten Schritt dar. Er hilft Ihnen, die Energie für sich zu gewinnen, die bisher durch Wut, Bitterkeit und Ärger verschwendet wurde. Zu verzeihen gestattet es Ihnen, mit Ihrem Leben voranzukommen und sich nicht nur mit dem Pflegen alter Wunden aufzuhalten. Der Wunsch, diejenigen zu bestrafen (mit Wut und Bitterkeit), die einem Unrecht getan haben, ist sehr menschlich, doch werden Sie mit Ihrer Heilung keinen Schritt vorankommen, wenn Sie diesem Drang nachgeben. Tatsächlich führt Ihre Wut Ihnen selbst viel mehr Schaden zu als diesen Personen. Vergebung geschieht um Ihrer selbst willen und zur Förderung Ihrer Heilung. Sie verzeihen, um für sich selbst – und nicht zum Wohle derer, denen Sie verzeihen – inneren Frieden, Freude und Gelassenheit zu erlangen.

Manche Menschen halten an ihrem Ärger fest, weil sie die unbewusste Vorstellung haben, dass die ausgleichende Gerechtigkeit dafür sorgen wird, dass der andere sich entschuldigt oder die Sache »wiedergutmacht«. Doch wenn dies bis jetzt nicht geschehen ist, dann wird es wohl auch nicht mehr passieren. Möglicherweise werden Sie niemals einen ausgeglichenen Punktestand erreichen. Wer Ihnen Unrecht zugefügt hat, wird sich vielleicht niemals ändern, und falls doch, würden Sie dann die Ungerechtigkeit, die Ihnen widerfahren ist, wirklich als weniger schmerzhaft empfinden? Es gibt genug Menschen, die auf ihrem Ärger und ihrem Hass beharren, damit sie ihr Leben als Opfer fortsetzen können. Die Tatsache, dass ihnen Unrecht geschah, nutzen sie als Entschuldigung dafür, nicht das Leben zu leben, das sie sich wünschen. Verzeihen heißt sich entscheiden, das Leben bei den Hörnern zu packen und sich nicht zum Opfer von Lebensumständen machen zu lassen.

Wer zur Vergebung finden will, muss zunächst die innere Motivation für das eigene Handeln wie für das anderer verstehen. Verzeihen heißt jedoch nicht, dass Sie die Taten anderer unter allen Umständen vergessen, vergeben oder dulden müssen. Möglicherweise wird es Ihnen niemals möglich sein, die *Tat* zu vergessen oder zu vergeben, doch der *Person* zu vergeben, die die Tat begangen hat, ist von großer Wichtigkeit. Das gilt übrigens auch für Ihre eigenen Taten. Sich vorzustellen, dass die Handlungen eines Menschen das Resultat seiner Prägungen sind, macht Verzeihen leichter.

Mehr oder weniger alle Menschen geben zum jeweiligen Zeitpunkt ihres Lebens ihr mehr oder weniger Bestes. Auch wenn sie später aus der Rückschau andere Möglichkeiten wahrnehmen konnten, im betreffenden Augenblick reagierten sie so gut, wie sie es eben konnten – auf der Basis ihrer Prägung während der Kindheit, der Programmierung durch die Ahnenseele und des Einflusses durch ihre Kultur. Es ist viel wert, wenn man durchschaut, warum Menschen so handeln, wie sie es tun, und es ist hilfreich, wenn man sie so annehmen kann, wie sie inzwischen, in ihrer gegenwärtigen Wirklichkeit, geworden sind. Das bedeutet auch die Einsicht, dass eine Person jederzeit das Zeug dazu haben kann, neuerlich Schaden anzurichten. Verzeihen heißt nicht, dass man den anderen zu seinem besten Freund machen muss. Wer begreift, warum eine Handlungsweise so erfolgte, und die Gültigkeit der Situation akzeptiert, der setzt seinen Heilungsprozess in Gang.

Vergebung ist für gewöhnlich ein schwerer Schritt und in der Regel ein fortgesetzter Prozess und keine mit einer Hauruckentscheidung abgetane Angelegenheit. Vergebung muss aktiv in ihrem entsprechenden Umfeld entwickelt werden. Man kann sie nicht erzwingen. Man kann nicht einfach entscheiden: »Also gut, ich vergebe diesem Menschen, der mich verletzt hat.« Eine einseitige Erklärung der Vergebung bewirkt in der Regel nichts. Ebenso wenig bringt es etwas, diejenigen, denen zu vergeben Sie sich vorgenommen haben, auf einer Liste einen nach dem anderen abzuhaken. So funktioniert es nun einmal nicht. Verzeihen ist für gewöhnlich das Ergebnis einer aufrichtigen Prüfung der Vergangenheit und Wurzeln und des daraus entstandenen verständnisvollen Einblicks in das Spiel der Kräfte, wie sie in der Situation zum Tragen kamen.

Vergebung braucht Zeit. Sie lässt sich nicht beschleunigen,

und es ist wichtig, dass Sie mit sich selbst und Ihrem inneren Prozess Geduld haben. Es kann Tage geben, an denen Sie sich frei fühlen von allem Groll, und andere, an denen der Zorn neu in Ihnen aufwallt. Ein erzwungener Entschluss zur Vergebung ist manchmal nichts anderes als der Versuch, den eigenen Ärger zu leugnen. Schenken Sie dem Prozess Achtung und gestatten Sie sich, in Ihrer Entwicklung dort zu stehen, wo Sie gerade sind, während Sie zugleich Ihre Heilung als Zielsetzung fest im Blick behalten.

Gelegentlich ist Verzeihen ein zwischenmenschlicher Prozess. Mit den Familienmitgliedern zu sprechen, denen gegenüber Sie Bitterkeit empfinden, kann Sie weiter voranbringen. Aber nicht alle Menschen sind gegenüber solchen Gesprächsangeboten offen, und der Versuch, eine Aussprache herbeizuführen, kann sich manchmal als schwierig erweisen und Sie im Ergebnis enttäuschen. Doch wenn Sie mit der Aufrichtigkeit Ihres Herzens sprechen, dann können Ihre Worte wie Samen sein, die später aufkeimen, vielleicht sogar erst in zukünftigen Generationen.

Auswertung:
Das Durchbrechen negativer Muster

Um negative familiäre Muster zu durchbrechen, ist es wichtig, zunächst einmal herauszufinden, wie diese Muster beschaffen sind. Eine Herangehensweise besteht darin, die Überzeugungen Ihrer Familienmitglieder, lebend und verstorben, im Hinblick auf bestimmte Aspekte ihres Lebens zu ermitteln und sie dann mit Ihren eigenen zu vergleichen.

Zum Beispiel entdeckte Sue, die nur sehr zögernd über ihre

wahren Gefühle sprach, dass ihre weiblichen Vorfahren sich ungewöhnlich schwer damit taten, ihre Meinung kundzutun. Sie machen es sich leichter, Eigenschaften zu entdecken und zu vergleichen, wenn Sie zunächst eine Liste mit Ihren lebenden und verstorbenen Verwandten anlegen. Als Nächstes füllen Sie die Spalten entsprechend mit den gefundenen Eigenschaften Ihrer Familienmitglieder und nehmen die in den nachfolgenden Beispielen demonstrierte Auswertung vor. Sobald Sie Ihre Tabelle vervollständigt haben, werden Sie sehen, ob es irgendwelche Ähnlichkeiten gibt, die auf durch die Generationen weitergereichte Überzeugungen schließen lassen.

Berücksichtigen Sie bei der Erstellung Ihrer Tabelle sowohl die Verwandten, mit denen Sie selbst gesprochen haben, als auch jene, mit denen Sie durch Visualisierung und Bildersymbolik in Verbindung getreten sind (siehe hierzu Kapitel 2).

	Sue	Mutter	Vater
Arbeit	Workaholic	Workaholic	Pragmatisch
Beziehungen	Schüchtern	Zurückhaltend	Extrovertiert
Sexualität	Ängstlich	Unsicher	Entspannt
Geld	Bedürftig	Geizig	Freigebig
Gesundheit	Schlechte Augen	Herz-beschwerden	Gut
Religion	Keine	Keine	Keine
Kreativität	Nähen	Angst, etwas auszuprobieren	Holzarbeiten
Essen	Unwichtig	Unwichtig	Isst gerne

Auswertung 1:
Einstellung von Familienmitgliedern
und Vorfahren zur Arbeit

Unsere Überzeugungen im Hinblick auf Beruf und Arbeit sind häufig ein Spiegelbild des Arbeitsethos in unserer Familie. Nachfolgend als Anregung einige Begriffe, die die Einstellung zur Arbeit beschreiben können:

Waghalsig, rücksichtslos, motiviert, schüchtern, faul, eigensinnig, fleißig, passiv, gehorsam, ehrgeizig, ehrlich, pflicht-

Onkel Harry	Tante Maud	Oma Doris
Ausgeglichen	Workaholic	Untätig
Extrovertiert	Förmlich	Förmlich
Schürzenjäger	Unsicher	Gelangweilt
Entspannt	Ängstlich	Desinteressiert
Gicht	Gelenk-entzündungen	Gelenk-entzündungen
Keine	Keine	Baptistin
Briefmarkensammler	Malen	Sammeln
Isst gerne	Unwichtig	Wählerisch

bewusst, produktiv, widersprüchlich, loyal, gut im Anfangen, jedoch nicht im Beenden, weder gut im Anfangen noch im Beenden, jedoch im Aufrechterhalten, gut im Beenden, doch nicht im Anfangen, unaufrichtig, Workaholic, dynamisch, wartet mit allem bis zur letzten Minute, planvoll, lasch, chaotisch, guter Gefolgsmann, Führungspersönlichkeit, ängstlich, gelangweilt, entschlossen, müßig, verantwortungsbewusst, sprunghaft.

1. Wählen Sie die Begriffe aus der Liste aus, die *Ihrer Meinung nach* die Einstellung Ihres Verwandten zur

Arbeit am besten beschreiben. Tragen Sie die gefundenen Eigenschaften in Ihre Tabelle ein.

2. Welche der Begriffe stehen *für Ihre* Einstellung zur Arbeit? Über nehmen Sie sie gleichfalls in Ihre Tabelle. Stellen Sie fest, ob es irgendwelche Ähnlichkeiten zwischen Ihnen und Ihrem Verwandten gibt.

3. Falls Sie irgendwelche positiven Eigenschaften mit Ihrem Verwandten gemeinsam haben sollten, dann ist es wichtig, dies anzuerkennen und den betreffenden Vorfahren für seinen Beitrag zu ehren (siehe auch Kapitel 2).

4. Sollten Sie auf negative Eigenschaften stoßen, die Sie mit Ihren noch lebenden Verwandten gemeinsam haben, dann stellen Sie fest, was Sie tun können, um diesen Charakteristika in Ihrem Leben die Basis zu nehmen.

Ein erster Schritt, um ein negatives ererbtes Muster umzuwandeln, muss nichts Weltbewegendes sein. Entscheidend ist lediglich, dass er in die richtige Richtung zielt. Wenn Sie beispielsweise feststellen, dass Ihre Verwandten so wie sie selbst Workaholics sind, dann reicht es schon aus, wenn Sie sich entschließen, jeden Sonntag eine Stunde lang nichts zu tun. Oder vielleicht ringen Sie sich dazu durch, jeden Tag eine halbe Stunde lang in einem Roman zu schmökern. Falls Sie einen Pakt mit sich selbst schließen, um aktiv zu werden, dann legen Sie sich nur auf etwas fest, das Sie auch wirklich umsetzen können. Es ist besser, nur eine Minute täglich für eine Entspannungsübung freizuhalten als eine Stunde, die dann aber nicht eingehalten wird. Gehen Sie nicht leichten Herzens eine Verpflichtung ein. Und wenn Sie Ihr Wort geben, dann halten Sie es auch – es spielt keine Rolle, ob Ihr Versprechen Ihnen selbst oder einem anderen Menschen gilt.

Letztendlich gehen Sie jede Verpflichtung immer mit sich selbst ein. Es gibt immer Zeiten im Leben, in denen es aus den unterschiedlichsten Gründen schwer ist, sein Wort zu halten. Gehen Sie dann nicht einfach darüber hinweg und baden Sie nicht in Schuldgefühlen, sondern stellen Sie die Sache vor sich selbst und anderen Beteiligten richtig, tragen sich nichts nach und sehen Sie zu, dass Sie Ihr Leben weiter voranbringen.

Auswertung 2:
Einstellung von Familienmitgliedern
und Vorfahren zu Beziehungen

Die Art und Weise, wie wir zu Familienmitgliedern und Freunden in Beziehung treten, kann oft über Generationen zurückverfolgt werden. Nachfolgend finden Sie eine Liste mit Eigenschaften, die Aussagen über die Art der Beziehungsaufnahme machen:

Unvoreingenommen, liebevoll, wertend, ängstlich, verschlossen, extrovertiert, mitfühlend, traurig, wütend, unbeteiligt, unsicher, zurückhaltend, dominant, pflichtbewusst, leidenschaftlich, frustriert, gefühllos, gewalttätig, beleidigend, ergeben, introvertiert, lieb, anhänglich, freundlich, gelangweilt, aufrichtig, unaufrichtig, unbeweglich, dynamisch, spirituell, konservativ, mitteilsam, maulfaul.

1. Finden Sie die Wörter, von denen *Sie* meinen, dass sie die Überzeugungen Ihres Verwandten im Hinblick auf Beziehungen am besten zum Ausdruck bringen, und halten Sie sie schriftlich fest.

2. Welche der Begriffe stehen für *Ihre* Einstellung zu Beziehungen? Achten Sie darauf, ob es irgendwelche Gemeinsamkeiten mit Ihrem Verwandten gibt.

3. Falls Sie irgendwelche positiven Eigenschaften mit Ihrem Verwandten gemeinsam haben sollten, dann ist es wichtig, dies anzuerkennen und den betreffenden Vorfahren für seinen Beitrag zu würdigen.

4. Sollten Sie auf negative Eigenschaften stoßen, die Sie mit Ihren noch lebenden Verwandten gemeinsam haben, dann stellen Sie fest, was Sie tun können, um diesen Charakteristika in Ihrem Leben die Basis zu nehmen.

Auswertung 3:
Einstellung von Familienmitgliedern und Vorfahren zur Sexualität

Der Einfluss vorangegangener Generationen erfolgt besonders nachhaltig durch weitergereichte Definitionen von Geschlechterrollen und von sexuellen Verhaltensmustern. So hat die Forschung, um nur ein Beispiel zu nennen, bewiesen, dass Eltern, die ihre Kinder schlagen, in der Regel als Kind selbst geschlagen wurden. Zwar werden Verwandte nicht gerne über ihre sexuellen Vorlieben und Verhaltensweisen sprechen, doch ist es, um die eigene Sexualität besser zu verstehen, auf jeden Fall lohnenswert, einen Vorstoß zu wagen. Es hat sich erwiesen, dass das sexuelle Verhalten der Elterngeneration von großem Einfluss auf das der Kinder ist. Überprüfen Sie, welche der nachfolgenden Begriffe für Ihre Familienmitglieder und Vorfahren Gültigkeit haben:

Freier und offener Umgang mit sexuellen Themen, konser-
vativ, gewalttätig, missbräuchlich, zärtlich, liebevoll, an-
züglich, derb, munter, pervers, frigide, wütend, ängstlich,
treu, untreu, ergeben, abstoßend, kontrollierend, sorglos,
freudig, apathisch, sinnlich, desinteressiert, Sex als einziges
Thema.

1. Finden Sie die Wörter, von denen *Sie* meinen, dass sie die Überzeugungen Ihres Verwandten im Hinblick auf Sexualität am besten zum Ausdruck bringen, und halten Sie sie schriftlich fest.
2. Welche der Begriffe stehen für *Ihre* Einstellung zur Sexualität? Achten Sie darauf, ob es irgendwelche Gemeinsamkeiten mit Ihrem Verwandten gibt.
3. Falls Sie irgendwelche positiven Eigenschaften mit Ihrem Verwandten gemeinsam haben sollten, dann ist es wichtig, dies anzuerkennen und den betreffenden Vorfahren für seinen Beitrag zu würdigen.
4. Sollten Sie auf negative Eigenschaften stoßen, die Sie mit Ihren noch lebenden Verwandten gemeinsam haben, dann stellen Sie fest, was Sie tun können, um diesen Charakteristika in Ihrem Leben die Basis zu nehmen.

Auswertungen können auch vorgenommen werden in den Bereichen Geld, Gesundheit, Religion, Initiative und Antrieb, Kreativität, Ernährung, Bildung – oder im Hinblick auf jedes andere Thema, das für Sie von Interesse beziehungsweise von Bedeutung ist. Je mehr Sie über das emotionale Vermächtnis Ihrer Vorfahren wissen und je bewusster es Ihnen ist, umso leichter wird es Ihnen fallen, Ihre Heilung voranzutreiben.

ÜBUNG:
SICH VON DER NEGATIVITÄT DER VORFAHREN LÖSEN

Nachfolgend finden Sie eine geführte Meditation, die Ihnen helfen soll, Ihre Familienmitglieder und Vorfahren nicht für ihre Taten, sondern dafür zu lieben, wer sie sind:

Sie befinden sich auf einem Hügel. Einer nach dem anderen kommen Ihre Vorfahren auf dem gewundenen Pfad zu Ihnen hinauf. In Ihren Händen halten Sie den Stab der Wahrheit, der es Ihnen gestattet, jedem der Herannahenden in Herz und Seele zu blicken. Der Stab erfüllt Sie außerdem mit Verständnis und Mitgefühl. Sie sehen bei jedem Ihrer Verwandten, welche Herausforderungen er im Leben zu meistern hatte und welcher Triumphe er sich erfreuen durfte. Stellen Sie sich vor, wie Sie zu jedem von ihnen mit größtem Mitgefühl sagen: »Ich nehme dich als den Menschen an, der du bist.«

Achten Sie bei jedem Familienangehörigen, der vor Ihnen steht, die Distanz zwischen Ihnen beiden. Zwischen uns und anderen Menschen bestehen oft zwar unsichtbare, aber dennoch sehr reale psychische Verbindungen. Sollten Sie irgendwelche negativen Energiebahnen zwischen sich und dem anderen bemerken, dann ist es Ihnen gestattet, sich vorzustellen, wie Sie sie durchschneiden. Dieser Schnitt bedeutet nicht, dass Sie jeglichen Kontakt beenden, sondern lediglich, dass Sie sich vom negativem psychischen Einfluss dieses Vorfahren befreien. Segnen Sie Ihre Vorfahren, sobald Sie sich von ihnen verabschieden und sie den Hügel wieder hinuntergehen. Denken Sie daran, dass der Segen, den Sie Ihren Vorfahren spenden, zu Ihnen zurückkommen wird.

4. Die Erschaffung neuer Familienmuster

Sie werden immer eine Vergangenheit haben; auch in Ihnen wohnt die Ahnenseele. Doch indem Sie den Einfluss Ihrer Familie auf Ihr Leben einzuschätzen lernen, bringen Sie die Heilung der Vergangenheit voran und erschaffen neue, liebevollere Familienmuster für die Zukunft.

Die Ausbildung einer neuen Persönlichkeit

Eine der Schwierigkeiten bei der Entwicklung neuer Familienmuster liegt in der Ausbildung einer neuen Persönlichkeit. Oftmals ist die eigene Persönlichkeit so sehr mit jener der Familie verwoben, dass Sie während der Ablösung Phasen durchleben, in denen Sie kaum noch wissen, wer Sie eigentlich sind. Möglicherweise empfinden Sie dies als sehr verwirrend oder sogar als entmutigend. Sam zum Beispiel hatte hart daran gearbeitet, sich von negativen Familienmustern zu befreien. Er stammte aus einer Familie mit einem starken Zusammengehörigkeitsgefühl, die noch dazu Fremden mit äußerstem Misstrauen begegnete. Sam war bemüht, diesen übernommenen negativen Persönlichkeitszug abzubauen, um in seinen Beziehungen offener und liebevoller zu werden. Doch nun begann er, sich selbst in seiner Familie als Fremder zu fühlen. Diese Erfahrung erschütterte ihn zutiefst, und es kam vor, dass er nicht mehr wusste, wer er eigentlich war. Die Definition seiner selbst war so eng mit jener verbunden, die sich seine Familie von ihm gemacht hatte, dass er sich jetzt, da sich seine Persönlichkeit wandelte, unsicher fühlte und durcheinander war. Schließlich entschied er sich dafür, sich für eine Weile von seiner Familie zurückzuziehen, um erst einmal ein neues Selbstgefühl zu entwickeln.

Schließlich kehrte Sam gestärkt und auf positive Weise zu seiner Familie zurück. Mir erzählte er, dass seine Verwandten, als Reaktion auf seine Offenheit, größere Unvoreingenommenheit an den Tag legten. Eine mehr oder weniger lange Gewöhnungsphase ist zwar unangenehm, doch unverzichtbar, da man sich der neuen Persönlichkeit zunächst erst einmal annähern muss.

Wenn man ein negatives Muster bekämpft, dann kommt es vor, dass man sich in der eigenen Familie fehl am Platze fühlt. Befreien Sie sich von solchen alten Fesseln, dann begegnen oft gerade die Menschen, die Sie am meisten lieben, Ihren Veränderungen mit dem größten Widerstand. Das ist natürlich nicht immer so. Jackie beispielsweise litt unter einer ausgeprägten Spinnenphobie. Sie war so schlimm, dass sie keine Strauchtomaten essen konnte, weil die grünen Stämmchen an der Frucht sie an Spinnen erinnerten. Ihre Mutter, ihre Großeltern und ihre Urgroßeltern quälten sich mit den gleichen Ängsten. Als Jackie ihre Phobie überwand, feierte die Familie mit ihr, statt sie mit Rechtfertigungen für Spinnenangst zu bombardieren.

Jedes Mal, wenn Sie ein negatives familiäres Muster verändern oder aufgeben, verändern Sie Ihre Persönlichkeit. Ihr daraus entstehendes neues Selbstgefühl wirkt sich auf die Dynamik Ihrer Beziehungen aus; deshalb wird es Ihnen nützlich erscheinen, die Muster Ihrer Beziehungen zu lebenden wie verstorbenen Verwandten zu analysieren, bevor Sie große Veränderungen anstreben. Nachfolgend einige Übungen, die Ihnen helfen, den Status quo Ihrer Beziehungen richtig einzuschätzen.

Übung:
Bewertung Ihrer aktuellen
innerfamiliären Beziehungen

Um Ihre Beziehungen zu Ihren noch lebenden Familienmitgliedern richtig einzuschätzen, stellen Sie sich folgende
Fragen:

* Wie fühle ich mich, nachdem ich Zeit mit dieser Person
  verbracht habe? Ausgelaugt? Unterstützt? Gestärkt?
  Deprimiert? Einfach nur »in Ordnung«?
* Was bringt mir diese Beziehung?
* Wie profitiert dieses Familienmitglied von mir?
* Beteilige ich mich, wenn ich mit dieser Person zusammen
  bin oder hinterher, an zerstörerischem Verhalten?
* Fühle ich mich von dieser Person unterstützt und durch
  sie gestärkt oder verletzt und kritisiert?
* Hat der Wert dieser Beziehungen für mich mehr Gewicht
  als seine negativen Aspekte?
* Wie wird diese Person reagieren, wenn ich ein altes fami-
  liäres Verhaltensmuster verändere oder aufgebe?

Übung:
Bewertung Ihrer Beziehungen
zu Ihren Vorfahren

Auch wenn Ihre Vorfahren schon lange tot sind, Sie stehen
dennoch in einer Beziehung zu ihnen. Für die Erschaffung
einer neuen Persönlichkeit und neuer familiärer Verhaltensmuster ist es erforderlich, die Beziehungen zu den verstor-

benen Mitgliedern Ihrer Familie neu zu bewerten. Befassen Sie sich nacheinander mit Ihren Vorfahren und stellen Sie sich die nachfolgenden Fragen:

- Welche Gefühle weckt diese Person in mir?
- Profitiere ich in irgendeiner Weise von dieser Beziehung?
- Ist es vorstellbar, dass mich diese Person verurteilen würde?
- Gibt es Erwartungen, die diese Person an mich richten würde?
- Könnte es sein, dass ich von dieser Person enttäuscht sein würde?
- Welche Form soll meine Beziehung zu dieser Person annehmen?
- Wie würde diese Person darauf reagieren, wenn ich überkommene familiäre Verhaltensmuster verändere?

Nachdem Sie Ihre Beziehung zu noch lebenden wie verstorbenen Verwandten einer genauen Prüfung unterzogen haben, könnte es sein, dass Sie Entscheidungen treffen müssen. Ihren familiären Wurzeln und Bindungen Achtung entgegenzubringen, heißt nicht, dass Sie Ihre Zeit und Ihre Energie in Ihre Familie investieren *müssen*. Manchmal gelingt die Würdigung familiärer Bindungen besser und ist für Sie gesünder, wenn Sie zunächst zeitlichen und räumlichen Abstand schaffen. Von dieser neuen Basis aus können Sie dann entscheiden, ob Sie der Beziehung eine neue Form geben oder sie vielleicht auch abbrechen möchten.

Die Vorfahren bei der Erschaffung neuer familiärer Verhaltensmuster um Unterstützung bitten

Visualisierungsübungen sind ideal geeignet, um Zugang zum Unbewussten zu erlangen. Auf die gleiche Art, wie Träume Botschaften des Unbewussten darstellen, liefern Ihnen kreative Visualisierungen wertvolle Informationen über Sie selbst und Ihre Vergangenheit, die Ihrem bewussten Geist so nicht zur Verfügung stehen. Zahlreiche Traditionen überall auf der Welt bedienen sich der Hilfe eines Vorfahren als Lehrer. In solchen Kulturen rufen Hilfesuchende den Ahnenlehrer an, weil er die herausragenden Eigenschaften aller verstorbenen Verwandten in sich vereinigt. Im Anschluss finden Sie eine Übung, mit deren Hilfe Sie den Ahnenlehrer um Unterstützung bei der Erschaffung neuer familiärer Verhaltensmuster bitten können.

Übung:
Der Ahnenlehrer

Stellen Sie sich vor, dass Sie an einem wunderbaren Ort in der Natur spazieren gehen. In diesem Heiligtum finden Sie mit jedem Schritt, den Sie tun, mehr zu sich und zum Frieden mit sich selbst. Unmittelbar vor Ihnen schimmert ein großer Lichtball. Treten Sie ein in diese Strahlkraft. Machen Sie sich bewusst, wie das Licht Sie umfängt, wie es Sie schützt und segnet. Verharren Sie einen Moment lang, um zu spüren, wie das Licht Sie durchdringt. Treten Sie dann heraus aus dem Lichtball und gehen zu dem Wasserbecken vor Ihnen. Darin befindet sich die Wahrheit der Ahnen. Auf der anderen Seite des Beckens wartet Ihr Ahnenlehrer auf Sie. Sobald Sie sich hinknien und in das Becken hineinblicken, sehen Sie Bilder aus vergangenen Zeiten, die sich auf der Wasseroberfläche abzeichnen. Sobald Sie Ihrem Lehrer Fragen stellen, verändern sich die Bilder im Wasserbecken und lassen Ihnen wertvolle Informationen über die Vergangenheit zuteilwerden, die Sie nutzen können, um Ihren Stammbaum zu heilen. Unter anderem könnten Sie folgende Fragen stellen:

- Welches sind die wertvollsten Charaktereigenschaften, die ich von meinen Vorfahren empfangen habe?
- Wie könnte ich diese Eigenschaften am besten einsetzen, um dem Universum nützlich zu sein?
- Welche negativen Eigenschaften in mir habe ich aus der Vergangenheit bezogen?
- Auf welche Weise kann ich diesen Zyklus der Negativität am besten zum Abschluss bringen?

Sobald Sie alle Fragen gestellt haben, bedanken Sie sich bei Ihrem Ahnenlehrer und kehren ins Wachbewusstsein zurück.

Die Einstellung zur Vergangenheit verändern

Ihre Beziehung zur Vergangenheit fußt auf Ihren Erinnerungen, den bewussten wie den unbewussten. Diese Erinnerungen bringen Ihr Verhalten hervor, denn Ihr Verhalten in der Gegenwart basiert auf Ihren Handlungen in der Vergangenheit. Außerdem werden Ihre Erinnerungen von Ihrer gegenwärtigen Einstellung beeinflusst. Indem Sie Ihre momentane Einstellung ändern, verändern Sie auch den Kontext, in dem Ihre Erinnerungen stehen; das wiederum gestattet es Ihnen, neue familiäre Verhaltensmuster auszubilden. Wenn Sie beispielsweise den Standpunkt vertreten, dass all Ihre Erfahrungen in der Vergangenheit wertvolle Lektionen darstellen, dann wird sich diese Überzeugung in Ihren Erinnerungen widerspiegeln. Sollten Sie jedoch der Meinung sein, dass Ihre Vergangenheit durch und durch grauenvoll war, dann stimmen Ihre Erinnerungen mit dieser Auffassung überein.

Jegliche Geschichte, ob schriftlich oder mündlich überliefert, wurde mit einer Ideologie oder einem Standpunkt in Übereinstimmung gebracht. Zwar hört es sich unglaublich an, aber Sie können den Kontext, in dem Ihre Vergangenheit steht, tatsächlich ändern, indem Sie an Ihrem Standpunkt arbeiten. Indem Sie dies tun, nehmen Sie Einfluss auf Ihre Gegenwart und sogar auf Ihre Zukunft und können dazu beitragen, dass neue familiäre Verhaltensmuster entstehen. Die nachfolgende Übung wird Sie darin unterstützen, Ihrer Vergangenheit eine neue Struktur zu geben.

Die Vergangenheit neu strukturieren

Die Übung, die ich Ihnen jetzt vorstellen möchte, ist eine der wirkungsvollsten, die ich je kennengelernt habe. Ich bringe sie in meinen Seminaren mit bemerkenswerten Ergebnissen zum Einsatz. Sie gestattet es Ihnen, in die Vergangenheit zurückzukehren und nicht nur sich selbst als Kind zu erleben, sondern auch Ihre Eltern und Großeltern. Ich meine, die Macht der Übung liegt in der Formbarkeit der Vergangenheit. Unsere Erziehung macht uns weiß, dass die Vergangenheit statisch und unveränderbar ist. Doch ich bin überzeugt, dass auch die

Vergangenheit wandelbar ist und sich damit auf unsere Gegenwart und Zukunft auswirkt.

Auch wenn Sie nicht daran glauben, dass es möglich ist, Einfluss auf die Vergangenheit zu nehmen, vergessen Sie nicht, dass sie in Ihren Genen und in den Gedächtniszellen Ihres Gehirns wohnt. Ändern Sie die Vergangenheit, die sich in Ihrem Gehirn befindet, und Sie ändern die negativen Muster, die mit dieser Vergangenheit verbunden sind. Diese Übung hilft Ihnen, uralte Muster anzugehen, die sich verselbständigt haben und immer weitergereicht wurden – das ist möglich unabhängig davon, ob Ihre Eltern und Großeltern noch leben oder bereits verstorben sind.

Um sich auf diese innere Reise vorzubereiten, bitten Sie eine vertraute Person, Ihnen den nachfolgenden Text mit ruhiger Stimme vorzulesen. Oder aber Sie sprechen den Text auf Band und spielen ihn dann ab, wenn Sie die Übung machen wollen. (In diesem Fall müssen Sie das »Sie« durch »ich« ersetzen.) Ich halte diese Übung für so wichtig, dass ich sie hier ungekürzt wiedergebe.

ÜBUNG:
EINE REISE ZU DEN UNMITTELBAREN VORFAHREN

Beginnen Sie, indem Sie eine bequeme Position für Ihren Körper suchen, entweder sitzend oder liegend. Machen Sie ein paar tiefe, entspannende Atemzüge. Mit jedem Atemzug nimmt der Grad Ihrer Entspannung zu. Jeder Atemzug und jedes Geräusch, das Sie hören, führt Sie tiefer hinein in einen Zustand der Gelöstheit. Seien Sie nun einen Moment lang ruhig.

Sehr gut. Nun richten Sie Ihr Bewusstsein auf Ihren linken Fuß und entspannen ihn. Er ist nun äußerst entspannt. Jetzt lenken Sie Ihre Aufmerksamkeit auf Ihren rechten Fuß und spüren, wie er locker wird und entspannt. Stellen Sie sich vor, wie sich Ihre beiden Beine hinauf ein wunderbares Gefühl der Entspanntheit in Ihnen breitmacht, so als ob Wellen an einen Strand rollen. Gut. Stellen Sie sich weiterhin vor, wie warme, langsame Wellen der Entspannung von Ihren Füßen hinaufrollen in die Beine, den Rumpf, die Arme und hinauf in Ihren Kopf. Ihr gesamter Körper fühlt sich nun entspannt, warm und wohl an, während eine Welle der Entspannung nach der anderen durch Ihren Körper rollt. Machen Sie einen sehr tiefen Atemzug, entspannen Sie sich vollkommen und lassen Sie los.

Machen Sie nun eine Zeitreise zurück in Ihre Vergangenheit. Versetzen Sie sich zurück in ein Ereignis, das sich am heutigen Tag ereignet hat. Lassen Sie es so real wie möglich erscheinen, ja, begeben Sie sich in die Erinnerung hinein. Erinnern Sie sich an die Gerüche, Farben und Geräusche. Machen Sie sich bewusst, was die Menschen gesagt haben, welche Gefühle Sie hatten, in physischer wie emotionaler Hinsicht. Erinnern Sie sich an so viele Einzelheiten wie möglich. Dann lassen Sie diese Erinnerung los.

Erinnern Sie sich nun an ein Ereignis des gestrigen Tages. Vertiefen Sie sich ganz und gar in diese Erinnerung. Dann lassen Sie sie los. Kehren Sie zurück zu einem Ereignis, das ungefähr eine Woche zurückliegt. Machen Sie sich keine Sorgen, wenn die Erinnerung, die sich einstellt, der zeitlichen Vorgabe nicht genau entspricht. Die Erinnerung, die in Ihnen an die Oberfläche steigt, ist genau die richtige. Erinnern Sie sich so umfassend wie möglich, dann lassen Sie sie los. Gehen

Sie anhand Ihrer Erinnerungen weiter zurück in der Zeit. Jedes Mal, nachdem Sie sich in eine Erinnerung vertieft haben, lassen Sie sie danach los.

Sprechen Sie die nachfolgenden Sätze langsam und sorgsam und geben Sie sich genug Zeit, damit eine Erinnerung in Ihnen aufsteigen kann, die Sie danach loslassen. (Dieser Abschnitt der Übung ist nützlich, weil er Muster zutage bringt, die im Verlauf der Übung abgebaut werden können.)

Kehre zurück zu einer Erinnerung, in der *Ich* glücklich war. Lass sie los.

Kehre zurück zu einer Erinnerung, in der *Ich* traurig war. Lass sie los.

Kehre zurück zu einer Erinnerung, in der *Ich* wütend war. Lass sie los.

Kehre zurück zu einer Erinnerung, in der *Ich* friedlich war. Lass sie los.

Kehre zurück zu einer Erinnerung, in der *Ich* schmerzerfüllt war. Lass sie los.

Kehre zurück zu einer Erinnerung, in der *Ich* albern war. Lass sie los.

Kehre zurück zu einer Erinnerung, in der *Ich* aufgeregt war. Lass sie los.

Kehre zurück zu einer Erinnerung, in der *Ich* ängstlich war. Lass sie los.

Kehre zurück zu einer Erinnerung, in der *Ich* verliebt war. Lass sie los.

Kehre zurück zu einer Erinnerung, in der *Ich* voller Ressentiments war. Lass sie los.

Kehre zurück zu einer Erinnerung, in der *Ich* mich klug fühlte. Lass sie los.

Erinnern Sie sich nun an ein Ereignis, das stattfand, als Sie ungefähr 18 Jahre alt waren. Lassen Sie die Erinnerung los. Sehen Sie sich dann als 16-jährige(n) Jugendliche(n). Gehen Sie in Ihrer Zeitreise weiter zurück, zurück bis in Ihre Kindheit: 15 Jahre ... 14 ... 13 ... 12 ... 11 ... 10 ... 9 ... 8 ... 7 ... 6 ... 5 ... 4 ... 3 ... 2 ... 1 ... 6 Monate ... 3 Monate ... 1 Monat ... Nun führt Sie Ihre Zeitreise an den allerersten Anfang Ihres Lebens, zurück in die Gebärmutter ... und darüber hinaus. Sie kehren nun zurück in die Zeit, als Ihre Mutter (oder die Person, die Sie als Ihre Mutter betrachten) ein kleines Kind war. Stellen Sie sich dies so deutlich wie möglich vor. Sehen Sie Ihre Mutter als kleines Kind, vielleicht in Notzeiten. Ganz egal, welche Beziehung Sie im späteren Leben zu ihr haben, jetzt gerade ist sie ein kleines, unglückliches Kind. Heben Sie dieses Kind auf, setzen es auf Ihren Schoß und trösten es. Halten Sie es im Arm und wiegen es. Lassen Sie es spüren, dass Sie es liebhaben und sich um es kümmern. Sie kennen die Herausforderungen und Schwierigkeiten, die vor diesem kleinen Menschen liegen. Zeigen Sie ihm Verständnis und Liebe. Stellen Sie sich vor, dass Sie beide in wunderschönes Licht eingehüllt sind. Dieses Licht erfüllt den Geist des Kindes mit einer wunderbaren Energie, die zunächst das Leben Ihrer Mutter und dann Ihr eigenes durchdringen wird. Machen Sie sich jetzt ein Bild davon, wie das Kind, das einmal Ihre Mutter sein wird, lacht und fröhlich davonspringt.

(Falls Sie diese Übung für sich selbst aufnehmen, dann lassen Sie nun einen Teil folgen, in dem Sie, wie zuvor Ihre Mutter, nun Ihren Vater – oder die Person, die Sie als Ihren Vater betrachten – als kleines Kind sehen. Wenn Sie möchten, können Sie die Übung auf gleiche Weise auch mit Ihren mütterlichen wie väterlichen Großeltern fortsetzen. Machen Sie sich von jeder dieser Personen ein Bild als Kind in Zeiten der Not. Sie müssen sich dazu nicht an Ihre Großeltern erinnern. Stellen Sie sich einfach so genau wie möglich vor, wie sie wohl als kleine Kinder gewesen sein mögen. Dann stellen Sie sich vor, dass Sie eine jede dieser Personen mit der vibrierenden, lebendigen Kraft der Liebe erfüllen, so wie Sie es bei Ihrer Mutter getan haben. Damit geben Sie ihnen ein wertvolles Geschenk mit auf den Lebensweg. Sie nehmen auf positive Weise Einfluss auf die Vergangenheit – was wiederum einen günstigen Einfluss auf Ihre Zukunft haben wird.)

Nun ist es an der Zeit, sanft und leicht in Ihr gegenwärtiges Leben zurückzukehren. Gestatten Sie es den Erinnerungen und Bildern zu verblassen und zu entschwinden. Kehren Sie nach und nach zurück in Ihr normales Wachbewusstsein und nehmen Sie sich genug Zeit, um sich wieder in der Gegenwart einzurichten. Sie können sich jetzt strecken und die Augen öffnen.

Gut.

Während Sie mehr und mehr ins Alltagsbewusstsein zurückkehren, fühlen Sie sich gut, gestärkt und leistungsfähig. Sie haben mutig eine Reise in Ihre weitere Vergangenheit unternommen und haben, ohne zu urteilen, den Menschen betrachtet, der Sie damals waren. Dieser Blick zurück hat Ihr Leben bereichert und aufgewertet. Durch Ihre Beobachtung haben Sie sich auf das Göttliche in sich zubewegt. Sie haben sich damit die Möglichkeit eröffnet, die Vergangenheit zu erforschen. Ihr neu hinzugewonnenes Wissen schafft den Raum, den Ihr Leben braucht, um erfüllender und ganz zu werden.

Ich zähle jetzt von eins bis fünf. Sobald ich fünf erreiche, sind Sie ganz und gar wach und im Jetzt. Eins ... Zwei: Ihr

Körper ist gesund und kräftig. Drei: Sie wachen weiter auf. Vier: Ihre Augen fühlen sich an, als seien sie in frischem, kühlem Quellwasser gebadet worden. Fünf: Sie sind vollständig erwacht und fühlen sich großartig. Öffnen Sie jetzt Ihre Augen, strecken Sie sich und erfreuen Sie sich an der Schönheit dieses Tages.

Es *ist* möglich, die Vergangenheit zu heilen. Es kann liebevoll und sanft geschehen und mit Nachdruck. Bewahren Sie sich eine Vision dessen, was Sie erreichen wollen, und halten Sie Ihre Augen fest auf dieses Ziel gerichtet. Denken Sie daran, alles, was Ihnen widerfahren ist, hat Ihnen geholfen, in spiritueller Hinsicht zu wachsen. Ihre Vergangenheit ist wertvoll, ganz egal welche Form sie angenommen hat. Vielleicht haben Sie dadurch für andere Menschen in ihrem Leiden mehr Mitgefühl entwickelt. Oder aber Sie haben eine überdurchschnittliche Widerstandsfähigkeit entwickelt. Dort, wo der Wind am stärksten bläst, entwickeln Bäume ihre tiefsten Wurzeln. Der Dalai Lama hat einmal gesagt, dass es nicht unsere Freunde sind, die uns Toleranz lehren. Anders ausgedrückt: Wir benötigen entsprechende Erfahrungen, die diese Eigenschaft in uns fördern.

Begreifen Sie Ihre Vergangenheit als kostbares Geschenk. Unter Schmerz und Qual verbirgt jede Erfahrung Werte, die Sie sich erst erobern müssen. Gleiches gilt für das emotionale Vermächtnis Ihrer lebenden und verstorbenen Verwandten. Der Geist von Wertschätzung und Dankbarkeit für alles, was Sie mit auf den Weg bekommen haben, wird dazu beitragen, dass Ihre Zukunft sich vor Ihnen in Schönheit entfaltet.

4. Kapitel

Die eigenen Nachkommen stärken

Ich hatte das Privileg, in Südafrika Zeit mit dem hochgeschätzten Credo Vusamazulu Mutwa, dem geistigen Führer der Zulu, verbringen zu dürfen. Dieser bemerkenswerte Mann ist ein geachteter Visionär und Prophet. Er gab mir Einblick in die Vorstellungen seines Volkes, wie frühere Generationen ihre Nachkommen stärkten:

Unsere Vorfahren haben fest mit uns gerechnet. Ja, wenn man in der Zeit zurückblickt, dann fällt einem auf, dass unsere Vorfahren viele Dinge getan haben, die sie nicht hätten tun müssen, aber dennoch taten, eben weil sie sich unserer Gegenwart so bewusst waren. Zum Beispiel schrieben sie Botschaften auf Steinwände und ritzten Mitteilungen in sehr hartes Gestein und versteckten sie an unzugänglichen Orten, damit erst ihre Nachkommen sie finden würden. Auch Felszeichnungen wurden an gefährlichen und schwer zu erreichenden Plätzen angebracht, damit sie die Zeit überdauerten. Die Vorfahren wollten uns mitteilen, dass sie vor uns hier waren und uns Wissen mit auf den Weg geben, das wir mit unserer großen Dummheit leider nicht entschlüsseln können.

Früher errichteten die Leute ihre Tempel nicht nur als Begräbnisstätten. Das war keineswegs ihr Hauptzweck; vielmehr hatten die dort beerdigten Körper die Aufgabe, den Tempel zu beschützen. In England und Europa werden wichtige Persönlichkeiten im Inneren der Kathedralen beigesetzt. Das bedeutet aber nicht, dass Kathedralen errichtet werden, um dort Leute zu beerdigen ... die Beisetzung von bestimmten Personen in Kathedralen verleiht diesen Gotteshäusern ein bestimmtes Charisma, das den Ort vor Schändung schützt. Die alten Gotteshäuser wurden für die Nachkommen errichtet.

Unsere Vorfahren und selbst die Menschen vor langer, langer Zeit waren sich unserer äußerst bewusst. Auf vielerlei Art versuchten sie uns vor Umwälzungen zu warnen, die die Welt aus den Fugen geraten lassen könnten. Sie taten das nicht für sich selbst ... sie wollten uns warnen. Sie wussten, dass sie viele Jahrhunderte vor dem Ende der Welt starben. Jedoch waren sie so sehr von Liebe zu uns erfüllt, dass sie sich mehr Sorgen um uns machten als um sich selbst. Mit Hilfe ihrer visionären Fähigkeiten sahen sie die Überschwemmungen in der Zukunft und die Erdbeben, sie sahen den Tod von Hunderten Millionen Tieren, und genau vor dieser Gefahr wollten sie uns warnen. Warum? Weil sie erfüllt waren von überwältigender Liebe für und Mitleid mit uns. Deshalb bin ich der Meinung, Denise, dass dein Buch über Vorfahren und Nachkommen ein sehr wichtiges Buch ist.

Unsere Vorväter und -mütter waren erfüllt von Liebe für uns. Sie fühlten sich für uns verantwortlich, und genauso, wie sie ihre direkten Nachkommen beschützen wollten, so wollten sie es auch mit ihren weit entfernten halten. Sie wollten nicht, dass uns irgendetwas zustößt, und deshalb *versuchten sie, ihr Wissen in vielerlei Formen, von denen wir einige noch immer nicht durchschaut haben, an uns weiterzugeben. Denken wir überhaupt jemals an die Menschen, die vor tausend Jahren gelebt haben? Nein, das tun wir nicht. Als Kultur sind wir egoistisch, selbstsüchtig und blind, aber die Menschen früher waren nicht blind. Die Männer und Frauen, die uns Tausende Artefakte, Tausende mathematischer Berechnungen hinterlassen und uns so vielfältig vor zukünftigen Ereignissen gewarnt haben, wollten uns sagen, dass man die bevorstehenden Umwälzungen auch vermeiden kann. Deshalb meine ich, meine Kleine [so sprach Credo mich an], dass wir die kommenden Veränderungen nicht als das Ende der Welt betrachten, sondern lieber als Wiedergeburt der menschlichen Rasse begreifen sollten.*

Ihre Handlungen, Gedanken und Ihre Liebe können Ihren Nachkommen Kraft geben und sie unterstützen. Wer sind Ihre Nachkommen? Wie können Sie ihnen helfen? Dieses Kapitel liefert Ihnen Antworten auf diese Fragen und zeigt Ihnen, wie Sie auf die nachfolgenden sieben Generationen positiv einwirken können.

Die leiblichen Nachfahren aufspüren

Es ist offensichtlich, wer Ihre leiblichen Nachfahren sind. Falls Sie Kinder und Enkelkinder haben, dann sind sie Ihre direkten Nachkommen. Vielleicht sehen sie Ihnen ähnlich; haben die gleiche Haar- oder Augenarbe wie Sie oder ein ähnliches Temperament. Zwischen Ihnen und Ihren direkten Nachfahren besteht ein starkes Band. Sie tragen Ihre Gene weiter, ebenso, wie Sie die Gene Ihrer Vorfahren weitergetragen haben.

Eine der überwältigendsten spirituellen Erfahrungen, die ich in meinem Leben gemacht habe, war es, im Verlauf einer Meditation meine Nachkommen aufzuspüren. Besonders stark fühlte ich mich von meinem Ururenkel angezogen. Obgleich er noch nicht geboren war, sah ich ihn im Alter von sieben Jahren. Für sein Alter war er recht klein; seine Augen strahlten, und sein Geist sprühte vor Lebensfreude. Er hatte einen stark ausgeprägten sechsten Sinn und eine enge Beziehung zur Natur. Obgleich er mich nicht bewusst wahrnehmen konnte, wusste ich, dass er die Liebe spürte, die ich ihm entgegenbrachte. Ich wusste, dass er eine spirituelle Ader hatte.

Man kann die eigenen Blutsverwandten in die Zukunft hinein verfolgen und sogar einen Blick auf ihr Leben werfen. Meditation und Visualisierung sind hierzu der richtige Weg. Meditation ist nicht unbedingt nur eine Schulung Ihrer Vorstellungskraft; man kann in jenen Augenblicken, in denen der Geist endlich Ruhe gibt, tatsächlich die Nachkommen besuchen. Es gibt Türen, die jedermann durchschreiten kann, wenn er die Zukunft sehen und dort Hilfe leisten will. Dazu bedarf es keiner einzigartigen Befähigung, das beweisen die zahllosen dokumentierten Fälle von Hellsichtigkeit. Seit Anbeginn der Zivilisation haben die Menschen präzise Informationen über ihre Zukunft erhalten. Viele alte Weissagungen haben sich erfüllt, Träume haben genau vorhergesagt, was geschehen würde, und ganz normale Leute haben deutliche Vorwarnungen erhalten. Philosophen und Wissenschaftler sind gleichermaßen fasziniert von der Frage, wie so etwas möglich ist.

Um zu begreifen, wie man die eigenen Nachkommen in der Meditation sehen und ihnen das Leben leichter machen kann, muss man das Wesen der Zeit untersuchen. Der Raum um uns herum wird mit Angaben zu Höhe, Länge und Breite gemessen. Doch der Wissenschaftler Albert Einstein erklärte, dass Raum und Zeit nicht voneinander zu trennen seien, und bezeichnete sie als das sogenannte Raum-Zeit-Kontinuum. Er behauptete, dass Zeit und Raum elastisch seien, sich ausdehnen und wieder zusammenziehen und sich sogar zu vierdimensionalen Kurven verwinden könnten. Folglich kann die Zeit einen Bogen zurück zu sich selbst schlagen. Auch wenn sich das vielleicht verwirrend anhört, das Reich hoher Mathematik ist vollkommen logisch. Und für diejenigen, die in traditionellen Kulturen aufgewachsen sind, ist das zyklische Wesen der Natur ebenso natürlich wie die Luft, die sie zum Atmen brauchen.

Eine Meditation, mittels derer man in die Zukunft reist, kann man vergleichen mit einer Zeitüberlappung oder einer Zeitfalte, die dem Meditierenden ein Fenster mit Blick auf die Zukunft öffnet. Wissenschaftler bezeichnen diese Fenster als »kosmische Wurmlöcher« – basierend auf dem Wurm, der sich auf direktem Weg durch den Apfel bohren kann, statt ihn zu umrunden. Selbst wenn Sie keine Zeitreise in die Zukunft unternehmen, die Visualisierung einer positiven Zukunft kann das kollektive Unbewusste des Planeten günstig beeinflussen. Je mehr Menschen an die Existenz der nächsten sieben Generationen glauben, umso größer ist die Chance unserer Nachkommen.

ÜBUNG:
EINE REISE ZU DEN LEIBLICHEN NACHFAHREN

Stellen Sie sich vor, Sie befinden sich an einem diesigen Sommermorgen an einem Strand. Sanfte Wellen kommen und gehen auf dem goldfarbenen Sand. Die Luft ist frisch und sauber. Während Ihres Spaziergangs am Strand sehen Sie in einiger Entfernung vor sich eine große glänzende Kugel. Ihre Oberfläche scheint aus einem opalisierenden Silber beschaffen zu sein, das das Sonnenlicht weich und gedämpft reflektiert. Sobald Sie der Kugel näher kommen, hören Sie ein leises Summen, eine leise Vibration, die von der Kugel ausgeht und mit jedem Schritt, den Sie sich auf die Erscheinung zu bewegen, lauter wird.

Schlagartig hört das Summen auf, und die Kugel öffnet sich vor Ihnen. Sie treten ein und nehmen auf einem bequemen Stuhl Platz. Von außen kann man nicht in die Kugel hineinsehen, doch Sie genießen einen freien Blick nach draußen. Die Tür schließt sich. Kaum merklich hebt die Kugel vom Strand ab. Sie beobachten, wie sie höher und höher steigt. Sie blicken hinunter und sehen den mit wirbelndem Nebel bedeckten Planeten. Es sind die Nebel der Zeit. Sie wissen, unter den dichten Nebelschichten wechseln die Zeiten. Der Planet rückt in der Zeit voran.

Sanft und langsam senkt sich Ihre Kugel wieder, und Sie landen auf einem Platz, der sich nahe bei dem Aufenthaltsort Ihrer leiblichen Nachfahren befindet. Sobald Sie landen, dürfen Sie die Kugel verlassen und die Welt Ihrer Nachfahren erforschen. Sie können in Ihrer Zeitkugel so weit in die Zukunft fliegen, wie Sie wollen, und jedes Mal in der Nähe eines Ihrer Nachkommen landen. Wenn Sie Ihren Erben begegnen, dann können Sie nach Wunsch mit ihnen sprechen und dürfen ihnen Ratschläge auf der Basis Ihrer eigenen Lebenserfahrung erteilen.

Wenn Sie zum Abschluss kommen wollen, dann können Sie mit Ihrer Zeitkugel in die Gegenwart zurückkehren, in dem Wissen, dass Sie positiv und liebevoll Einfluss auf Ihre Nachkommen genommen haben.

Diese Übung können Sie so oft wiederholen, wie Sie wollen, und dabei Ihre Beziehung zu Ihren zukünftigen Verwandten vertiefen. Es steht Ihnen frei, jedes Mal dem gleichen zukünftigen Familienmitglied zu begegnen, oder aber immer wieder anderen.

Die zukünftigen Seelenverwandten aufspüren

Ihre Kontaktaufnahme zu Ihren zukünftigen Verwandten im Geiste ist ebenso realisierbar wie jene zu Ihren zukünftigen Familienmitgliedern. Sie sind die Kinder und Enkel jener, die Sie, ohne mit ihnen verwandt zu sein, während Ihres Lebens beeinflusst haben. Außerdem leben in unserer modernen Welt viele Menschen in einer auseinandergerissenen Familie. Ein Kind, das Sie aufziehen, ist Ihr Nachkomme, auch wenn es adoptiert oder ein Stiefkind ist. Sie wirken auf sein Leben ebenso nachhaltig ein, wie Sie es bei einem Kind tun würden, das Ihre Gene in sich trägt. Selbst wenn Sie keine eigenen Kinder haben, so haben Sie doch Nachkommen im spirituellen

Sinne. Menschen ohne Kinder nehmen nicht weniger Einfluss auf unsere Welt als andere. Nicht wenige, die einen unauslöschlichen Eindruck hinterlassen haben, waren kinderlos.

Ihr Einfluss reicht weit hinaus über die Grenzen Ihres unmittelbaren Lebens. Sie erreichen all die Menschen, mit denen Sie jemals auf irgendeine Weise zu tun hatten, und auch deren Kinder. Sie wissen niemals im Voraus, wie Sie auf andere wirken, doch es besteht kein Zweifel daran, dass Sie die Welt durch Ihre Handlungen und Erfahrungen verändern. Vielleicht haben Sie an dem Tag, als Sie einer Frau, die in Eile schien, an der Kasse im Supermarkt den Vortritt ließen, eine positive Kettenreaktion in Gang gesetzt. Es könnte sein, dass diese Frau gerade darüber nachdachte, ob sie ihre Tochter an der Universität ihrer Wahl studieren lassen oder sie doch an ihre eigene alte Alma Mater schicken sollte. Möglicherweise hat Ihre spontane Großzügigkeit die Frau veranlasst, der Tochter die Wahl zu überlassen. Die Entscheidung der Mutter machte es möglich, dass ihre Tochter einen Impfstoff gegen einen gefährlichen Virus entwickeln konnte, weil die Universität ihrer Wahl über ein besseres Labor verfügte als jene der Mutter. Das ist natürlich nur ein hypothetisches Beispiel, aber es zeigt Ihnen, wie Sie mit Ihren Handlungen Einfluss nehmen auf zukünftige Generationen. Nachfolgend eine Übung, die Ihnen hilft, Ihre Nachkommen im spirituellen Sinne zu finden und zu stärken.

ÜBUNG:
EINE REISE ZU IHREN ZUKÜNFTIGEN
SEELENVERWANDTEN

Stellen Sie sich eine wunderschöne Wiese auf einer Lichtung vor, die von dichtem Nebel eingeschlossen ist. Goldenes Sonnenlicht erhellt die Lichtung, das Gras ist von saftigem Grün, durchsetzt mit bunten Wiesenblumen, und die Vögel singen ihr Morgenlied. In der Mitte der Wiese steht ein großer runder Tisch. Dort versammeln sich Ihre zukünftigen Verwandten im spirituellen Sinne. Malen Sie sich aus, dass auch Sie an diesem Tisch sitzen. Dort steht ein Stuhl, der eigens für Sie freigehalten wurde. Einer nach dem anderen treten Ihre Seelenverwandten aus dem Nebel auf die Lichtung und begeben sich an ihren Platz an dem runden Tisch. Auf magische Weise taucht vor einem jeden von ihnen ein Kelch gefüllt mit heilsamem Quellwasser auf. Als Sie Ihren Kelch heben, um auf die Zukunft zu trinken, leisten Ihre Seelenverwandten Ihnen Folge. Jetzt ist die Zeit für Gespräche gekommen. Sie können Ihre Angelegenheiten mit jedem Einzelnen oder bestimmte Themen auch in Gruppen besprechen. Als Gruppe steht es Ihnen außerdem frei, Kraft und Heilenergie an jeden beliebigen Ort der Welt und in jede gewünschte Zeit (Vergangenheit, Gegenwart oder Zukunft) zu senden.

Diese Übung können Sie so oft wiederholen, wie Sie möchten, und dabei jedes Mal die Beziehung zu Ihren zukünftigen Seelenverwandten vertiefen. Entweder begegnen Sie auf Ihren Reisen immer wieder den gleichen Personen, oder aber immer anderen aus der Vielzahl Ihrer Seelenverwandten.

Geschenke an die Zukunft

Es gibt viele verschiedene Möglichkeiten, Ihre Nachkommen zu beschenken. Am wichtigsten dabei ist es jedoch, jenen, die Ihnen nachfolgen, bewusst Liebe, Vertrauen und Hoffnung zu senden. Wenn Ihnen Ihre Nachkommen wichtig genug sind, dass Sie ihnen Geschenke machen wollen, dann tragen Sie mit dazu bei, dass ihre Zeit auf Erden besser wird. Sie werden Ihre Liebe und positive Energie spüren; gleichgültig, was Sie ihnen schenken, diese beiden Qualitäten werden immer darin präsent sein und vielleicht Liebe, Hoffnung und Zufriedenheit in ihnen wecken.

Lebensgeschichte im Brief

Ein besonders schönes Geschenk für Ihre Nachkommen der siebten Generation ist ein Brief, in dem Sie von Ihrem Leben erzählen. Dieser Brief kann ein herzlicher und offener Bericht über die Dinge sein, die Ihnen in Ihrem Leben am wichtigsten waren. Sie können von den Erfahrungen berichten, die Sie geformt haben, von den Lektionen, denen Sie das Wichtigste verdanken, und die Informationen mitteilen, die Sie weiterreichen wollen.

Achten Sie darauf, Einzelheiten aus Ihrem alltäglichen Leben zu berichten. Das ist für jemanden, der irgendwann in der fernen Zukunft lebt, nicht nur besonders interessant, man kann auch nie wissen, welche Informationen für Ihre Nachkommen besonders bedeutsam und nützlich sein werden. Vielleicht stehen sie in ihrem Leben vor ähnlichen Schwierigkeiten wie Sie selbst. In den Details mögen ihre Probleme anders aussehen, doch irgendeine Erkenntnis, die Sie ihnen mitteilen, könnte ihnen Schmerz und Mühe ersparen.

Erzählen Sie Ihren Nachkommen von den Menschen, die Sie lieben; und von den Orten, Büchern und Tieren, die in Ihrem Leben wichtig waren. Lassen Sie sie Anteil nehmen an Ihren Zukunftsträumen, an dem, was Sie sich für *ihr* Leben wünschen. Auf diese Weise lassen Sie sie deutlich die Liebe spüren, die Sie ihnen senden möchten. Sie werden Ihren Brief erst viele Jahre, nachdem Sie ihn geschrieben haben, lesen.

Vielleicht möchten Sie Ihren Kindern diesen Brief zum Lesen geben, bevor Sie ihn verschließen. Gut möglich, dass sie ihrerseits einen eigenen Brief hinzufügen wollen, damit er gemeinsam mit Ihrem die Zeit überdauert und seinen Weg zu Ihrer beider Nachkommen findet. Falls Sie selbst keine Kinder haben, werden Sie entscheiden müssen, wem Sie ihren Brief anvertrauen. Wählen Sie eine Person, die jünger ist als Sie selbst, die Sie lieben und der Sie vertrauen – vielleicht einen Neffen oder eine Nichte oder jemandem, mit dem Sie jahrelang zusammengearbeitet haben. Erklären Sie, dass Sie Informationen über Ihr Leben weiterreichen und die ausgewählte Person an dieser Tradition teilhaben lassen möchten. Nicht jeder wird bereit sein, eine so große Aufgabe zu übernehmen. Seien Sie also nicht enttäuscht, wenn Ihr Kandidat lieber darauf verzichtet und Sie mit Ihrer Bitte zurückweist. Denken Sie einfach daran, dass ein anderer, der gerne mitmachen will und sich die Aufgabe zutraut, früher oder später in Ihr Leben treten wird.

»Wenn ich mein Leben
noch einmal leben könnte«

Oder aber Sie schreiben Ihrem Nachkommen unter dem Aspekt, was Sie anders machen würden, wenn Sie Ihr Leben noch einmal von vorn beginnen könnten. Sie können dies aus der Perspektive desjenigen tun, der am Ende seines Lebens angekommen ist, sein Leben Revue passieren lässt und erkennt, wo er nächstes Mal anders entscheiden würde. Ein solcher Brief kann für Sie selbst eine wirkungsvolle Übung sein und zugleich Ihrem Nachkommen wertvolle Einblicke in Ihr Leben geben.

Nachfolgend ein Teil des Briefes, den ich selbst an meine zukünftigen Familienmitglieder geschrieben habe. Als ich ihn schrieb, war ich erfüllt von grenzenloser Liebe für und Hingabe an jeden Einzelnen von ihnen. Ich war ganz sicher, dass ich sie auch noch lange, nachdem mein Körper sich aufgelöst haben würde, unterstützen und lieben würde.

Liebe Nachkommen,

wenn ich mein Leben noch einmal von vorn beginnen dürfte, dann würde ich mir mehr Zeit nehmen, anderen zuzuhören, statt immer nur meinen Standpunkt zu vertreten. Ich würde alberner sein und eher bereit, mich zum Narren zu machen. Ich würde das Leben nicht so ernst nehmen und mehr lachen, vor allem über mich selbst. Ich würde mich dazu bewegen, mehr Risiken einzugehen. Ich würde meinen Körper lieben, egal welche Form er gerade hat, und mich nicht für Dinge entschuldigen, die nichts mit mir zu tun haben.

Ich würde tief und rückhaltlos lieben und ohne Angst vor Zurückweisungen. Ich würde ohne Grund freundlich zu den

Leuten sein, ohne im Gegenzug etwas von ihnen zu erwarten. Ich würde mir selbst sofort vergeben, statt mich mit Schuldgefühlen und Selbstvorwürfen zu kasteien. Ich würde nicht ständig in Eile sein; ich würde mehr entspannen, mehr Spaß haben, mehr Zeit mit Freunden zubringen, im Regen tanzen und aus vollem Hals singen, obwohl ich nicht singen kann.

Vielleicht, liebe Nachfahren, lernt man diese Dinge erst am Ende eines Lebens. Doch wenn meine Erfahrungen euch auch nur das kleinste bisschen helfen, dann werden die Kämpfe, denen ihr euch stellen müsst, ein großes Stück leichter. Ich glaube an euch. Ich habe euch in meinen Träumen und Visionen gesehen. Ihr seid meiner Liebe gewiss. Ich werde euch durch Zeit und Raum weiterhin meine Liebe senden.

Eure Vorfahrin Denise

Was hat Sie Ihr Leben gelehrt?

Eine andere Möglichkeit, den Nachkommen etwas mit auf den Weg zu geben, ist das Aufschreiben der Lebensweisheiten, die Sie auf Ihrem Weg durchs Leben erworben haben, damit sie ihnen zur Verfügung stehen. Mit diesem Schritt dienen Sie nicht nur denjenigen, die Ihnen nachfolgen, sondern klären auch für sich selbst, was Sie aus den Lektionen des Lebens gelernt haben. Schreiben Sie die Weisheiten auf, an denen Sie Ihre Nachkommenschaft teilhaben lassen möchten. Welche Lehren haben Sie Ihrem Leben abgerungen und möchten Sie an andere weiterreichen? Schreiben Sie alles auf und fertigen Sie Kopien an. Behalten Sie eine für sich und reichen Sie die übrigen weiter an Ihre Bluts- und Seelenverwandten. Die Liste Ihrer Weisheiten kann Bestandteil Ihres Lebensberichts für die siebte Generation sein.

Wenn ich all meine Nachkommen in jungem und noch empfänglichem Alter um mich versammeln könnte, um ihnen die Weisheit zu vermitteln, die ich im Laufe meines Lebens erworben habe, würde ich ihnen die nachfolgenden Dinge sagen:

Allgemeine Ratschläge

* Lacht so viel und so oft wie irgend möglich. Seht die humorvolle Seite des Lebens. Lacht über euch selbst, auch in schwierigen Zeiten. Es gab einen Zeitpunkt in meinem Leben, da lag ich im Sterben, jedenfalls behaupteten das die Ärzte. Es war sehr, sehr ernst. Das Plastikröhrchen, das meine Hauptschlagader ersetzte, hatte sich von der Gefäßwand gelöst, an der es befestigt war. Mein Mann David kam, um mich zu besuchen. Er sah so besorgt aus. Vielleicht bemerkten wir die melodramatische Seite meines drohenden Todes gleichzeitig, denn wir mussten beide lachen. Unser Lachen erfüllte den Raum, prallte von den Wänden ab und schwappte zu uns zurück. Danach fühlte ich mich um so vieles besser. Ich weiß nicht mehr, was genau unser Lachen auslöste, aber ich habe mich immer gefragt, ob es nicht einen Beitrag zu dem bemerkenswerten Heilungsprozess leistete, der später folgte.

* Hört niemals auf zu lernen. Ganz egal, wie alt ihr auch seid, ihr müsst weiterwachsen. Erwerbt neue Fertigkeiten. Praktiziert neu entdeckte Talente. Lernt eine Fremdsprache. (Ich bedaure es, dass ich mir als junge Frau keine Fremdsprache angeeignet habe.) Lasst euch das Spielen eines Musik-

instruments beibringen. Macht einen Erste-Hilfe-Kurs. Wer weiß, vielleicht könnt ihr damit jemandem das Leben retten.

- Kümmert euch um einen Garten oder wenigstens um ein paar Zimmerpflanzen. Verbringt Zeit in der Natur und vergesst nicht, dass alles Leben heilig ist.

Integrität

- Versucht, ein aufrichtiges Leben zu führen. Kinder haben im Allgemeinen ein stark ausgeprägtes Gefühl dafür, was falsch und was richtig ist. Sie wissen, dass es falsch ist, zu lügen, zu betrügen oder zu stehlen. Später, als Erwachsener, tendiert man leicht dazu, die Dinge zu relativieren – zum Beispiel: »Bei den Steuern schummeln – das tut doch jeder!«, oder: »Das ist ein großer Konzern, dem macht das nichts, wenn sie mir versehentlich zu viel überwiesen haben.«, oder: »Niemand wird etwas sagen, wenn ich aus dem Büro ein paar Stifte mit nach Hause nehme.« Diese Einstellung ist falsch. Bewahrt euch eure Aufrichtigkeit auch dann, wenn ihr selbst die Einzigen seid, die es bemerken. Lügt, betrügt und stehlt unter keinen Umständen. Dennoch gibt es manchmal Zeiten, in denen eine höhere Integrität gefordert ist und man statt einem absoluten dem Diktat des Herzens folgen muss. So war das Lügen im Deutschland der Nazis notwendig, wenn man etwa versteckte Juden schützen wollte. Hört also auf euer Herz und euren gesunden Menschenverstand, und die Aufrichtigkeit wird folgen.

- Haltet euer Wort, insbesondere wenn ihr euch selbst etwas versprecht. Sagt nichts zu, was ihr nicht auch wirklich einhalten wollt. Euer Wort ist eure Macht. Wenn ihr versprecht, euer Wort zu halten, dann wird das Universum das Seine dazu beitragen, euch darin zu unterstüttzten – ob ihr wollt oder nicht. Also brecht euer Wort nicht.

Beruhigt den Geist

- Seid still, und die Antwort wird kommen. Lernt es, still zu sein, den Geist zu beruhigen, nach Zeichen Ausschau zu halten und die Weisheit des Universums zu nutzen. Die Welt rings um euch her versucht immerfort, mit euch Kontakt aufzunehmen.
- Nehmt den Fuß vom Gas. Lasst alles fort, was überflüssig ist. Vereinfacht eure Lebensführung. Verbringt Zeit mit euch allein. Gebt euch zufrieden damit, einfach nur zu sein.
- Begebt euch wenigstens einmal in eurem Leben auf Visionssuche. Ihr befindet euch hier auf diesem Planeten nicht einfach nur, um zu überleben. Euer Hiersein hat einen ganz bestimmten Zweck. Nehmt euch die Zeit, euch in die Natur und in das Schweigen zurückzuziehen, um herauszufinden, welches Schicksal euch bestimmt ist, und um euch zu erinnern, wer ihr seid.

Zufälle gibt es nicht

- Nichts geschieht jemals zufällig. Ob es euch bewusst ist oder nicht, das Universum entfaltet sich vor euch genau so, wie es bestimmt ist. Ihr werdet ein friedliches Leben führen, wenn ihr euch mit dem Platz zufriedengebt, an den ihr gestellt wurdet.
- Worauf ihr eure Absichten richtet, dorthin fließt Energie. Worauf ihr eure Aufmerksamkeit auch lenkt, es wird sich

dadurch ausdehnen. Wenn ihr euch auf das konzentriert, was hell und schön ist, dann wird euer Leben voller Schönheit sein. Wenn ihr euch auf das konzentriert, was in der Welt schiefläuft, dann werdet ihr in einer Welt des Jammers leben.

* Gebt es zu, wenn ihr Fehler macht. Aber kasteit euch auch nicht deswegen. Zufälle gibt es nicht. Korrigiert, wo erforderlich, und seht zu, dass ihr mit eurem Leben weiter vorankommt. Übernehmt selbst die Verantwortung und schiebt nicht anderen die Schuld in die Schuhe.

* Ihr seid als Menschen gut genug, so, wie ihr seid. Wenn ihr meint, dass ihr so, wie ihr seid, nicht gut genug seid, dann braucht ihr viel Energie für Veränderung. Wenn ihr euch so akzeptiert, wie ihr seid, dann werdet ihr ganz von allein besser. Wahrer Frieden entsteht, wenn ihr euch und andere bedingungslos so akzeptiert, wie ihr seid, ohne Erwartungen zu hegen und Forderungen zu stellen. In dem Augenblick, in dem ihr euch mit eurem Sosein annehmt, wird das Leben wunderbar und freudig. Wenn ihr euch als die Menschen, die ihr seid, liebt, dann kann euch nichts und niemand etwas anhaben.

Risiken eingehen

* Das Leben ist ein großartiges Abenteuer. Lasst euch furchtlos und leidenschaftlich darauf ein und erwartet das Allerbeste. Geht Risiken ein. Schreckt nicht vor Herausforderungen zurück. Nehmt sie an. Geht mit Leidenschaft und Kraft auf sie zu. Risiken einzugehen, kann unangenehme Folgen haben, nicht jedoch so unangenehme wie Stillstand und Untätigkeit. Falls ihr niemals peinlich berührt, ängstlich,

verletzt oder unsicher seid, dann heißt das nur, dass ihr im Leben keine Risiken eingeht. Wachstum geschieht dann, wenn ihr über das Bekannte und Angenehme hinausgeht.

- Seid kühn. Am Ende eures Lebens werdet ihr vermutlich die Dinge, die ihr nicht getan habt, mehr bedauern als diejenigen, die ihr getan habt. Will Rogers, ein Geschichtenerzähler der Cherokee und ein guter Freund unserer Familie, sagte einmal: »Warum nicht hinaus auf den Ast klettern? Schließlich befinden sich dort die Früchte.« Besser hätte ich es auch nicht ausdrücken können.

- Seid unberechenbar. Lasst die Leute gelegentlich über euch in Empörung geraten. Lasst euch auf ein stürmisches Abenteuer ein. Wenn ihr immer berechenbar seid, dann erschafft ihr Trampelpfade, aus denen ihr mit der Zeit immer schwerer hinausfindet.

Emotionen

- Egal, wie alt ihr auch seid, gestattet es eurem kindlichen inneren Wesen, sich auszudrücken. Amüsiert euch. Seid spontan. Lacht, wenn ihr glücklich seid. Weint, wenn ihr traurig seid. Seid albern. Klatscht vor Begeisterung und Freude in die Hände. Kichert. Liebt tief und vollkommen.

- Die Zeit ist eine Erfindung der Moderne. Die Realität befindet sich ausschließlich im Hier und Jetzt. Wenn ihr Vergangenes bedauert und euch über Zukünftiges Sorgen macht, dann verschließt ihr euch dem wunderbaren Potenzial, das euch gerade jetzt offensteht. Wenn ihr all eure Energie im Hier und Jetzt versammelt, dann entstehen wie durch ein Wunder Kreativität, Frieden und Kraft in euch.

- Trefft eine Entscheidung, um euch von euren Ängsten zu

befreien, und wenn es nur die Entscheidung ist, Angst zu haben. Wann immer ihr meint, eure Ängste nicht besiegen zu können, dann entscheidet euch für sie; ihr entscheidet, wann ihr Angst habt. Wenn ihr euch bewusst zur Quelle eurer Angst aufmacht, dann habt ihr die Kontrolle, und die Angst verliert ihre Macht.

Mit den Schwierigkeiten des Lebens umgehen

- Immer, wenn ihr vor irgendwelchen Schwierigkeiten steht, stellt euch vor, was im schlimmsten Fall passieren könnte. Wenn es euch gelingt, diesen Ausgang zu akzeptieren, dann kann man mit allem umgehen, was das Leben bringt.
- Das Leben ist zyklisch, und jeder Teil dieses Kreises ist heilig. Im Leben gibt es immer Abschnitte, die brachliegen. Sie sind eine wichtige Voraussetzung für eine gute Ernte.
- Um zu wachsen, muss man nicht leiden. Leider suggeriert uns unser kollektives Unbewusstes, dass Leiden die Voraussetzung für die Ausbildung eines guten Charakters ist. Tatsächlich aber kann man sprunghaft spirituell wachsen, ohne jemals zu leiden. Wann immer Leiden euch reizt, sagt euch: »Leiden ist keine zwingende Voraussetzung für Wachstum.«
- Die Vergangenheit ist formbar. Wenn ihr eure gegenwärtigen Umstände verändern wollt, dann verändert die Vergangenheit, wie sie in euren Köpfen existiert.
- Ihr werdet Situationen, Orten und sogar manchen Menschen entwachsen. Seid bereit loszulassen. Wenn sich in eurem Leben eine Tür schließt, dann öffnet sich immer eine andere.
- Verschwendet nicht eure Zeit damit, euch zu wünschen,

dass ihr jemand anderer wärt oder an einem anderen Ort. Ihr seid diejenigen, um deretwillen das Fest stattfindet. Akzeptiert und bestätigt, dass dort, wo ihr seid, der aufregendste Ort ist, an dem man sich aufhalten kann, und das Universum wird euch vor die Füße rollen.

- In eurem Leben werdet ihr geführt. Alles hat Sinn und Zweck. Findet heraus, welche Lektion es euch lehren will.

Beruf

- Wenn ihr eure Arbeit nicht als Herausforderung begreifen könnt, wenn sie nicht inspirierend oder spannend ist, dann tut sie nicht. Was löst bei euch Begeisterung, Optimismus und Lebensfreude aus? Wenn ihr das herausfindet, dann wisst ihr, welches Lebenswerk ihr schaffen sollt.

- Trefft eure Entscheidungen basierend auf Freude, statt auf praktischen oder logischen Aspekten. Folgt eurem Herzen. Folgt euren Träumen.

- Blumen öffnen sich, wenn sie bereit sind. Gott bricht sie nicht auf. Euer Leben folgt einem klaren Muster; versucht nicht, irgendetwas zu erzwingen. Alles hat seinen richtigen Zeitpunkt.

- Was immer ihr in Angriff nehmt, macht eure Arbeit gut.

- Ich habe aus meinen Fehlern viel mehr gelernt als aus meinen Erfolgen. Habt keine Angst zu versagen. Häufig finden wir heraus, was funktioniert, indem wir feststellen, was nicht funktioniert. Man braucht Mut, um in beruflicher Hinsicht ein Risiko einzugehen. Wer keine Fehler macht, der erlebt auch keine richtigen Erfolge.

- Macht keine Schulden. Lasst euch dies zum unumstößlichen Gesetz werden. Bezahlt eure Rechnungen rechtzeitig, insbesondere bevor ihr Geld für Dinge ausgebt, die ihr nicht unbedingt braucht.

* Wenn ihr auf euch allein gestellt unternehmerisch tätig werdet, dann soll euch Geldmangel keine Sorgen bereiten. Manchmal ist eine dünne Finanzdecke ein Segen, weil sie Raum lässt für Kreativität und euch für Möglichkeiten öffnet, die ihr in einer gesicherten finanziellen Position vielleicht nicht wahrnehmen würdet.

Beziehungen

* Nehmt euch genug Zeit, um euch an eurer Familie und an euren Freunden zu erfreuen. Der Schlüssel zum Leben – davon bin ich überzeugt – sind zwischenmenschliche Beziehungen. Weder Geld noch Macht noch Ruhm können euch Freunde und Familie ersetzen. Und nichts bringt diejenigen von ihnen zurück, die gestorben sind.
* Jeder und alles um euch her sind eure Lehrer.
* Übt euch darin, den Standpunkt anderer zu verstehen. Macht euch klar, dass ihr mit der gleichen Erziehung und den gleichen Genen genauso handeln würdet. Verabschiedet euch davon, immer recht haben zu müssen. Haltet nicht starrsinnig an euren Meinungen fest. Alle Meinungen sind Standpunkte, und alle Standpunkte sind begrenzt. Das zu begreifen, kann in euerem Leben einen wichtigen Unterschied ausmachen.
* Liebe ist die bedingungslose Akzeptanz eines anderen Menschen. Das bedeutet nicht, dass ihr auch die Handlungen einer Person lieben müsst, sondern dass ihr sie so umfassend und tief wie möglich liebt.
* Habt keine Angst davor, »Das weiß ich nicht«, »Ich brauche

Hilfe«, »Du hast recht«, »Ich habe einen Fehler gemacht« und »Es tut mir leid« zu sagen.

- Jeder und alles ist euer Spiegel. Ihr seht die Dinge nicht, wie sie sind. Ihr seht die Dinge, wie ihr seid.

- Falls du mein männlicher Nachkomme bist, dann ehre die Frauen in deinem Leben. Finde alles über Frauen heraus und mache dir klar, dass sie anders sind als Männer. Diese Einsicht wird dir dein Leben erheblich leichter machen.

- Falls du mein weiblicher Nachkomme bist, dann ehre die Männer in deinem Leben. Finde alles über Männer heraus und mache dir klar, dass sie anders sind als Frauen. Diese Einsicht wird dir dein Leben erheblich leichter machen.

- Ihr könnt nur so viel geben, wie ihr empfangen wollt.

- Zerstört niemals eines anderen Menschen Hoffnungen. Stärkt seine Träume und Visionen, und ihr werdet selbst gestärkt. Feiert die Erfolge anderer, und ihr werdet selbst erfolgreich sein.

- Lästert nicht. Jedes Wort, das ihr sprecht, hat seinen eigenen Energiegehalt und wird eure eigene Energie entweder steigern oder senken. Wenn wir kommunizieren, findet ein energetischer Austausch statt. Lästern senkt eure Energie und diejenige der Person, an die ihr euch richtet. Wenn ihr euch die Macht eurer Worte bewusst macht, dann werdet ihr vorsichtiger mit dem, was ihr sagt.

- Achtet peinlich darauf, alles zurückzugeben, was ihr euch ausgeliehen habt. Verleiht niemals etwas, es sei denn, ihr seid bereit, es loszulassen, falls es den Weg zu euch zurück nicht findet.

- Lernt, euch zu freuen, wo immer ihr seid und mit wem auch immer ihr euch dort aufhaltet.

- Euer Zuhause ist ein Abbild eures Lebens. Schafft Schönheit und Frieden um euch her, und euer Leben wird friedlicher sein.

- Falls es Gegenstände in eurem Zuhause gibt, die ihr nicht mehr mögt oder nicht mehr braucht, dann schafft sie fort. Sie bewirken Energiestaus. Wenn ihr euer Zuhause entrümpelt, dann stellt euch dabei vor, dass ihr die Spinnweben in eurer Seele entfernt, und so wird es sein. Das Universum reagiert auf symbolische Handlungen.

- Schafft euch einen geheiligten Platz in eurem Zuhause. Errichtet einen kleinen Altar oder baut einen Schrein, auf dem ihr Objekte plaziert, die eine spirituelle Bedeutung für euch haben. Euer Altar kann zu dem Ort werden, wo ihr das Göttliche in euer Heim einladet.

- Holt die Natur in euer Zuhause. Die meisten Menschen leben heute abgeschnitten von der Natur. Stellt für euch diese Verbindung wieder her und holt dazu Gegenstände aus der Natur in euer Zuhause.

- Euer Zuhause ist ein Bild für euer Leben. Wenn ihr euch nach mehr Frieden in eurem Leben sehnt, dann schafft eine friedliche Umgebung. Wenn ihr euch mehr Wohlstand wünscht, dann schafft eine Umgebung, die Fülle suggeriert. Indem ihr euer Zuhause als Metapher nutzt und mit seiner Hilfe unablässig kleine unterschwellige Botschaften schickt, werdet ihr selbst zum Wegbereiter eures Schicksals.

- Stärkt euren Kindern den Rücken und zeigt ihnen, wie bemerkenswert und einzigartig sie sind.
- Sorgt mit aller Kraft dafür, dass eure Kinder eine gute Schulbildung erhalten.
- Versprecht euren Kindern niemals etwas, von dem ihr von vornherein wisst, dass ihr es nicht erfüllen könnt. Zeigt ihnen durch euer Vorbild, dass ihr wertvolle Menschen seid, und sie werden sich in dieselbe Richtung entwickeln.
- Hört euren Kindern zu. Schenkt ihren Mitteilungen Aufmerksamkeit und Wertschätzung.

Wunder

- Glaubt an Engel, Magie und Wunder – es gibt sie wirklich. Ihr werdet in eurem Leben geführt. Ihr seid ständig von Boten aus der Geistwelt umgeben – sie sind nur einen Gedanken weit von euch entfernt.
- Ihr seid Kinder Gottes. Ihr habt ein Recht hier zu sein. Eure Gegenwart ist ein Wunder.

ÜBUNG:
»WENN ICH NOCH EINEN MONAT ZU LEBEN HÄTTE«

Stellen Sie sich vor, dass Sie nur noch einen Monat zu leben hätten. Nutzen Sie diese Vorstellung als Übung für sich selbst oder als Basis für einen Brief an Ihre Nachkommen. Was würden Sie mit diesem einen Monat anfangen? Eine Übung wie diese schafft sofortige Klarheit darüber, ob Sie momentan Ihr

Leben so leben, wie Sie es sich wirklich vorstellen. Falls Ihre Antwort sich gravierend von Ihren gegenwärtigen Lebensumständen unterscheidet, dann ist es vielleicht an der Zeit, ein paar Änderungen vorzunehmen. Nachfolgend ein paar Beispiele für die Antworten, die andere auf diese Frage gegeben haben.

Wenn ich noch einen Monat zu leben hätte ...

... dann würde ich jeden Augenblick so gründlich wie möglich auskosten.

... dann würde ich mich selbst filmen, um meinen Kindern etwas zu hinterlassen.

... dann würde ich meiner Familie und meinen Freunden sagen, wie sehr ich sie liebe.

... dann würde ich versuchen, mit all meinen Beziehungen ins Reine zu kommen und überall da vergeben, wo es nötig ist.

... dann würde ich ein riesiges Fest feiern, alle einladen, die ich liebe, und zeremoniell meinen gesamten Besitz verschenken.

... dann würde ich mein Zuhause vom Dachboden bis zum Keller gründlich saubermachen und all meinen Papierkram auf den neuesten Stand bringen, bevor ich irgendetwas anderes anfange.

... dann würde ich Zeit mit meinen Kindern und anderen geliebten Menschen verbringen.

... dann würde ich meine Lebenserinnerungen aufschreiben.

... dann würde ich beten, meditieren und Zeit in der Natur im Gespräch mit Gott verbringen.

... dann würde ich mir einen wunderbaren Urlaub an einem warmen und sonnigen Ort gönnen.

Einen Generationenbaum pflanzen

»Vielen Dank für die Samen. ... Ich bin zu alt, um Bäume für meinen eigenen Nutzen zu pflanzen. Ich werde es für die Nachwelt tun.«

AUS EINEM BRIEF VON THOMAS JEFFERSON, 1800

Bäume zu pflanzen, ist eine alte Tradition, um der Zukunft ein Geschenk zu machen. Wenn man in einem Wald spazieren geht, dann spürt man die Erhabenheit, die Weisheit und die Verlässlichkeit der Bäume. Ehrfürchtige Gefühle werden ausgelöst, wenn man innehält, und sich nur für einen Augenblick überlegt, wie lange diese Bäume schon auf der Erde sind. Sie erfreuen das Auge und leisten einen so großen Beitrag, indem sie Schatten spenden, als Nahrungsquelle für viele Tiere dienen und die Luftqualität verbessern. Ihre Wurzeln sind tief in der Erde verankert, stützen den Boden und verhindern Erosion. Ihre Blätter und Zweige sind zahlreichen Vögeln und anderen kleinen Tieren ein Zuhause.

Indem Sie einen Baum pflanzen, verbessern Sie die Lebensqualität vieler Menschen und anderer Lebewesen, denen Sie nie begegnen. Sie können es in dem Bewusstsein tun, dass der von Ihnen gepflanzte Baum ein Geschenk ist, das noch lange nach Ihrem Tod etwas Gutes bewirkt. Pflanzen Sie ein Leben lang Bäume. So wissen Sie, dass Sie einen Beitrag dazu geleistet haben, die Welt zu einem besseren und schöneren Ort zu machen. Der Anblick von Bäumen macht Menschen glücklich, und Bäume sind wichtig für die Gesundheit unseres Planeten. Sie sind wahrhaftig ein bedeutendes Vermächtnis.

Wenn Sie einen Baum pflanzen, dann möchten Sie vielleicht solch einem den Vorzug geben, den Sie eigens für Ihre zukünf-

tigen Verwandten auswählen. Das Pflanzen eines Generationen-
baums ist ein Akt der Hoffnung und des Vertrauens; es ist ein
heiliger Akt. Der Baum, den Sie für Ihre Nachkommen setzen,
wird ihnen und der Welt diese Gefühle ein Leben lang vermitteln.

Wählen Sie den Platz für Ihren Generationenbaum sorgfältig
aus. Haben Sie jemals einen alten Garten betreten, in dem Sie
noch immer, auch wenn er inzwischen verwildert ist und die
Wege zugewachsen sind, die Liebe und Kunstfertigkeit spüren,
die beim Anlegen des Gartens eingebracht wurden? Ihre geheimnisvolle und magische Aura verdanken solche Orte der
von den Gärtnern investierten Sorgfalt und Absicht. Denken
Sie darüber nach, wie Ihr Generationenbaum wachsen, wohin
sein Schatten fallen und wie er aus verschiedenen Blick-
richtungen am besten zur Geltung kommen wird. Finden Sie
heraus, wie groß er sein wird, wenn er ausgewachsen ist, und
lassen Sie ihm entsprechend viel Platz für sein Wachstum.

Anfängen wohnt ein besonderer Zauber inne, deshalb möchten Sie vielleicht, nachdem Sie sich für den besten Standort
entschieden haben, den Pflanzvorgang mit einer kleinen Weihezeremonie begleiten. Sprechen Sie während dieser Zeremonie
Ihre Absichten für den Baum und Ihre Nachkommen klar aus.
Wenn Sie Ihren Generationenbaum mit einer festen Zielsetzung
verbunden und im Rahmen einer Zeremonie pflanzen, dann
werden die Pflanze und die Erde, in der sie gedeiht, durchdrungen sein von einem Energiefeld, das auch noch viele Jahre
später spürbar sein wird.

Es ist eine schöne Vorstellung, einen Generationenbaum dorthin zu pflanzen, wo Ihre Nachkommen ihn immer sehen können – etwa auf einem eigenen Grundstück draußen auf dem
Land. Doch selbst, wenn dies nicht möglich ist, jeder gepflanz-

te Baum ist ein symbolischer Akt, der ein positives Erbe begründet. Im Anbetracht der Schnelllebigkeit unseres modernen Lebens kann es gut sein, dass Ihr Baum irgendwann einmal gefällt werden wird. Oder aber Ihre Familie zieht aus der Gegend fort, in der Sie ihn gepflanzt haben.

Vielleicht ist es Ihnen deshalb lieber, einen vorhandenen Baum als Ihren Generationenbaum zu »adoptieren«. Wählen Sie einen entsprechenden Baum in einem Park oder Garten oder an einem anderen Ort, wo die Wahrscheinlichkeit, dass er gefällt wird, gering ist. Teilen Sie Ihren Kindern oder spirituellen Nachkommen mit, um welchen Baum es sich handelt. Erklären Sie ihnen, dass Bäume unsere Brüder sind, und erzählen Sie ihnen von dem lebendigen Geist, der in jedem Baum wohnt. Sie können sie sogar bitten, Ihrem adoptierten Baum einen Namen zu geben, um eine tiefere Verbindung zu ihm herzustellen.

Im Laufe Ihres Lebens haben Sie Gelegenheit, zahlreiche Generationenbäume zu pflanzen, daher ist es sinnvoll, entsprechende Aufzeichnungen über die Standorte zu machen und an Ihre Nachkommen weiterzureichen. Jeder Baum, der mit Liebe gepflanzt wurde, ist ein hoffnungsvolles Vermächtnis für die globale Zukunft.

ÜBUNG:
WEIHEZEREMONIE FÜR DEN GENERATIONENBAUM

Entscheiden Sie, wo der Baum stehen soll, und ziehen Sie hierzu Bodenbeschaffenheit, Sonneneinstrahlung, ausreichend Platz für Wachstum und das Einwirken der Umwelt auf den Baum in Betracht. Achten Sie darauf, den Boden vor der Zeremonie entsprechend vorzubereiten. Wählen Sie einen vielversprechenden Tag für das Ereignis wie etwa eine Tagundnachtgleiche, Sonnenwende oder den Geburtstag einer bestimmten Person. Legen Sie einen festen Zeitpunkt für den Akt fest. Stellen Sie sich gemeinsam mit einer kleinen Gruppe ausgewählter Menschen im Kreis um den Platz, an dem der Baum gepflanzt werden soll. Die Person, die den Baum pflanzen möchte, sollte ein paar Worte über den Zweck der Zeremonie sagen und die Pflanzweihe vornehmen, etwa mit den Worten:

»Ich weihe diesen Baum unseren Nachkommen und den Generationen, die nach uns kommen. Mögest du dazu beitragen, dass die Zukunft für alles kommende Leben reich ist an Bäumen, Blumen und Freude. Möge der Schöpfer, der allem Lebendigen innewohnt, dich erfüllen mit Liebe, Licht und Frieden. Mögest du all jenen, die dich aufsuchen, Schatten, Schönheit und Heilung zuteilwerden lassen.«

Jede anwesende Person wirft anschließend eine Handvoll Erde auf den Wurzelballen des Baumes und spricht eine Segnung. Zum Abschluss der Weihezeremonie gießt der jüngste Teilnehmer den Baum und sagt dazu:

»Möge das Wasser des Lebens dich nähren, und möge dein Wachstum mit Kraft und Harmonie erfolgen. Du wirst geliebt.«

Ein Baum, den man auf diese Weise pflanzt, strahlt zeit seines Lebens größere Lebenskraft aus als ein Baum, der ohne vergleichbare Absicht seinen endgültigen Standort erhält.

Die Generationenkiste

Ein anderes schönes Geschenk, das Sie Ihren Nachkommen machen können, ist eine Generationenkiste. Diese persönlichere Art von Geschenk ist besonders geeignet für die direkten Nachkommen in Ihrer Familie oder für die Menschen, die Sie als Ihre Nachkommen im Geiste empfinden.

Die Auswahl der Dinge, die in eine Generationenkiste wandern sollen, macht Spaß und ist ein äußerst kreativer Prozess. Bevor Sie sich für eine bestimmte Kiste entscheiden, sollten Sie darüber nachdenken, was Sie hineinlegen wollen. Die Gegenstände in der Kiste werden eine Sammlung von wirklichen und symbolischen Dingen sein, die für all das stehen, was Ihnen in Ihrem Leben wichtig ist. Sie sind Ihr Vermächtnis an die nachfolgende Generation.

Vielleicht enthält Ihre Kiste Familienfotos, ein Gedicht, das Sie viele Jahre lang begleitet hat, oder eventuell eine Muschel, die Sie fanden, als Ihnen an Ihrem 16. Geburtstag klarwurde, was Sie mit Ihrem Leben anfangen wollen ... Sie sollten eine Erklärung dazulegen, die darüber Auskunft gibt, warum Sie jeden einzelnen dieser Gegenstände für Ihre Kiste ausgewählt haben. Diese Details werden für Ihre Nachkommen von großem Interesse sein, und sie werden ihnen ein starkes Zugehörigkeitsgefühl zu Ihnen vermitteln. Sie geben ihnen damit die Möglichkeit, die Gegenstände in die Hand zu nehmen, die Sie in die Kiste legten, weil sie Ihnen etwas bedeutet haben. Sie werden sich mit der Vorstellung beschäftigen, dass diese Dinge einst in Ihren Händen lagen und dass Sie die Worte auf jenen vergilbten Blättern geschrieben und noch einmal gelesen haben. Und sie werden wissen, dass sie Ihnen wichtig genug waren, um diese Kiste mit diesem Inhalt für sie zusammenzustellen.

Sobald Sie entschieden haben, was alles in die Kiste hinein soll, können Sie sich mit der Kiste selbst befassen. Es gibt zahllose Modelle, die lange Haltbarkeit versprechen – seien sie aus Holz, Keramik oder Metall, seien sie antik, neu, einfach oder verziert. Wählen Sie die Form von Kiste aus, zu der Sie die stärkste Beziehung spüren. Für welche Kiste Sie sich entscheiden, ist ebenso symbolisch, wie die Dinge, die Sie in die Kiste legen.

Möglicherweise möchten Sie mit Ihren Kindern oder mit Ihren Nachfahren im Geiste über den Inhalt der Kiste sprechen. Sie können Ihnen erklären, welches Ziel Sie damit verfolgen, dass es sich um ein Geschenk handelt, dass von einer Generation an die nächste weitergereicht werden soll. Wenn Sie schon etwas älter sind, möchten Sie vielleicht mit Ihren Angehörigen besprechen, wer von ihnen am ehesten geeignet und gewillt ist, die Tradition fortzusetzen. Manche werden sich leicht damit identifizieren können, andere empfinden es vielleicht eher als Last. Es gibt immer Familienmitglieder, die sich ganz besonders für die Familiengeschichte interessieren und Traditionen bewahren möchten. Sie werden am ehesten bereit sein, sich um Ihre Kiste zu kümmern. Wenn Sie auf großes Interesse stoßen, dann können Sie auch mehrere Kisten zum Weiterreichen vorbereiten.

Wenn jede Generation ihren eigenen Beitrag zu Ihrer ursprünglichen Kiste leistet, dann bleibt der Prozess ein lebendiger. Zudem kann man, wenn sich mehrere Enkelkinder für die Fortsetzung der Tradition interessieren, den Inhalt der ursprünglichen Kiste auf mehrere neu verteilen – nicht anders geschieht es ja auch mit Familienfotos und Erbstücken, wenn der Haushalt der Eltern aufgelöst werden muss.

Eine Generationenkiste auf den Weg zu bringen, ist ein Akt

des Vertrauens, und Sie müssen es zulassen, dass diejenigen, an die Sie die Kiste weiterreichen, die Sache von nun an selbst in die Hand nehmen. Sobald Sie den Prozess in Gang gesetzt haben, entwickelt er ein Eigenleben und bedarf Ihrer Kontrolle nicht mehr. Die Kiste von einer Generation an die nächste weiterzureichen, kann ein einfacher Vorgang sein. Manche Nachkommen fühlen sich mehr und andere weniger dazu hingezogen. Jeder reagiert anders darauf, und keiner muss sich schlecht fühlen, weil ihm die Muße oder die seelische Festigkeit fehlt, um sich um die Kiste zu kümmern.

Selbstgemachtes

Um Ihren Nachkommen ein besonderes Geschenk zukommen zu lassen, können Sie auch selbstgemachte Gegenstände von einer Generation an die nächste weiterreichen. Früher wurden Häuser nicht gebaut, um beim Wiederverkauf an ihnen zu verdienen, sondern als Heim für die Kinder, Enkel und ihre Nachkommen. Häuser wurden für Generationen errichtet. Gleiches gilt für Haushaltsgegenstände, denn auch sie wollte man vererben. Vielleicht besitzen Sie oder besitzt jemand, den Sie kennen, eine Stickerei, die eine Großmutter oder ein anderer Vorfahre hergestellt hat. Oder vielleicht werden in Ihrer Familie wunderschöne handgefertigte Möbelstücke weitergereicht. In Familien mit handwerklich begabten Mitgliedern wird immer voller Stolz von den Produkten gesprochen: »Diesen Schaukelstuhl hat mein Großvater gebaut!« Sie können diese Tradition wiederbeleben, selbst dann, wenn sie bisher in Ihrer Familie keine Rolle spielte. Wählen Sie ein Handwerk, das Ihnen liegt, und kreieren Sie etwas Selbstgemachtes mit dem Ziel, dass Ihre Nachkommen sich daran erfreuen und es weiterreichen können. All die Sorgfalt und all der Einfallsreichtum, den Sie bei der Herstellung dieses Gegenstandes aufwenden, werden von ihm ausstrahlen und eine Quelle Ihrer Liebe sein, so lange, wie der Gegenstand von einer Generation an die nächste weitergereicht wird.

Familienfotos und -videos

Wenn ein Unglück oder eine Katastrophe eine Familie zwingt, ihr Zuhause fluchtartig zu verlassen, dann ist es zumeist der Verlust der Familienfotos, der am bittersten beklagt wird. Die Fotos und Filme von unseren Verwandten und Freunden sind ein Vermächtnis, das wir an jene weiterreichen können, die nach uns leben. Sie lassen uns spüren, dass wir Teil einer großen kontinuierlichen Gemeinschaft sind. Wir können darauf äußerliche Ähnlichkeiten mit Familienmitgliedern erkennen, die wir niemals kennengelernt haben. Sie verbinden uns mit unserer Familiengeschichte. Das Betrachten von Familienfotos kann sehr aufschlussreich für die Erforschung der eigenen Vergangenheit sein. Wer ist auf einem Gruppenfoto abgebildet und wer nicht? Wo und wie sind die einzelnen Personen angeordnet? Welche Personen stehen nebeneinander? Welche Gefühle und Emotionen lassen sich von den Gesichtern ablesen? In manchen Kulturen glaubt man, dass eine Fotografie die Seele einfängt. In gewisser Weise trifft dieser Aberglaube zu, denn ein Foto kann unendlich viel über einen Menschen offenbaren und einiges darüber preisgeben, wie er sich zu einem bestimmten Zeitpunkt in seinem Leben gefühlt hat. Familienfotos können uns sogar helfen, die Vergangenheit zu heilen. Caryn zum Beispiel nutzte ein Kinderfoto von sich als Ausgangspunkt, um ihrem inneren Kind Liebe zu senden. Das Foto half ihr auf ihrem persönlichen Heilungsweg. Es gestattete ihr, die emotionalen Verletzungen zu heilen, die ihr in der Kindheit zugefügt worden waren.

Jack hatte als Kind große Schwierigkeiten mit seinem Vater. Als er erwachsen war und seine Frau ihm vorschlug, Familienbilder aufzustellen, war seine Reaktion abweisend und negativ. Jack erkannte, dass der Anblick seines Vaters, und sei es nur auf einem Foto, bereits unangenehme Gefühle in ihm auslöste. Seine Frau aber ließ nicht locker und schlug ihm stattdessen vor, ein Foto von seinem Vater als Kind aufzustellen. Mit der Zeit entwickelte das Foto eine ungeahnte Heilkraft. Jack konnte Zuneigung zu dem darauf abgebildeten Jungen entwickeln. Auf diese Weise löste sich der Hass auf den Vater, der sich in ihm im Laufe der Jahre angestaut hatte.

Falls Sie Schwierigkeiten mit einem Verwandten oder Vorfahren haben sollten, dann besorgen Sie sich ein Kindheitsfoto von dieser Person. Betrachten Sie es einmal in Ruhe. Was sehen Sie in dem Gesicht? Verbirgt sich unter der Oberfläche vielleicht Schmerz oder Unglück? Gibt es irgendetwas, was Sie dieser Person vielleicht sagen möchten? Auch wenn es sich seltsam anhört, aber es kann sich heilend auswirken, wenn Sie mit dem Bild aufrichtig und von Herzen sprechen.

Gibt es einen Verwandten oder Vorfahren, den Sie verehren oder der Eigenschaften hat, die Sie bewundern, vielleicht eine Lieblingstante oder einen seelenverwandten Urgroßvater? Welches sind die Eigenschaften, die Ihnen an dieser Person besonders gefallen? Ein Foto dieses Menschen an einem besonderen Platz zu Hause oder in Ihrem Büro aufzustellen, könnte ein erster Schritt sein, um Ihnen beim Herausbilden ebensolcher Eigenschaften zu helfen. So hilft Ihnen das Bild in Form als Gedankenstütze, Ihr Bestes zu geben. In meinem Büro hängt das Foto meiner Cherokee-Großmutter. Sie blickt auf mich herab, und ich spüre jeden Tag ihre Aufrichtigkeit, ihr Mitgefühl und ihre Kraft. Ich fühle mich durch sie getröstet.

Videos und Fotografien sind ein wunderbares Mittel, um die Gegenwart für Ihre Nachkommen einzufangen. Das Festhalten wichtiger Ereignisse, Urlaube und von Hochzeiten wird sie für Ihre Nachkommen bewahren und von ihnen mit Sicherheit wertgeschätzt werden. Doch sollten Sie auch Gespräche über alltägliche Dinge aufzeichnen. Zu filmen, wie Ihre Tochter mit ihren Puppen Kaffee trinkt oder wie Ihr Mann sich beim Einrichten des Wohnzimmers mit dem Hammer auf den Daumen haut, kann ebenso wertvoll sein wie die Bilder von der Hochzeit, weil diese Darstellungen Ihre alltägliche, menschliche Seite zeigen.

ÜBUNG:
SICH UM DAS BILDLICHE ERBE KÜMMERN

- Falls Sie historische Bilder besitzen, dann machen Sie Kopien und verteilen sie an die übrigen Familienmitglieder. So können Sie sicher sein, dass sie auch dann fortbestehen, wenn den Originalen etwas zustößt.
- Bewahren Sie Negative getrennt von den Papierabzügen auf; am besten in einer feuerfesten Kiste.
- Achten Sie darauf, dass auf jedem Familienfoto die Namen der abgebildeten Personen und das Datum fest-

gehalten sind. Es kann sehr entmutigend sein, Fotos von Personen zu erben, deren Namen man nicht kennt.

- Wenn Sie Ihre Fotos aufhängen oder aufstellen, dann achten Sie darauf, sie vor direktem Sonnenlicht zu schützen, damit sie die Zeit überdauern. Ein professionelles Rahmengeschäft kann Ihnen hierzu wertvolle Hinweise geben.

- Falls Sie Kinder haben, dann fertigen Sie Kopien von den Fotos an und machen für jedes Kind ein Album. Nur allzu oft kommt es zu Streit, wenn ein Familienalbum nach dem Tod der Eltern unter Geschwistern aufgeteilt werden muss.

- Kleben Sie Ihre Fotos in säurefreie Alben ein, denn mit der Zeit wird alles andere Ihren Bildern schaden.

All diese handfesten Geschenke können eine lebendige Brücke zwischen Ihnen und Ihren Nachfahren darstellen. Sie sind reale Dokumente, die zeigen, wer Sie waren, worauf Sie Wert legten und was Sie geprägt hat. Wüssten Sie nicht gerne, wie Ihre Ururgroßmutter ihr Leben geführt hat und wie sie sich damit gefühlt hat? Welche Offenbarung wäre es doch, wenn Ihre Vorfahren sich und ihre Umgebung für Sie beschrieben hätten. Manche Menschen haben das Glück, ein paar Briefe oder Fragmente eines Tagebuchs ihrer Vorfahren zu besitzen. Das hilft ihnen, sich selbst im Angesicht der Vergangenheit besser zu verstehen. Sorgen Sie dafür, dass Ihre Nachfahren sich in dieser Hinsicht ebenfalls glücklich schätzen dürfen.

Sich für Dinge einsetzen, an die man glaubt

Neben den handfesten Geschenken, die wir unseren Nachkommen machen können, gibt es auch noch unsere Taten und
Gedanken, mit denen wir aktiv zu ihrem zukünftigen Wohlergehen beitragen können. Besonders wirkungsvoll ist es,
wenn Sie sich zum Wohle Ihrer Nachfahren für eine Sache
einsetzen, die der Welt zugute kommt (siehe Kapitel 6). Im
Laufe des Lebens sehen wir uns mit zahlreichen Schwierigkeiten
konfrontiert. Sie sind real und haben die Kraft, uns in unserer
Existenz zu bedrohen. Doch indem Sie sich für positives
Handeln entscheiden, statt für die Lähmung durch Angst oder
Passivität, tragen Sie zur Schaffung einer besseren Zukunft
auch für Ihre Nachkommen bei. Bringen Sie Ihr Denken und
Handeln miteinander in Einklang; was Sie auch tun, um sich
einzubringen, es wird einen Einfluss auf die Zukunft haben.

Kulturelles Erbe

Ein wichtiger Bestandteil des Vermächtnisses, das Sie Ihren
Nachkommen hinterlassen, ist das kulturelle Erbe, das Sie an
sie weitergeben. Sie haben die Möglichkeit, den Wert dieses
Vermächtnisses noch zu steigern, indem Sie besondere
Traditionen, die Ihnen selbst vermittelt wurden, an Ihre Kinder
weiterreichen und damit lebendig erhalten (siehe Kapitel 5).
Vielleicht hat Ihre Familie jedoch den Anschluss an die ursprünglichen ethnischen und kulturellen Traditionen ihrer
Vorfahren verloren. Dann spüren Sie diese Traditionen auf
und finden Sie einen Weg, sie auf authentische und bedeutsame Weise wieder in das Familienrepertoire der Feste, Feiern

und Rituale einzufügen. Wenn Ihnen dies gelingt, dann vergrößern Sie Ihr kulturelles Vermächtnis für die nachfolgenden Generationen.

Das Nacherzählen von Familiengeschichten, von Märchen und Sagen, die dem ursprünglichen ethnischen Umfeld entstammen, kann das Bewahren der Familientraditionen wirkungsvoll unterstützen. Geschichten werden seit Urzeiten dazu herangezogen, um die Werte, die für eine Gesellschaft von Bedeutung waren, zu erhalten und weiterzureichen. Beispielsweise werden sich Ihre Kinder und Enkel im höchsten Maße dafür interessieren, wie Ihre Eltern und Großeltern zwei Weltkriege überstanden haben. Solche Geschichten helfen, die eigenen Schwierigkeiten zu bewältigen. Sagen und Märchen, die traditionell in Ihrem Kulturkreis erzählt werden, werden auch Ihren Kindern ein Gefühl für ihre Identität vermitteln. Für das Verständnis ihres eigenen Lebens bedeuten sie einen wertvollen kulturellen Schatz.

Die traditionelle Handwerkskunst Ihres kulturellen Umfelds zu erlernen und weiterzugeben, ist eine weitere Möglichkeit, um kommenden Generationen ihre Bräuche zu vermitteln. Das Singen von Volksliedern, die Herstellung traditioneller Tongefäße, Teppiche und Trachten wird Ihre Nachfahren stolz auf ihre Herkunft machen und ihnen ein Gefühl von Familienzugehörigkeit und Kontinuität vermitteln. Solche Gegenstände und Lieder sind ein fassbarer, realer Zugang, um die Vergangenheit in der Gegenwart zu erfahren. Wenn Sie die Volkslieder singen, die auch schon Ihre Vorfahren gesungen haben, und die traditionellen Speisen zubereiten, die auch sie schon gegessen haben, dann wissen Sie auf einer tiefen Ebene, dass Sie alle eins sind. Indem Sie Ihren Kindern solche Fertigkeiten und solches Wissen vermitteln oder Gegenstände an sie weiterreichen, die sie wiederum ihren Kindern übergeben werden, erhalten Sie diese kostbaren Traditionen und verbessern das Leben jeder neuen Generation.

Selbstreinigung für die Nachkommen

Am wertvollsten für Ihre Nachfahren ist es jedoch, wenn Sie sich selbst von negativen Vorstellungen und emotionalen Blockaden befreien (siehe Kapitel 3). Indem Sie Ihre inneren »Dämonen« besiegen, lebenslange Abhängigkeiten überwinden und sich daran erinnern, wer Sie wirklich sind, erzeugen Sie Energie, die wie eine große Flutwelle aus Licht und Liebe in die Zukunft hinüberspült. Das Forträumen emotionalen Abfalls leistet einen gewaltigen Beitrag für die Zukunft. Es ist das größte und prächtigste Geschenk, das Sie Ihren Nachfahren machen können.

5. KAPITEL

EIN SPIRITUELLES ERBE SCHAFFEN

Das Heilige schaffen und weiterreichen

Den psychologischen Hürden, die frühere Generationen mit der Hilfe der Symbole und spiritueller Übungen ihres mythologischen und religiösen Erbes überwanden, müssen wir uns heute ... allein stellen. Das ist unser Problem als moderne, »erleuchtete« Individuen, für die alle Götter und Teufel wegrationalisiert wurden.

JOSEPH CAMPBELL, DER HEROS IN TAUSEND GESTALTEN

Die Strahlkraft der Sterne ist unseren hell erleuchteten Städten gewichen. Das Morgenlied der Vögel, das unsere Vorfahren jeden Tag begrüßte, wenn sie aufstanden, um ihre Felder zu bestellen oder um auf die Jagd zu gehen, wird überdeckt vom Lärm des Berufsverkehrs. Auf die gleiche Weise sind uns großartige Rituale und Mythen abhandengekommen. Einstmals würdigten sie das grenzenlose Geheimnis des Lebens, markierten die Übergänge von einer Lebensphase zur nächsten und halfen uns, sie zu verstehen. Nun sind sie im Wirbel unseres beschleunigten und oft aus dem Zusammenhang gerissenen Lebens untergegangen.

Die menschliche Psyche bedarf dringend der Wiederherstellung von Traditionen, Ritualen und Mythen. Dieses Bedürfnis wird belegt durch die ständig wachsende Zahl von desorientierten Menschen, die sich mit den Fragen »Wer bin ich?« und »Wozu bin ich hier?« herumquälen. Das Wiederaufleben des religiösen Fundamentalismus und die Popularität der Spirituellen Bewegung ebenso wie die Entstehung zahlreicher spiritueller Vereinigungen sind deutliche Hinweise für das Bedürfnis der Menschen nach dem Heiligen und Mythischen in ihrem Leben. Eine Möglichkeit, die spirituelle Leere neu zu füllen, besteht im Wiederbeleben alter Traditionen und im Erschaffen neuer, die an unsere Nachfahren weitergereicht werden können. Traditionen, Rituale und Mythen festigen unsere Verbindung mit der Vergangenheit und der Zukunft wie auch mit den Rhythmen der Natur und des Universums. Sie sind vom Leben durchdrungen und führen uns zum Kern unseres Seins, indem sie die göttliche Zwiesprache mit dem Kosmos wieder neu beleben. Der inzwischen verstorbene Joseph Campbell, die weltweit führende Autorität zum Thema Mythologie, schrieb einmal sinngemäß: Der Mythos ist das geheime Tor, durch das die unerschöpflichen Kräfte des Kosmos in den Menschen fließen. Und: Es war immer die vorrangige Aufgabe der Mythologie und des Ritus, die Symbole zur Verfügung zu stellen, die den menschlichen Geist voranbringen.

Mythen und Riten geben der Komplexität des Universums Sinn. Sie hinterlassen Abdrücke im Bewusstsein wie auch im Unterbewusstsein, die uns im Laufe unseres Lebens als Landmarken dienen können. Mythologie, Rituale und Traditionen sind eine Art Polarstern für die Lebensreise. Sie bringen Klarheit und Stichhaltigkeit in die scheinbar undurchdringliche Tiefe der persönlichen Lebensgeschichte – aber auch in die Geschichte ganzer Zeitalter und Völker. Die Einzelaspekte unseres Lebens erhalten Bedeutung und werden zu einem schlüssigen Bild zusammengefügt. Losgelöste, bedeutungslose Ereignisse werden in eine Struktur eingefügt, die unser Leben mit Sinn erfüllt.

Als Kind liebte ich Gewitter. Es war mir verboten, mich während eines Gewitters im Feien aufzuhalten, weil man fürchtete, ich könnte vom Blitz getroffen werden; jedoch war meine Aufregung oft so groß, dass ich trotzdem entwischte. Vielleicht habe ich diese Neigung geerbt, denn mein Großvater band sich während der Wirbelstürme in Oklahoma an einen Baum, nur um sie aus nächster Nähe beobachten zu können.

Es machte mich euphorisch, im Regen zu tanzen, während der Donner die Erde erzittern ließ. Ich fühlte mich lebendig, als sei ich aus dem gleichen Stoff gemacht wie der Wind und die Erde. Ich spürte die Kraft, die mich mit allen Dingen verband, während ich in ekstatischer Wildheit tanzte und der Regen in Bächen an meinem Kopf und meinem Körper hinablief. Diese Erfahrungen waren es, die mich in meiner Kindheit dem Göttlichen am nächsten brachten. Vielleicht hatten meine Gewittertänze den gleichen Ursprung wie Mythen und Riten.

Mein Freund Joseph Winterhawk Martin (Ariki Wairua) ist der hochgeachtete Tohunga (spirituelle Führer) des Taranaki-Stamms der Maori in Neuseeland. In einem Gespräch, das wir kürzlich führten, erklärte mir Joseph, welche Bedeutung Rituale und Zeremonien in seinem Leben haben. Seine Worte vertieften mein Verständnis für die Macht dieser uralten Mysterien. Er malte ein wundervolles Bild davon, wie es ist, in einer Kultur aufzuwachsen, die das Althergebrachte noch zu schätzen weiß und in der alte Rituale und überlieferte

Geschichten noch eine bedeutende Rolle bei der Erziehung der Kinder spielen:

Bei uns ist es üblich, dass man schon in jungen Jahren die eigene Geschichte lernt und kennt; den Familienstammbaum; unsere Lieder, Legenden und Geschichten. Oft rief uns Kinder einer der Alten zusammen, und wir setzten uns mit ihm unter einen Baum, um seinen Unterweisungen zu lauschen. Man brachte uns bei, wie man ein spirituelles Leben führt und wie man mit den verstorbenen Vorfahren kommuniziert. Nach jeder Lektion zeigten uns die Alten, wie man sich einprägt, was man erfahren hat, damit wir uns auch wirklich alles merkten.

Unsere Ältesten waren in ihren Unterweisungen äußerst streng. Alle Kinder mussten genau über die Zeremonien und ihre Bedeutung in unserem Leben Bescheid wissen. Außerdem erlernten wir alte Handwerks- und Heilkunst. Uns wurde beigebracht, wie man Essbares und Heilpflanzen im Wald, bei den Flüssen, Seen, an Bächen und am Meer sammelt. Außerdem erfuhren wir alles Wichtige über die alte Tradition des Geschichtenerzählens. Wir erwarben Wissen darüber, wie man die Dinge auf eine geheiligte Weise tut und wie man fastet, um Visionen von den geheiligten Dingen unserer Vorfahren zu empfangen.

Ich erinnere mich sehr deutlich an meine Kindheit. Es gibt nicht mehr viele, die jene Unterweisungen und geheiligtes Wissen noch aus ihrem Gedächtnis abrufen können. Viele von unsrem Volk sind den Weg der Europäer gegangen und haben der Welt der Maori den Rücken gekehrt. Mir fehlen die Tage mit den Alten; so viele meiner Lehrer sind inzwischen verstorben.

Ritual, Tradition und Zeremonie

In den Kulturen früherer Zeiten hatten Zeremonien einen festen Platz im Leben. Einige von ihnen waren lang und dauerten mehrere Tage. Andere waren kurz und für den privaten, nicht öffentlichen und nicht alltäglichen Gebrauch gedacht. Doch alle vertieften das Band der Teilnehmer mit der Gemeinschaft und ihrem Erbe. Zeremonien kennzeichneten die bedeutsamen Übergänge im Leben eines Menschen wie etwa Geburt, den Schritt vom Kind zum Erwachsenen und Heirat. Außerdem gab es Zeremonien für die Heilung und Rituale, um den Krieger auf die Schlacht vorzubereiten und bei seiner Rückkehr zu Hause willkommen zu heißen. Diese Traditionen betonten die Tatsache, dass der Mensch nicht allein, sondern ein integraler Bestandteil einer großen Gemeinschaft ist, die Vergangenheit und Zukunft umspannt. Außerdem sorgten sie dafür, dass diejenigen, die räumlich von der Gemeinschaft entfernt lebten, sich dennoch zugehörig fühlten.

Der Großteil unserer Vorfahren nutzte Zeremonien und Rituale in jedem Aspekt seines Lebens. Reinigungsrituale waren unumgänglich, nachdem Tabus gebrochen worden waren. Es gab Erntedankrituale, Jagdrituale und sogar Rituale für die Nahrungsaufnahme. Zeremonien wurden vollzogen, um persönliche Ereignisse wie etwa die Genesung von einer schweren Krankheit zu feiern, den Einzug in ein neues Haus oder den Abschluss einer gefährlichen Reise. Die Durchführung dieser Rituale bot die Gelegenheit, dem Göttlichen, das sich in den alltäglichen Dingen verbirgt, Achtung und Respekt zu bezeugen. Sie zeigten den Menschen einen Weg, ihre

Triumphe und ihre Niederlagen sowie ihre Übergänge von einer Lebensphase in die nächste mit angemessener Bedeutung zu füllen.

Ich bin überzeugt, dass der moderne Mensch unbewusst unter dem Verlust authentischer Ritualen in seinem Leben leidet. Besonders deutlich offenbart sich dies in der Art und Weise, wie junge Menschen sich ihre eigenen Rituale schaffen, um ihren Schritt ins Erwachsenenalter zu feiern. Da die entsprechenden altehrwürdigen Zeremonien fehlen, um das Erwachsenwerden angemessen zu würdigen, versuchen junge Menschen, sie zu ersetzen, indem sie einander in den USA beim Eintritt in eine College-Bruderschaft entwürdigende Handlungen abverlangen, sich Initiationsriten für die Aufnahme in irgendwelche Banden ausdenken und das Gemeinschaftsgefühl im sportlichen Wettkampf für sich nutzen. Keine dieser Ersatzhandlungen bietet ausreichend emotionale oder spirituelle Befriedigung, und so lässt sich auch der richtige Platz in der Gesellschaft nicht finden.

Unsere Psyche mag Rituale, weil sie dem Formlosen Form verleihen. Sie gewähren uns Zugang zum großen Mysterium des Universums und öffnen uns die Tür, die hinausführt aus den Alltagsparametern des Lebens. Außerdem helfen sie, emotionale Verletzungen zu heilen, ob es sich nun um den Verlust eines geliebten Menschen handelt oder um die Wut als Reaktion auf irgendein Ärgernis. Manchmal sind Emotionen zu überwältigend, als dass sie sich durch einen reinen Willensakt kontrollieren ließen. Unkontrolliert könnten sie sich jedoch Bahn brechen in aggressives oder gewalttätiges Verhalten. Rituale stellen einen sicheren Weg dar, um solche starken Gefühle zu kanalisieren. Möglicherweise sind unser zwanghaftes Verhalten, unsere allgemeine Unzufriedenheit und unsere Süchte auf das Fehlen von Zeremonien und Ritualen in unserem Leben zurückzuführen.

Rituale markieren Anfang und Ende und sind eine wirkungsvolle Form emotionaler Heilung. Ein Mädchen, das von ihrer Vergewaltigung berichtete, beschrieb das Reinigungsritual, das sie gemeinsam mit Freunden am Ort des Geschehens vollzog, um die schreckliche Erfahrung besser zu verarbeiten. Sie sagte: »Rituale sind wunderbar geeignet, um eine Kiste für eine schmerzliche Erfahrung zu schaffen, die einem hilft, die Erfahrung aufzuarbeiten, wegzupacken und damit hinter sich zu lassen.«

Indem man extremen menschlichen Emotionen eine bestimmte Ausdrucksform verleiht, macht man die Erfahrung fassbar und durchschaubar. Rituale liefern eine ungefährliche Alternative zu unangemessenen Gefühlsausbrüchen. In manchen Kulturen kann eine Person, die den Verhaltenskodex dieser Kultur verletzt hat, statt sich von Schuldgefühlen und Selbstzerstörung überwältigen zu lassen, diese Überschreitung durch eine ritualisierte Buße aus der Welt schaffen. Ein solcher Weg erkennt die dunkle Seite des menschlichen Wesens an und bietet eine Möglichkeit, solche Tendenzen und Emotionen anzunehmen. Diese Art Abhilfe nutzt allen Beteiligten, und das Individuum wird nicht von seinem Platz in der Gesellschaft verstoßen.

Außerdem erfüllen Zeremonien das Bedürfnis nach Andacht. Durch heilige Handlungen und das Bewahren von Traditionen würdigen wir den Schöpfer allen Lebens. Also stellen Rituale einen Weg dar, um aus der alltäglichen in die spirituelle Wirklichkeit zu gelangen – sie sind ein Tor zwischen sichtbarer und unsichtbarer Welt.

Es gibt viele verschiedene Arten von Ritualen. Die einen sind

Tausende Jahre alt und werden von großen Menschenmassen zelebriert, die anderen gehören in die Privatsphäre eines Menschen, sind spontan und bestehen vielleicht nur aus dem Anzünden einer einzelnen Kerze und einem kurzen Innehalten. Zwar unterscheiden sich rituelle Zeremonien überall auf der Welt sehr stark voneinander, doch basieren sie auf ähnlichen Grundthemen, da ihre Funktion im Allgemeinen die ist, eine bestimmte Facette der eigenen Erfahrung als Bestandteil des großen Ganzen begreiflich zu machen. Zeremonien, Traditionen und Rituale haben die Aufgabe, persönliche Lebenserfahrungen in Übereinstimmung mit den Diktaten der Natur und mit dem Leben an sich zu bringen. Folglich ist die Hinwendung zu unseren alten Riten ein Akt der Selbstermächtigung.

Die Wiederbelebung alter Rituale

Es gibt viele Möglichkeiten, alte Rituale neu zu entdecken und etwas über vergessene Zeremonien und Traditionen herauszufinden. Entweder nutzen Sie die Möglichkeiten Ihrer öffentlichen Bibliothek oder Sie sprechen mit Ihren alten Verwandten oder anderen alten Menschen, um herauszufinden, mit welchen Ritualen sie aufgewachsen sind.

Sobald Sie festgestellt haben, mit welchen Traditionen Ihre Vorfahren gelebt haben, können Sie darüber nachdenken, welche davon Sie in Ihr eigenes Leben einbauen wollen und auf welche Art und Weise das geschehen soll. Es ist sehr wahrscheinlich, dass einige dieser Rituale Sie regelrecht anziehen, während andere Ihnen nichts bedeuten oder nicht in Übereinstimmung mit Ihren eigenen Werten sind. Wählen Sie diejenigen aus, die sich für Sie richtig anfühlen, und ignorieren

Sie den Rest. Falls einer Ihrer Vorfahren jedes Frühjahr ein Lamm geopfert hat, dann werden Sie vielleicht nicht unbedingt in seine Fußstapfen treten wollen. Doch wäre es denkbar, dass Sie sich, nachdem Sie sich die Bedeutung dieser Handlung klargemacht haben, dafür entscheiden, Ihrer Gemeinschaft jeden Frühling etwas von Wert zu schenken. Veraltete Rituale lassen sich fast immer für den heutigen Gebrauch umgestalten. Es geht weniger darum, *wie* der Geist des Rituals zum Ausdruck gebracht wird; er selbst ist das Wertvolle.

Welche alten Rituale sind die richtigen?

In unserer modernen Gesellschaft entstammen die Menschen meist nicht nur einer ethnischen Gruppe, sondern oft mehreren zugleich. Falls dies auch auf Sie zutrifft, dann erforschen Sie die verschiedenen ethnischen Strömungen, die in Ihnen zusammenlaufen. Wenn Sie sich ausreichend informiert haben, dann wählen Sie diejenigen alten Rituale und Traditionen aus, die Ihnen für Ihr jetziges Leben am angemessensten erscheinen.

Carmen beispielsweise hatte sowohl irische als auch mexikanische Vorfahren. Sie wuchs in den fünfziger Jahren in einem typischen amerikanischen Großstadtvorort auf. Die Traditionen, die in ihrer Familie hochgehalten wurden, unterschieden sich kaum von jenen, die in Amerika von jeder anderen Mittelklassefamilie geschätzt wurden: Wenn man die Kerzen auf dem Geburtstagskuchen ausblies, durfte man sich etwas wünschen, und anlässlich des 21. Geburtstags betrank man sich. Carmen beklagte den Mangel an bedeutungsvollen Zeremonien in ihrem Leben, also machte sie sich daran herauszufinden, welche Traditionen ihre Vorfahren anzubieten hatten. Sie fühlte sich von beiden Kulturen, die ihr Erbe ausmachten, gleichermaßen angezogen, denn sie schienen unterschiedliche Aspekte ihrer Persönlichkeit und ihres Lebens widerzuspiegeln.

Weil sie sich nach mehr Spiritualität in ihrem Leben sehnte, wandte Carmen sich alten keltischen Zeremonien zur Huldigung der vier Elemente Luft, Wasser, Feuer und Erde zu. Außerdem feierte sie von nun an das mexikanische Allerseelenfest. Seit sie diese Zeremonien in ihr Leben eingebunden habe, so erklärte sie, fühle sie sich viel vollständiger und nicht mehr so stark zwischen den Kulturen hin und her gerissen. Die Zeremonien erfüllten ein großes Bedürfnis in ihrem Leben, das sie zuvor als Leere erlebt hatte und als mangelnde Ausrichtung auf ihre Herkunft.

Wenn es nicht gelingt, an alte Traditionen anzuknüpfen

Nicht jeder Mensch fühlt sich den Traditionen seiner Vorfahren verbunden oder ist dazu in der Lage, seine Herkunft zu ermitteln. Es ist nicht erforderlich, sich auf das Gedankengut leiblicher Vorfahren zu beschränken. Wenn eine Verbindung zu den Ahnen nicht herzustellen ist, dann wählen Sie das, wozu Sie sich in Ihrem Herzen hingezogen fühlen. Vielleicht sind für Sie ja die Traditionen und Rituale der Kultur richtig, in deren Mitte Sie in diesem oder einem anderen Leben gelebt haben. Möglicherweise fühlt sich Ihre Familie zu den Traditionen einer ganz bestimmten Kultur besonders hingezogen.

Eine meiner Freundinnen in London ist vollständig in der karibischen Kultur aufgegangen. Sie wählt ihre Kleidung entsprechend aus, hört Reggaemusik, lebt mit ihren Traditionen und feiert die Zeremonien und Rituale, die in der Karibik üblich sind. Obgleich sie Europäerin ist, spricht sie mit einem karibischen Akzent, folglich ging ich immer davon aus, dass sie wohl dort aufgewachsen war. Wie erstaunt war ich, als ich herausfand, dass meine Freundin Österreicherin und in Wien aufgewachsen war. Möglicherweise hat ja die Erinnerung an ein zurückliegendes Leben sie diese Entscheidung treffen lassen, oder aber die karibische Kultur und Tradition nährt ihre Seele auf eine Weise, wie es ihre eigene Kultur nicht vermag.

Nehmen Sie sich genügend Zeit, um Ihre Beziehung zu Ihren Wurzeln und Ihrer Kultur zu erforschen. Werden Sie von den Traditionen einer fremden Kultur angezogen, weil Sie Ihre eigenen Wurzeln verleugnen? Oder erfüllen die Traditionen einer fremden Kultur Ihre Bedürfnisse auf eine Weise, wie es Ihre eigene nicht vermag? Fühlt sich eine fremde Kultur so vertraut an, als sei sie in Ihnen angelegt – getragen durch Erinnerungen an ein vorangegangenes Leben? Denken Sie, bevor Sie eine fremde Kultur für sich annehmen, sorgfältig über Ihre Beweggründe nach. Geben Sie Ihrem Bedürfnis erst dann nach, wenn Sie sich in Ihrem Herzen und in Ihrer Seele Klarheit über Ihre Motive verschafft haben.

Erinnerungsreste an die eigene Herkunft

Janets Großmutter war eine Hopi-Indianerin gewesen, doch sie war in New York aufgewachsen und wusste nichts von ihrer indianischen Abstammung. Mit 23 Jahren heiratete sie und bekam mehrere Jahre später ihr erstes Kind in einer Hausgeburt.

Nachdem das Kind auf der Welt war, wurde sie aufgefordert, ihm einen Namen zu geben, aber ihr fiel kein passender ein. Als die Tage verstrichen, forderten Freunde und Familienmitglieder immer beharrlicher, dass sie ihrem Kind einen Namen geben müsse. Sie entgegnete, dass es sich nicht richtig anfühle, dem Säugling schon so kurz nach der Geburt einen Namen zu geben. Ihre Aussage überraschte sie ebenso sehr wie die anderen. Zwanzig Tage nach der Geburt lud sie Familie und Freunde ein, um mit ihr eine Zeremonie zur Namensgebung abzuhalten.

Später, als Janet schon Mitte vierzig war, spürte sie ihre Hopi-Vorfahren auf und stellte überrascht fest, dass ein neugeborenes Kind in der Hopi-Tradition die ersten 19 Tage seines Lebens keinen Namen hat. Erst am 20. Tag wird eine Zeremonie abgehalten, in der man das Kind der Sonne vorstellt und ihm einen Namen gibt.

Zum Zeitpunkt der Geburt ihres ersten Kindes wusste Janet nichts über dieses Hopi-Ritual, doch vielleicht war die Erinnerung daran in ihrem Ahnengedächtnis abgespeichert. Sie sagte, lieber hätte sie schon vorher von diesen Zeremonien ihrer Vorfahren gewusst, denn sie hätte so ihren Wusch, die Namensgebung bei ihrem eigenen Kind zu verschieben, besser verstanden und hätte die Feier besser planen können.

Neue Rituale und Traditionen schaffen

Jeder Mensch trägt in sich die angeborene Fähigkeit, Rituale mit gestaltender Kraft zu schaffen und durchzuführen. Obgleich in der Vergangenheit Zeremonien von Priestern oder geheiligten Personen abgehalten wurden, ist es keineswegs immer erforderlich, auf eine Mittelsperson zwischen dem irdischen und dem göttlichen Reich zurückzugreifen. In Ihnen selbst ist ein heiliger Ort verborgen und ein innerer Weiser. Sie erlangen bei der Erschaffung Ihrer eigenen Rituale Zugang zu dieser inneren Weisheit und Intuition.

Unter den wertvollen Ritualen, die Sie für sich selbst und Ihre Familie schaffen können, gehören Übergangsriten, die das Ende einer Lebensphase und den Beginn einer neuen kennzeichnen. Indem wir diese Übergänge würdigen, erweisen wir unserer Reise durch das Leben Achtung und damit auch der kosmischen Beziehung zwischen Mensch und Natur. Übergangsrituale helfen uns, unsere Anbindung an die kosmischen Rhythmen des Universums zu spüren.

Als meine Tochter Meadow ihren Schulabschluss machte, entschloss sich die Mutter einer ihrer Mitschülerinnen, für die Mütter und ihre Töchter, die nun ihre Reifeprüfung bestanden hatten, eine Feier auszurichten. Gemeinsam versammelten sich alle um einen großen Tisch, um miteinander zu essen. Im Anschluss erhielt jede junge Frau einen Karton mit Gegenständen, die ihre Kindheit symbolisierten, wie auch mit Geschenken, die für die guten Wünsche der Mütter für die Zukunft ihrer Töchter standen. Es war eine bewegende Feier, die diesen Wechsel der Lebensphase für alle Teilnehmerinnen unvergesslich machte.

Auch der Übergang vom Kind zum Erwachsenen kann zum Anlass für Übergangsrituale genommen werden. Befreundete Eltern haben für ihre Kinder für den Eintritt in das Erwachsenenalter eine eigene Zeremonie entwickelt. Ihnen war wichtig, ihren Kindern zu vermitteln, was es bedeutet, erwachsen zu sein, und was die Gesellschaft von ihnen in dieser neuen Rolle erwartet. Mit der Zeit durchliefen alle ihre Kinder die eigens geschaffene Zeremonie – Mädchen mit Beginn ihrer Menstruation und Jungen nach Abschluss ihres zwölften Lebensjahrs. Für dieses Übergangsritual versammeln sich Familie und Freunde gleicher Geschlechtszugehörigkeit an einem zuvor festgelegten Abend und bleiben bis zum nächsten Morgen zusammen. Eine Mutter führt den Vorsitz für eine weibliche Einzuweihende und ein Vater für einen männlichen Adepten. Im Verlauf der Zeremonie stellt jeder erwachsene Teilnehmer dem Einzuweihenden eine vorbereitete Frage und führt ein Gespräch mit ihm. Es werden Fragen gestellt wie: »Welche Rolle meinst du, wirst du später einmal in der Gesellschaft spielen?« oder »Welches sind deine wichtigsten Werte und Überzeugungen?« Während der Gespräche, die sich an die einleitende Frage anschließen, kann der Erwachsene den Jugendlichen daran teilhaben lassen, was es für ihn, den Vater oder die Mutter, bedeutet, erwachsen zu sein. Häufig kommt es dabei zu ergreifenden emotionalen Ausbrüchen. Nach Abschluss der Gespräche verbringt das Kind die Nacht allein in der Natur.

Am nächsten Morgen wird vom Eingeweihten erwartet, dass er den Teilnehmern der Zeremonie einen Dienst erweist, wie etwa das Brot für das gemeinsame Frühstück zu backen. Dann versammeln sich Familie und Freunde beiderlei Geschlechts, um gemeinsam die vorbereitete Mahlzeit zu genießen. Nach dem Essen erhält der junge Erwachsene in einer Zeremonie seinen spirituellen Namen, der sich jedoch nicht von seinem Taufnamen unterscheiden muss.

Im Anschluss wählt sich der junge Mensch einen Paten beziehungsweise eine Patin. Dieser Erwachsene verspricht, dem Jugendlichen während seines gesamten Lebens zur Seite zu stehen und in Zeiten der Not für ihn da zu sein. Der Pate macht dem jungen Erwachsenen ein Geschenk, und die übrigen Gäste tun es ihm gleich; sie geben einen bedeutungsvollen Gegenstand, singen ein Lied, sagen ein Gedicht auf oder sprachen auch nur einen Merksatz. All dies wird in ein Buch eingetragen, das den jungen Erwachsenen ein Leben lang begleiten soll. Nachdem die Geschenke überreicht sind, erfolgt noch einmal ein Festmahl. Das feierliche Beisammensein bildet den Abschluss.

Diese ansprechende Zeremonie ist nur ein Beispiel dafür, wie eine Gruppe moderner Menschen eine neue Tradition erschuf, um ihren Bedürfnissen gerecht zu werden. Jeder, der den Übergang eines Kindes ins Erwachsenenalter in einem Übergangsritual würdigen möchte, kann sie als Vorbild verwenden. Bei der Erschaffung eines solchen Rituals können die einzelnen Schritte sowohl der Befriedigung der eigenen Bedürfnisse entsprechen als auch der Würdigung des Anlasses dienen. Zu den Ereignissen, die Sie möglicherweise mit einem Ritual hervorheben möchten, gehören die Geburt eines Kindes, Geburtstage, bei einer Tochter der Beginn der Menstruation, bei einem Sohn der Eintritt in das Leben als Mann, der Schulabschluss, die Heirat, die Bewältigung einer schwierigen Aufgabe, der Antritt an einer neuen Arbeitsstelle, die Überwindung einer großen Angst, eine Scheidung, der Umzug in ein neues Zuhause, die Trennung von einem geliebten Menschen, die Rückkehr eines geliebten Menschen, die Genesung von einer schweren Krankheit oder von den Folgen eines Unfalls, der Beginn der Menopause und auch der Tod eines geliebten Menschen.

Wenn Sie sich mit der Erschaffung neuer Traditionen und Rituale beschäftigen, dann nehmen Sie sich ausreichend Zeit, um alles sorgfältig zu planen. Sind andere Personen beteiligt, dann sorgen Sie dafür, dass sie verstehen, was von ihnen erwartet wird. Verlieren Sie nicht die Nerven, wenn die Dinge nicht ganz so ablaufen, wie Sie sie geplant haben. Klammern Sie sich nicht an Ihrer Planung fest. Die Form, die Sie gewählt haben, soll es Ihnen vor allem ermöglichen, Ihre Absicht in die Tat umzusetzen.

Deshalb ist es von größter Bedeutung, dass Sie sich Klarheit darüber verschaffen, welches Ziel Sie mit diesem Ritual verfolgen. Mit anderen Worten: Was erhoffen Sie sich von Ihrer Zeremonie? Sobald Sie sich über Ihre Absicht im Klaren sind, werden sich die Einzelheiten der Feier wie von selbst ergeben und werden die gewünschte Richtung einschlagen. Ohne eindeutige Zielsetzung bleibt ein Ritual leer und bedeutungslos.

Neue Rituale für Feiern und Jahreszeiten

Rituale sind ein Rahmen, innerhalb dessen unser Unbewusstes sich darauf konzentrieren kann, Anfang und Ende zu würdigen. In früheren Zeiten wurden an Feiertagen, die dem Göttlichen gewidmet waren, den Übergängen von einer Jahreszeit zur nächsten besondere Ehrerbietung dargebracht. Es ist beispielsweise historisch belegt, dass die meisten Kulturen lange vor Christi Geburt bereits die Wintersonnenwende mit einem entsprechenden Ritual feierten. Menschen, die davon lebten, was die Erde hergab, setzten Sonne und Licht mit dem Leben selbst gleich. Sie spürten die spirituelle Energie, die zu Zeiten der Sonnenwenden freigesetzt wird. In Übereinstimmung mit ihrem Glauben brachten sie ihrem Schöpfer Geschenke dar, verbunden mit der Bitte, Sonne und Licht zurückkehren zu lassen. Die Winterzeremonie war heilig; es war der Zeitpunkt im Jahreslauf, der es verlangte, den großen Zyklus des Lebens zu würdigen. Viele Völker des westlichen Kulturkreises verbinden die Wintersonnenwende mit der Geburt Jesu Christi, doch auch die Heiligkeit dieses Ereignisses wird inzwischen durch Kommerz und Konsum überlagert.

Wenn Sie Rituale für Feiertage und den Jahreszeitenwechsel schaffen, möchten Sie vielleicht traditionelle Rituale einbeziehen und sich zugleich auf Ihre Intuition stützen. Es ist wichtig, jede Zeremonie auf die ihr zugrundeliegende Energie zu überprüfen. Ein Frühlingsritual beispielsweise basiert auf der Vorstellung des Neuanfangs. Wenn Sie sich ein Frühlingsritual überlegen, möchten Sie vielleicht Eier als Symbol für neue Dinge, die Sie in Ihr Leben holen wollen, einbeziehen. In alten Frühlingszeremonien wurden Eier auf diese Weise verwendet, eine Sitte, die das Christentum für sein Osterfest übernommen hat.

Die zeremonielle Würdigung der Vorfahren

Zahlreiche Kulturen haben bestimmte Feiertage eigens dafür eingerichtet, um Vorfahren oder herausragende historische beziehungsweise kulturell besonders aktive Persönlichkeiten zu ehren. So haben die meisten Länder, die am Zweiten Weltkrieg beteiligt waren, einen Gedenktag für ihre Veteranen bestimmt, an dem die Menschen ihrer gefallenen Soldaten gedenken. Falls es in Ihrer Familie oder unter Ihren Vorfahren Kriegsveteranen gibt, dann wird die Schaffung eines Rituals ihnen zu Ehren, in dessen Verlauf Sie regelmäßig ihrer Taten gedenken, Ihnen Zugang zu ihrer Tapferkeit verschaffen.

Eine der bewegendsten Feiern, an denen ich jemals teilgenommen habe, war jene am Tag des Gedenkens an die Opfer des Nationalsozialismus, den die Juden jedes Jahr am 27. Januar feiern. Diese Zeremonie wurde an einem frostigen Abend in einem öffentlichen Gebäude in Amsterdam abgehalten. Das Gebäude war ein Sammelplatz für holländische Juden gewesen, die man während des Zweiten Weltkriegs von dort aus in Konzentrationslager verschleppt hatte. (In Holland wurde während des Kriegs verglichen mit den anderen Ländern der höchste Prozentsatz an Juden ermordet.) Eine feierliche und heilige Stimmung erfasste uns, als die Namen der Vernichtungslager langsam und bedächtig vorgetragen wurden. Es war die Zeit, um der Menschen zu gedenken, die hatten sterben müssen. Ich saß zwischen zwei Personen, die den Aufenthalt im Konzentrationslager überlebt und zahlreiche Familienmitglieder verloren hatten. Ich konnte spüren, wie sehr es sie tröstete und wie viel Kraft es ihnen gab, von einem so stolzen Geschlecht abzustammen.

Entwickeln Sie doch selbst ein Ritual, in dem Sie für zukünftige Generationen um Frieden bitten. Solche Ereignisse stellen eine Möglichkeit dar, um Energie und vitale Lebenskräfte in eine bestimmte Richtung zu lenken. Sie können als Konzentrationspunkt dienen, mit dessen Hilfe Sie Ihre Absicht vergrößern und Energie in die gewünschte Form bringen. Indem Sie Ihr Gebet für Frieden in einen rituellen Rahmen stellen, erzeugen Sie eine Energie, die sich in die ganze Welt hinein ausbreitet.

Zeremonien zur Würdigung verstorbener Verwandter sind in vielen Kulturen verbreitet und durchaus wertvoll. Sie verstärken in uns das Gefühl, Bestandteil eines großen Zusammenhalts zu sein, und würdigen den Tod als einen der grundlegenden Übergänge des Lebens. In vielen lateinamerikanischen Ländern, insbesondere aber in Mexiko, ist Allerseelen, ein Zeitpunkt im Jahreslauf, an dem man der Toten gesenkt, ein Feiertag ersten Ranges. Interessanterweise neigen wir in unserer westlichen Kultur dazu, den Tod einfach zu leugnen. Der Tod ist uns peinlich, und diejenigen, die im Sterben liegen, haben nicht selten einen Status der Unberührbarkeit erreicht. In früheren Zeiten begriff man den Tod als einen wichtigen Aspekt des Lebens, und er hatte einen Ehrenplatz im gesellschaftlichen Leben. Als die Schule meiner Tochter beschloss, den Kindern eine Vorstellung von den weltweiten religiösen Feiertagen zu vermitteln, da wählte sie Allerseelen als Beispiel aus, um den Feiertag gemeinsam mit den Kindern zu gestalten. Leider erfuhr die Presse davon, und die Schule wurde kritisiert, weil sie den Kindern eine vermeintlich so makabere Feier zumutete, dabei handelt es sich doch nur um einen Gedenktag voll des Mitgefühls.

Mythen und Geschichten

Neben Ritualen sind Mythen das wichtigste Mittel, um den Nachkommen traditionelle Werte zu vermitteln. Mythen versorgen uns mit universellen Bildern und Symbolen, die seit Generationen weitergereicht wurden und von umfassender Bedeutung sind. Sie berichten von Helden, die uns vorangegangen sind, so dass wir uns auf unserem Weg ins Unbekannte nicht allein fühlen. Sie vermitteln uns den Eindruck, dass die Labyrinthe der Zukunft bereits von den Reisenden der Vergangenheit erforscht wurden. Sie verleihen uns die Hoffnung, dass auch wir den richtigen Weg finden werden, denn die Reise im Laufe der Jahrhunderte ist immer die gleiche. Indem Sie sich vertraut machen mit den Geschichten und Mythen der Vergangenheit, beleuchten Sie Ihren Weg in die Zukunft und darüber hinaus. Joseph Campbell schrieb sinngemäß: Es ist die Aufgabe von Märchen und Sagen, den Menschen über die kritischen Schwellen von der Kindheit ins Erwachsenenalter und vom Alter zum Tod zu tragen.

In früheren Kulturen stellte die Mythologie den Grundstock des Lebens dar. Sie errichtete eine Struktur, in deren Rahmen das spontane Hervortreten des menschlichen Geistes fassbar wurde. Sie fungierte als eine Art Durchgangstür zwischen dem Bekannten und dem Unbekannten, zwischen der geheimnisvollen unsichtbaren und der sichtbaren Form.

Mythen sind nicht einfach nur wunderliche Geschichten. Sie sind Bestandteil eines gewaltigen inneren Universums, das eine Struktur erschafft, an der jegliche Erfahrung gemessen und mit ihrer Hilfe eingeordnet werden kann. Mythen versorgen uns mit einem Anker, an dem wir unser Leben festmachen dürfen. Sie zeigen uns, wo unsere Bestimmung liegt. Die Mythologie erfüllt das tiefe menschliche Verlangen, sich mit etwas eins zu fühlen, was größer ist als der Mensch selbst – mit dem Geheimnisvollen und dem Kosmischen. Ohne einen solchen Bezugspunkt kann das Leben banal und unbedeutend erscheinen.

Eine Gesellschaft ist abhängig von ihrer Mythologie, um ein einheitliches organisches Gebilde werden zu können. Mythen sind fähig, eine uneinheitliche Gruppe zusammenzuschweißen, und verleihen den Menschen eine gemeinsame Vision. Ein Teil der in der gegenwärtigen Gesellschaft vorhandenen Unzufriedenheit und Verwirrung mag sehr wohl auf das Fehlen gültiger Mythen zurückgehen, denn sie dienen dazu, unseren individuellen Erfahrungen Gültigkeit zu verleihen, und schaffen die Voraussetzung zur Interpretation unserer Lebenswirklichkeit. Ohne ein schlüssiges mythologisches System, das den Rahmen bildet, können sich unsere Erfahrungen aus dem Zusammenhang gerissen und sinnlos anfühlen.

Persönliche Mythen

Es kann sich als äußerst wertvoll erweisen, wenn man die Mythen untersucht, die unserer Wahrnehmung der Wirklichkeit zugrunde liegen. Unsere persönlichen Mythen setzen sich aus jenen zusammen, die unserer Kultur gemeinsam sind, aber auch aus den Geschichten, die zum einen unsere Familie in ihren Bestand aufgenommen hat und die zum anderen wir selbst uns zurechtlegen, um Erklärungen für bestimmte Ereignisse in unserm Leben zur Verfügung zu haben. Jeder Mensch ist ein Geschichtenerzähler, auch wenn es ihm gar nicht bewusst ist. Wir versuchen automatisch, unsere Lebenserfahrungen auf einen sinnvollen gemeinsamen Nenner zu bringen und in einer Geschichte zu fassen, die folgerichtig erscheint. Wenn wir aus unserem Leben erzählen, dann lassen wir manches wegfallen, verkürzen anderes und feilen wieder anderes kunstvoll aus. In jeder Familie gibt es Geschichten, die wieder und wieder erzählt werden. Diese Geschichten definieren ihre Identität. Ebenso verhält es sich bei unseren persönlichen Mythen. Sie bestimmen, woran wir glauben, und formulieren, wie wir uns entwickelt haben. Sie leisten einen wichtigen Beitrag bei der Festlegung unseres Schicksals.
Persönliche Mythen sind der psychologische Rahmen, der den

Umständen Ihres Lebens Würde verleiht und Ihnen hilft, sie einzuordnen und zu verstehen. Sie stellen den Zusammenhang dar, der Ihre Lebensgeschichte nachvollziehbar macht. Persönliche Legenden gestatten es uns, uns auf eine Weise mit unserer Psyche auszutauschen, die auch noch dem kleinsten Aspekt unseres Lebens Sinn verleiht. Außerdem geben Sie unserer Seele die Gelegenheit, sich durch Bilder, Symbole, Gefühle und Intuitionen auszudrücken.

Die Erforschung Ihrer persönlichen Mythen gewährt Ihnen Zugang zu der tiefen Weisheit, die Ihnen innewohnt. Diese wird Ihnen helfen, mit persönlichen Konflikten, emotionaler Aufgewühltheit und wiederkehrenden Verhaltensmustern fertig zu werden, indem sie den Sinnzusammenhang dieser Einzelaspekte offenbart. Die Erforschung unserer inneren Geschichten kann in einem Maß Verständnis erzeugen, dass es als Gegenmittel gegen die empfundene Sinnlosigkeit unserer Zeit wirkt.

Indem Sie Ihre persönliche Mythologie erforschen, erfahren Sie etwas über Ihren kollektiven und Ihren individuellen Ursprung. Wissen Sie jedoch nicht, welche Überzeugungen Ihren Annahmen über die Wirklichkeit zugrunde liegen, dann fehlt Ihnen auch die Macht, sie zu verändern. Deshalb ist es eine wirkungsvolle Übung, etwas über Ihre persönlichen Mythen in Erfahrung zu bringen.

Persönliche Mythen geben dem Leben
Geschlossenheit und Sinn

Auch wenn Sie sich selbst als in sich geschlossene Einheit erleben, so setzt sich Ihre Persönlichkeit doch aus zahlreichen einzelnen Mosaiksteinchen zusammen. Unterhalb Ihrer äußeren Gelassenheit tobt eine Vielzahl persönlicher Eigenschaften. Auch wenn Sie bestimmte Eigenschaften im Laufe der Zeit zu feststehenden Charakteristika erklärt haben, sie überlagern lediglich nur das, was sich darunter verbirgt. Beispielsweise könnte es sein, dass Sie sich selbst als liebevolle Mutter, Ehefrau, Geliebte und Freundin bezeichnen, doch auf einer tieferen seelischen Ebene lauert in Ihnen die Hure, die Hexe, die Heldin, die Göttin und die wilde, ungezähmte Frau. In Ihnen versammelt ist ein ganzes Spektrum menschlicher Möglichkeiten. Mythen helfen Ihnen, diese Aspekte Ihres Selbst zu verstehen und zusammenzuführen. Innere Stabilität stellt sich dann ein, wenn Sie all diese Aspekte annehmen und ihnen in Ihrem Leben Raum schaffen. Die Auseinandersetzung mit der persönlichen Mythologie gibt Ihnen die Chance, all die verschiedenen Teile Ihrer Persönlichkeit zu einem Gesamtbild zusammenzufügen.

Ihr persönlicher Mythos kann Ihnen eine Struktur liefern, die Ihnen hilft, Ihr Leben zu verstehen und durch eine fokussierte Linse zu sehen, die Ihnen einen Überblick über das Ganze verschafft. Das bedeutet nicht, dass Sie Ihr Leben durch eine rosarote Brille betrachten oder sich ein falsches Bild von sich selbst machen. Vielmehr bietet sich Ihnen die Gelegenheit, aus dem Gewebe Ihrer Lebenserfahrungen die Fäden herauszusortieren, die Sinn transportieren, und sie zu einem stimmigen Bild Ihres Lebens zu verweben.

Ihr einzigartiger Blick auf Ihre Vergangenheit ist eine Schablone, die es Ihnen ermöglicht, Ihre Wahrnehmungen, Erfahrungen und Handlungen richtig einzuordnen. Er erkennt an, dass Sie das Destillat einer langen Stammfolge sind. Ob es Ihnen nun bewusst ist oder nicht, aber Sie leben Ihre Mythologie. Wenn Sie sich jedoch Ihrer Überzeugungen bewusst werden und den Einfluss erkennen, den sie auf Ihr Werden nehmen, dann können Sie die Veränderungen vornehmen, die Ihnen ein freies und leidenschaftliches Leben ermöglichen. Es wird sich Ihnen erschließen, welche Wahlmöglichkeiten Sie haben und wie sie zu bewerten sind. Wer sich durch seine persönliche Mythologie arbeitet, der vereint die äußeren Umstände mit der inneren Bedeutung und schafft auf diesem Wege ein geschlossenes Ganzes, das für seine Nachkommen von äußerstem Wert sein kann.

Persönliche Mythen niederschreiben

Damit Sie Ihre persönlichen Mythen verstehen, sollten Sie einen Schritt zurücktreten, damit Sie Ihr Leben im größeren Zusammenhang sehen können. Dies gestattet es Ihnen, die Kräfte zu erkennen, die Ihre Motivation befördern und Sie zur Erfüllung Ihres Schicksals führen. Hilfreich auf diesem Weg ist das Niederschreiben der eigenen Biographie. Hierzu müssen Sie kein Schriftsteller sein, und Ihre Lebensgeschichte darf normal und undramatisch sein. Die Autobiographie eines jeden Menschen ist einzigartig und auf ihre Art wunderbar. Wie zutreffend diese Aussage ist, werden Sie feststellen, wenn Sie sich die Zeit nehmen, Ihre eigene Geschichte aufzuschreiben, und zwar auch dann, wenn Sie zuvor anderer Ansicht waren. Es kann hilfreich sein, wenn Sie Ihre Lebensgeschichte nach Themen ordnen. Statt sich an einer exakten Abfolge der Ereignisse nach dem Motto »Erst tat ich dies, dann tat ich jenes« zu versuchen, sollten Sie versuchen, in mythologischen Bahnen zu denken. Sie sind der Held in Ihrer Geschichte. Möglicherweise sind Sie ein widerwilliger, ein schüchterner oder ein sehr unvollkommener Held, aber ein Held sind Sie dennoch. In der Sage bricht der Held aus seinem gewöhnlichen Leben auf, um in mythischen Reichen auf Schurken und hilfreiche Gefährten zu stoßen. Er muss Kämpfe gewinnen und dunkle Kräfte überwinden. Kehrt der Held von seiner Fahrt zurück, ist er erfüllt von der Weisheit, die er durch seine Taten erworben hat.

Welche dunklen Kräfte sind Ihnen in Ihrem Leben begegnet? Wer waren die Engel und höheren Wesen, die Sie auf Ihrem Weg beschützt haben? Welche Drachen haben Sie überwinden und töten müssen? Wer und was waren die Bösewichte in Ihrem Leben? Wer waren die Weisen? Welche Schlachten haben Sie gewonnen? Welche verloren? In welcher Situation haben böse Kräfte Sie vom Weg abgebracht? Welche Triumphe wurden Ihnen zuteil? Welche Weisheiten haben Sie hinzugewonnen? Was haben Sie gelernt? Wie konnten Sie anderen auf ihrem Weg weiterhelfen? Welches sind die Wendepunkte in Ihrem Leben? Wann kam Ihre Kindheit zum Abschluss? Was kennzeichnete Ihren Schritt zum Erwachsenen? Wer waren die Schlüsselfiguren in Ihrem Leben? Und die Moral von der Geschicht?

Auch wenn es Ihnen schwerfällt oder Ihnen unangenehm ist, das Aufschreiben der eigenen Lebensgeschichte kann sich als großer Gewinn für Ihr Leben erweisen. Es gestattet Ihnen, Ihre Geschichte im Zusammenhang des großen Ganzen zu sehen und stellt ein wertvolles Geschenk für Ihre Nachkommen dar. (Siehe Kapitel 4, in dem ich auf das Aufzeichnen der eigenen Lebensgeschichte für die Nachkommen Bezug nehme.)

Es ist nicht erforderlich, über Ihr gesamtes Leben zu schreiben. Sie können diejenigen Ereignisse und Situationen auswählen, die für Sie am bedeutungsvollsten waren, und sich beim Schreiben auf sie beschränken. Was dabei herauskommt, muss auch kein Schauerroman sein. Vielleicht ist Ihr persönlicher Mythos ja kurz und knapp wie eine Kindergeschichte. Achten Sie beim Schreiben darauf, womit Sie sich gerne ausführlich befassen, was Sie lieber weglassen und warum. Der Prozess des Schreibens und Auswählens ist ebenso bedeutsam wie das Endprodukt.

Beim Aufschreiben der eigenen Lebensgeschichte gibt es verschiedene mögliche Herangehensweisen. Entweder Sie kleiden Ihre Geschichte in das Gewand des Mythos und berichten von Helden und Schurken, von Göttern und Göttinnen, mit denen Sie die unterschiedlichen Phasen Ihres Lebens illustrieren. Oder vielleicht liegt Ihnen das Schreiben von kleinen Skizzen mehr. Sie können jede einzelne Lebensphase in einem eigenen Kapitel darstellen, oder aber Sie wählen ein bestimmtes Thema und berichten von den Ereignissen, die es zum Leben erwecken.

Die Vergangenheit ist ebenso formbar wie die Zukunft und befindet sich in einer konstanten Entwicklung. Die Mythen und Geschichten Ihres zurückliegenden Lebens sind ebenso der Veränderung unterworfen wie Sie selbst. Die eigene Autobiographie zu schreiben, erzeugt einen Rahmen, der Ihnen hilft zu verstehen, woher Sie kommen und wie Sie zu dem Menschen geworden sind, der Sie jetzt sind. Der Akt des Niederschreibens kann Ihnen manchmal zu einem neuen Blick auf Personen und Ereignisse verhelfen. Wenn Sie sich die Zeit nehmen, um all Ihre Erinnerungen durchzugehen, dann werden Sie vielleicht feststellen, dass sich Ihr Blick etwa darauf, dass Ihre geliebte Tante Martha Ihren zehnten Geburtstag vergessen hat, im Laufe der Jahre stark verändert hat. Damals fühlten Sie sich möglicherweise vernachlässigt und ungeliebt. Heute, als Vierzigjährige, ist Ihnen klar, dass sie damals gerade mitten in ihrer Scheidung war und dass ihr ihr eigener Schmerz die Sicht auf die Bedürfnisse anderer verstellte. Dies nur als ein Beispiel dafür, wie sich die Vergangenheit durch das Erinnern und die Betrachtung aus einer neuen Perspektive verändern kann.

Sobald Sie Ihre Geschichte zum Abschluss gebracht haben, überprüfen Sie, ob sich ein bestimmter Weg abzeichnet, den Ihr Mythos für Sie nimmt. Gibt es etwa ein zugrundeliegendes Thema wie Traurigkeit, Wut, Frische oder Leichtigkeit, das sich durch den gesamten Mythos zieht? Ist dies der Weg, den Sie gehen wollen, oder würden Sie lieber einen anderen wählen? Es steht Ihnen frei, der vorgegebenen Linie auch weiterhin zu folgen, oder aber Sie geben Ihrer Geschichte eine neue Wendung. Wie Sie Ihre Vergangenheit sehen, wirkt sich prägend auf Ihre Zukunft aus.

Indem Sie Ihre Geschichte aufschreiben, wird Ihnen außerdem bewusst, wie weit sie von der durch Ihre Kultur vorgegebenen Linie abweicht oder auch mit ihr deckungsgleich ist. Der Mensch lebt nicht allein auf Erden. Wir sind die Mitschöpfer des Lebens auf unserem Planeten. Indem Sie sich Klarheit verschaffen über Ihre eigene Lebensgeschichte, tragen Sie dazu bei, dass der größere, der Mythos unserer Kultur schlüssiger wird und sich positiver entwickelt.

Die Vermächtnisbiographie

Es ist ausgesprochen sinnvoll, die eigene Lebensgeschichte nur für die eigenen Augen aufzuschreiben, damit Sie währenddessen auch wirklich aufrichtig sein können. Indem Sie das Notieren Ihrer Biographie zur Privatangelegenheit machen, dürfen Sie sagen, was Sie wollen, und die Ereignisse so interpretieren, wie es Ihnen richtig erscheint, ohne dass Sie fürchten müssen, irgendjemanden zu verletzen. Sobald Sie dieses Projekt beendet haben, möchten Sie vielleicht doch die eine oder andere Passage etwas umschreiben, so dass Ihre Geschichte die Funktion eines Vermächtnisses für Ihre Nachkommen erfüllen kann. Ich bezeichne diese zweite Fassung als Vermächtnisbiographie. Sie ist ein wundervolles Geschenk an jene, die nach Ihnen leben werden.

Wenn Sie für die Augen anderer schreiben, dann ist es wichtig, sowohl ihre Gefühle als auch Ihre Zielsetzung im Blick zu behalten. Beim Schreiben Ihrer Vermächtnisbiographie müssen eine Reihe von Entscheidungen getroffen werden, denn es gibt keine allein gültige, richtige Methode, um von *Ihrer* Wahrheit zu berichten. Ihre persönliche Lebensgeschichte kann vielerlei Formen annehmen. Möchten Sie, dass Ihre Geschichte Ihrem guten Charakter und Ihren Lebensleistungen ein lebendiges Denkmal setzt, oder möchten Sie unverfroren aufrichtig sein und alle Aspekte Ihres Lebens offenbaren, die guten wie die schlechten? Um diese Frage beantworten zu können, müssen Sie sich darüber im Klaren sein, was Sie wirklich wollen.

Wer eine Vermächtnisbiographie weiterreicht, den erfasst ein erhabenes Gefühl, weil er seinen eigenen Mut spürt. Es ist ein gutes Gefühl, solch ein persönliches Geschenk zu präsentieren, das die Nachfahren stolz auf ihren Vorfahren macht. Wohl kaum einer wäre froh darüber, wenn er wüsste, dass einer seiner Vorfahren ein Dieb oder Lügner war. Die eigene Lebensgeschichte strahlend und kühn niederzuschreiben, hat außerdem den angenehmen Nebeneffekt, dass die Wahrscheinlichkeit steigt, dass sich Ihre Erwartungen an sich selbst tatsächlich erfüllen. Was man erwartet, das trifft auch meistens ein. Wenn andere gut von uns denken, dann neigen wir dazu, dieser Erwartung gerecht werden zu wollen. Vielleicht ist Ihre Geschichte für diejenigen, die Ihnen nachfolgen, zudem ein inspirierendes Vorbild.

Oder aber Sie offenbaren sich in Ihrer Vermächtnisbiographie ohne jedes Wenn und Aber. Auch wenn dies für betroffene Personen vielleicht unangenehm ist – ein offener, vorbehaltloser Bericht über Gutes und Schlechtes, Ehrenhaftes und Unehrenhaftes kann durchaus sehr nützlich sein. Über die eigenen Fehler zu schreiben und über die Familiengeheimnisse, von denen alle wissen, über die aber niemand spricht, kann für Sie sehr heilsam sein und für Ihre Nachkommen einiges erleichtern. Wenn ich gewusst hätte, dass meine Großmutter väterlicherseits von ihrem Schwiegervater seelisch gequält wurde, dann hätte ich, solange sie noch lebte, größeres Verständnis für sie aufbringen können.

Auch ein mittlerer Weg ist denkbar, indem Sie bestimmte Aspekte Ihres Lebens für sich behalten, aber auch von solchen erzählen, die Sie in einem weniger günstigen Licht dastehen lassen. Sie haben die Wahl, und in Ihrer Entscheidung liegt viel Macht. Wie immer Sie sich entscheiden, Ihre Vermächtnisbiographie wird von großem Wert sein. Die Entscheidung wird Ihnen sehr schwerfallen, aber es gibt keinen allein gültigen, richtigen Weg.

Nachfolgend einige Auszüge aus meiner eigenen Vermächtnisbiographie, um Ihnen ein Beispiel zu geben, wie man seine persönlichen Mythen aufzeichnen kann. (Ausführlichere Versionen finden Sie in meinen Büchern *If I Can Forgive, So Can You* [Wenn ich vergeben kann, dann kannst du es auch] und *The Soul Loves the Truth* [Die Seele liebt die Wahrheit].)

Einführung

Ich war dürr und hässlich, als ich geboren wurde. Mein Vater konnte nicht glauben, dass es ein derart hässliches Baby gab. Ich schoss in die Höhe wie Unkraut, wuchs heran zu einem zusammengestückelten kleinen Ding, das sich überall da verwurzelte, wo sich ihm eine Möglichkeit bot. Wir zogen neunmal um, folglich drangen meine Wurzeln in den Boden ein, nur um wieder herausgerissen zu werden. Wir schienen niemals genug Geld zu haben, und wir waren ständig auf dem Sprung.

Ich wusste, wie man kämpft. Meine Ellbogen und Knie waren immer verschorft. Ich war das älteste von vier Kindern. Wenn meine Geschwister als die Neuen in der Stadt gehänselt wurden, dann warf ich mich für sie ins Zeug.

Kapitel 1: South Side, Chicago

Die Wände in der kleinen Mietshauswohnung, die wir bezogen hatten, waren dünn. Die eisige Winterkälte drang durch die Mauern. Die Sommerhitze war erdrückend, und der Lärm der Hochbahn ließ das Gebäude regelmäßig erzittern. Der Stadtteil von Chicago, in dem wir lebten, war alles andere als sicher, und mehr als einmal musste ich die Fäuste gebrauchen, um meine Geschwister zu beschützen.

Der Donnerstag war mein Lieblingstag; da kam der Müllmann mit seinem Pferdefuhrwerk. Es war ein phantastisches Abenteuer, in den Mülltonnen nach weggeworfenen Schätzen zu suchen, die man dem Müllmann weiterverkaufen konnte. Für die meisten Gegenstände bekamen wir einen Nickel (fünf Cent) oder einen Dime (zehn Cent), und wir kauften uns dafür Lakritze im Laden nebenan. Für ei-

nen heilen Kaffeebecher erhielten wir einen Nickel. Einmal
fand ich einen roten Lampenschirm und bekam dafür 35
Cent.

Kapitel 2: Northfield, Chicago

Wir zogen in ein wirklich schönes Viertel in der Vorstadt
von Chicago. Das war toll. Wir hatten ein zweistöckiges
Haus, ein Stück Wiese und sogar einen Apfelbaum. Am
besten war, dass gleich nebenan ein netter Junge in meinem
Alter wohnte. Er hieß David. Eines Nachts wurde in Davids
Haus – es stand auf Stelzen – eingebrochen, und er und
seine Familie wurden gefesselt und in den Freiraum ge-
schoben, der sich zwischen Erdboden und Haus befand.
Keinem war etwas passiert, doch ich erkannte, dass das
Viertel wohl doch nicht so toll war.

Kapitel 3: Ohio

Unser nächster Umzug führte uns in eine Kleinstadt im
sehr konservativen, landwirtschaftlich orientierten mittle-
ren Westen Amerikas. Hier prügelten sich die Mädchen
nicht, um Streitigkeiten beizulegen. Vielmehr beschwatzten
sie ihre Gegner und tratschten und flüsterten in leisem ver-
schwörerischem Ton, doch sie ohrfeigten einander nicht.
Aus ihnen sollten sanfte Ehefrauen und Mütter werden. Ich
wusste nicht, wie ich mich da einfügen und Freunde finden
sollte. Doch auch vorher schon waren Freundschaften nicht
gerade etwas, was mir leichtfiel.
Eines Tages, als ich mit dem Schulbus die lange Heimfahrt
angetreten hatte, traf ich die bewusste Entscheidung, in
dieser neuen Stadt Freunde zu finden. Ich wusste nicht so
recht, wie ich das anstellen sollte, also würde ich die Kinder

beobachten, die Freunde hatten, und herausfinden, was sie von den anderen unterschied. Am nächsten Tag auf dem Schulhof beobachtete ich heimlich das beliebteste Mädchen der Schule, um festzustellen, was sie anders machte als ich. Sie lächelte fast ununterbrochen. Jedes Mal, wenn sie es tat, schienen plötzlich auch ihre Mitschüler freundlicher gestimmt. Ich glaubte, das Geheimnis entdeckt zu haben, wie man Freundschaften schließt: Ich musste nichts anderes tun, als viel zu lächeln.

An diesem Abend sperrte ich mich im Badezimmer ein und stellte mich auf die Zehenspitzen, um mich im Spiegel gut sehen zu können. Ich übte, die Mundwinkel nach oben zu ziehen. Das war ein merkwürdiges Gefühl; ich war es einfach nicht gewohnt. Ich brauchte eine Weile, um es richtig hinzubekommen. (Auf den meisten meiner Kindheitsfotos mache ich ein missmutiges Gesicht. Um die Wahrheit zu sagen, ich fand, dass ich, wenn ich lächelte, doof aussah.)

Am nächsten Tag auf dem Spielplatz verzog ich meinen Mund zu dem Lächeln, das ich eingeübt hatte. Ich fühlte mich dabei ein bisschen albern und befürchtete, dass die Kinder mich auslachen würden. Doch mir stand eine Überraschung ins Haus. Die Kinder lächelten zurück. Es war wie Magie. Ich hatte tatsächlich entdeckt, wie man Freunde gewinnt. Erst sehr viel später im Leben wurde mir klar, dass die Menschen mich auch um meiner selbst willen mögen konnten. Es war nicht notwendig, ununterbrochen zu lächeln oder immerfort liebenswürdig zu sein.

Zu Hause ereigneten sich inzwischen hinter verschlossenen Türen dunkle und schreckliche Dinge, die mich bis zum heutigen Tag verfolgen. Als ich zehn Jahre alt war, wurde ich schließlich von meinen Eltern getrennt und nach

Kalifornien zu meinen Großeltern gebracht, mit denen ich im Ostteil von Los Angeles lebte.

Kapitel 4: Los Angeles

Die Sonne in Kalifornien war toll. Meine Großeltern liebten mich. Und mein Drang, schwächere Kinder zu beschützen, belastete mich nicht mehr. Die meisten Mädchen in meiner neuen Schule spitzten die Zähne der Kämme an, mit denen sie sich die Haare hochsteckten, und nutzten sie ohne Zögern als Waffe, wenn sie angegriffen wurden. Ich selbst setzte meinen Kamm nie auf diese Weise ein. Dass ich ständig einen Kamm in den Haaren trug, sah bestimmt lächerlich aus. Doch allein die Tatsache, dass er da oben auf meinem Kopf steckte, gab mir ein Gefühl von Sicherheit.

Granma war Astrologin und hatte einen Hang zum Mystischen. Sie war überzeugt davon, dass ich über »Kräfte« verfügte. Mein Vater verbot ihr, über solche Dinge mit mir zu sprechen, denn er war »ein Mann der Wissenschaft«. Doch gelegentlich dämpfte sie ihre Stimme zu einem Flüstern, als könne mein Vater sie hören, obwohl er doch Tausende Meilen entfernt lebte, und erzählte mir vom Reich des Übersinnlichen.

Kapitel 5: Der mittlere Westen

Einige Jahre später kam ich zunächst zurück zu einem Elternteil und dann, während meiner Highschool-Jahre, zum anderen in einen bäuerlich geprägten Landstrich. Das waren die schwierigsten Jahre meines Lebens. Irgendwie überstand ich die Zeit, aber die inneren Narben, die ich davongetragen habe, schmerzen mich noch heute. In dieser Lebensphase sah ich meine Großmutter nur ein paarmal,

doch jedes Mal flüsterte sie mir ins Ohr: »Alles, was dir
zustößt, hat einen höheren Sinn, Denise.« Granma machte
mir Hoffnung und ließ mich glauben, dass die Dinge, die
ich in meinem damaligen Leben erdulden musste, einen
verborgenen Wert hatten.

Was soll in die Vermächtnisbiographie?

Als ich darüber nachdachte, was Bestandteil meiner Vermächtnisbiographie für meine Tochter sein sollte, entschied ich mich,
sowohl über die Höhen als auch über die Tiefen in meinem
Leben zu berichten. Obwohl ein Teil von mir mein Leben lieber
als großartige und wunderbare Geschichte erzählt, habe ich
mich doch entschlossen, nichts auszulassen und mich nicht
nur auf meine Triumphe zu beschränken. Meine Vermächtnisbiographie enthält beides – meinen Schmerz und meine
Freude.

Ich habe so viel Zeit meines Lebens damit zugebracht, meine
Wahrheit zu finden und mich den höchst beunruhigenden und
unangenehmen Zügen meiner selbst zu stellen, dass ich mich
verpflichtet fühlte, mir selbst und meinen Nachkommen eine
Vermächtnisbiographie zu überlassen, die von Aufrichtigkeit
und Mitgefühl bestimmt und zugleich humorvoll und liebevoll
ist. Ich wollte eine faire Darstellung. Statt jemanden unange-
messen zu verletzen oder unnötig zu beschuldigen, wählte ich
eine Darstellungsform, die den Blick auf etwas Größeres lenkt
und auf die Werte, die ich mir selbst unter den schlimmsten
Umständen aneignen konnte.

Hoffentlich wird meine Vermächtnisbiographie für meine
Nachkommen zu einer Schablone, die sie zur aufrichtigen
Erforschung der Geheimnisse, die es in jeder Familie gibt, nut-

zen können. In meinem Leben habe ich so viel Erfahrung mit dem Verbergen von Schmerz machen müssen, dass für mich Offenheit zum obersten Gebot geworden ist. Und ich hoffe, meine Nachkommen können es mir verzeihen, wenn ich dadurch unbeabsichtigt Beklemmung erzeuge. Ich habe diesen Weg gewählt. Jeder Mensch muss für sich selbst entscheiden.

Die Entscheidung darüber, wie man seine Geschichte erzählen soll, fällt nicht immer leicht. Der Prozess der Entscheidungsfindung kann von ebensolcher Bedeutung sein wie das Aufschreiben des Lebensberichts selbst. Für Sie ist es vielleicht keine einfache oder keine eindeutige Entscheidung, aber Ihre Geschichte ist wichtig, und *wie* Sie sie erzählen, wird für Ihre Nachkommen bereits eine Menge bedeuten.

Falls es Sie überfordert, Ihre gesamte Lebensgeschichte in die Form eines Mythos zu kleiden, dann wählen Sie stattdessen einen einzelnen Aspekt Ihres Lebens aus. Meine Freundin Rebecca schrieb mir in einem Brief darüber, wie sich ihre Beziehung zu ihrer Freundin Kathy verändert hatte – auch ich bin mit Kathy befreundet. Sie machte mir ihre Mitteilungen in einer mythischen Form. Ihr Brief beeindruckte und berührte mich stark. Nachfolgend gebe ich Auszüge daraus wieder, um Ihnen zu demonstrieren, wie Sie Ihrem Lebensweg mythisch Ausdruck verleihen können. Der ursprüngliche Brief war um einiges länger und sehr ansprechend gestaltet.

In einer Zeit, bevor es die Zeit selbst gab, da beschlossen zwei Seelen, die sich ewige Liebe geschworen hatten, einander im Zeitlauf wieder und wieder zu begegnen. Im Laufe der Jahrhunderte traten sie einander immer wieder gegenüber, in immer neuen Kleidungsstücken und verschiedenen Körpern, und erneuerten ihren Liebesschwur.

In der zweiten Hälfte des 20. Jahrhunderts fühlten sich die beiden Seelen wieder einmal unwiderstehlich zueinander hingezogen, diesmal als zwei Jungfern aus unterschiedlichen Ländern. Sie erkannten sich und wussten tief in ihrem Inneren, dass es ihr Schicksal war, wiedervereint zu werden. Sie lebten miteinander am lieblichen Gestade eines aus dem Feuer geborenen Landes. Inspiriert von anderen jahrtausendealten Seelen, brachen die sanften Jungfern einem Unterfangen Bahn, das ihnen selbst und anderen dienen würde.

Der Weg von der Idee bis zur Umsetzung war nur ein Lidschlag in der Zeit. Und dann brachen sie auf in ein anderes Land, älter noch als das erste, um dort einen Tempel des Rückzugs zu errichten. Als eine um die andere Jahreszeit verfloss, erkannten sie, dass sie die Hüter eines majestätischen, wunderbaren Schatzes waren, ein Prüfstein für viele, der ein Eigenleben entwickelte.

Doch dann bemerkten die beiden Jungfern, dass eine Wandlung bevorstand. Schwierigkeiten zogen ein in ihr Leben, doch ihre Liebe zueinander war so tief, dass sie auch weiterhin ihren Weg gemeinsam beschritten. Schließlich aber setzte eine Zeit des Begreifens ein, und sie erkannten, dass ihr Schicksal sie in unterschiedliche Richtungen führen musste. Doch trotz ihrer Ängste, Verletzungen und durch die Veränderungen bedingten Unsicherheiten trugen sie in sich die Gewissheit, dass ihre Liebe auch weiterhin stark und tief sein würde.

Ein Tag um den anderen fiel ihnen leichter; sie glaubten zu spüren, dass das Universum aus Erde und Sternen ihre Bereitschaft und ihren Mut zur Veränderung unterstützte. Die Zukunft stand ihnen nicht als klares Bild vor Augen, doch die beiden Jungfern entwickelten Vertrauen in die Weisheit des Schöpfers, in dessen Hand ihr Leben lag. Nun also, da sich die Zukunft vor ihnen entfaltet, gehen die beiden Jungfern noch immer Tag für Tag, Nacht für Nacht, eine um die andere Jahreszeit auf einem gemeinsamen und doch getrennten Weg ... und erfüllen ihre vor Urzeiten geleisteten Schwüre.

Ihre Vermächtnisbiographie unterliegt der Wandlung

Ihr Mythos kann sich verändern; er steht nicht unverrückbar am Firmament. Wir sind es gewohnt, die Welt auf die immer gleiche Art und Weise wahrzunehmen. Wir glauben, dass Objekte entweder existieren oder nicht. Wir glauben, dass die Welt aus festen, voneinander unterscheidbaren Formen besteht. Quantenmechaniker behaupten, dies träfe nicht zu; die Dinge seien nicht immer so, wie sie auf den ersten Blick zu sein scheinen. Ihre Lebensgeschichte kann andere Formen annehmen, ja selbst ihre Vergangenheit ist wandlungsfähig, wie Sie bereits wissen. Auch Ihr Blick auf die Vergangenheit kann plötzlich ein anderer sein. Deshalb ist es sinnvoll, dann und wann Ihre Vermächtnisbiographie durchzugehen und sie an den Stellen ein wenig anzupassen oder umzuschreiben, wo es Ihnen erforderlich scheint.

Der Versuch, einen persönlichen Mythos zu erfassen, der nicht mit dem Menschen übereinstimmt, der Sie tatsächlich sind, ist so, als trage man Schuhe, die nicht passen. Sie werden sich behindert und eingesperrt vorkommen. Mythologie kann eine Brücke darstellen zwischen Sinn und Erfahrung, und wenn Ihr persönlicher Mythos nicht passt, dann wird Ihnen Ihr Leben sinnlos erscheinen, weil es Ihnen unmöglich sein wird, die

Reise über die Brücke zu dem tieferen, allen Dingen zugrundeliegenden Sinn anzutreten.

Wir müssen uns der Fesseln einiger überholter Geschichten entledigen, die uns daran hindern, unsere volle Lebenskraft zu entfalten. Es ist entscheidend, in die verborgenen inneren Reiche
vorzudringen und sich das breite Spektrum neuer Mythen vorzustellen – solcher, deren Möglichkeit Ihnen bis zu diesem
Zeitpunkt undenkbar erschien. Es ist an der Zeit, die Geschichten,
an denen wir uns orientieren, zu erkennen und ihnen eine neue
Richtung zu geben – und zwar sowohl jene, die unserer persönlichen Entwicklung entspringen, als auch solche, die ihren
Ursprung in unserer Kultur haben. Unsere Mythologie reicht
mit ihren Wurzeln bis an die Quelle unserer Psyche und weist
den Weg in die Zukunft. Wir stoßen immer weiter vor in eine
Zeit, in der wir uns nicht mehr auf die Legenden unserer
Vorfahren stützen können, und wir brauchen dringend Mythen
und Geschichten, die uns in eine Zukunft führen, die mit nichts
vergleichbar ist, das bereits dagewesen ist.

Neue Mythen und Geschichten
für Ihre Zukunft

Es gibt keinen besseren Zeitpunkt als eben gerade *jetzt*, um für
Sie selbst, Ihre Verwandtschaft und Ihre Nachkommen neue
Mythen und neue Geschichten zu erschaffen, denn sie nähren
die Seele und sind eine entscheidende Voraussetzung für das
psychologische Wohlergehen der Generationen, die nach Ihnen
kommen. Viele der alten Geschichten, die an den Stammes-

lagerfeuern erzählt und von einer Generation an die nächste weitergereicht wurden, sind erloschen. Es ist ein Akt der Macht und der Hoffnung, die alte Tradition des Geschichtenerzählens wiederzubeleben und außerdem neue Legenden zu schaffen, die weitergegeben werden können. Neue Geschichten können auf vielerlei Art zustande kommen: als spontan erzählte Gutenachtgeschichten für Kinder oder als Unterhaltungsprogramm in einem Urlaub, dessen Tage abends vorm Lagerfeuer enden. Gelegentlich schweben sie auch sanft auf den Schwingen von Träumen hernieder.

Mein Vater dachte sich gerne Geschichten aus. Nachfolgend eine von ihnen, die er mir erzählte, als ich noch ein Kind war. Die Chancen stehen gut, dass sie ihre Gültigkeit auch noch in der Zukunft bewahren wird:

Vor langer, langer Zeit brach ein junger Mann auf, um sein Glück zu finden. Er machte sich auf den Weg, um das Gold am Ende des Regenbogens zu suchen. Auf seiner Reise sah er eines Tages einen gewaltigen Regenbogen, der sich von einem Ende des Himmels bis zum anderen erstreckte. Er lief los und spürte das eine Ende des Regenbogens in einer alten, überwucherten Streuobstwiese auf. Der Obstgarten war Bestandteil großer Ländereien, die einer alten Dame gehörten. Der junge Mann besaß kein Geld, um die vernachlässigte Wiese zu kaufen, also bot er der Dame im Tausch dafür seine Arbeitskraft an. Die alte Dame ging bereitwillig auf den Handel ein, weil sie einerseits eine Arbeitskraft brauchte und ihr die verwilderte Streuobstwiese andererseits seit langem schon nutzlos erschien. In der Erde wollte einfach nichts wachsen.

Der junge Mann arbeitete fleißig für die alte Dame, doch

am späten Nachmittag grub er in seiner Streuobstwiese nach Gold. Die Nachbarn traten an ihn heran und fragten ihn, warum er denn dort grabe. Da er nichts von dem Gold sagen mochte, erklärte er, er baue einen Keller. Natürlich musste er ihn schließlich tatsächlich errichten, damit die Leute nicht misstrauisch wurden.

Mit der Streuobstwiese geschah inzwischen etwas Merkwürdiges. Die Bäume erwachten plötzlich zu neuem Leben, und dicke, rote Äpfel hingen in den Zweigen. Das lag daran, dass der junge Mann den festen Boden auflockerte, so dass die Feuchtigkeit besser ablaufen und die Wurzeln tiefer Fuß fassen konnten. Jeden Abend grub er, und weil ihn die Leute weiterhin fragten, was er denn baue, antwortete er: »Ich errichte das Fundament für eine Scheune.«

Um das Misstrauen der Menschen nicht zu erregen, baute er mit dem Geld, das er durch den Apfelverkauf verdient hatte, tatsächlich eine Scheune. Nach ein paar Jahren verstarb die alte Dame und hinterließ dem jungen Mann ihren gesamten Besitz. Schließlich besaß er ein schönes Haus, eine Scheune, einen Apfelkeller und eine Reihe anderer Gebäude, eine ausgezeichnete Apfelwiese. Er lernte eine liebevolle Frau kennen, mit der er Kinder bekam. Er hörte jedoch nie auf, nach dem Gold zu suchen. Jeden Abend grub er auf seinem Land danach. Die Jahre vergingen, und aus dem jungen Mann wurde ein alter. Eines Nachmittags, als er auf der Veranda vor seinem Haus saß und auf seine Streuobstwiese blickte, sah er seine Enkelin durch das hohe Gras laufen. Ihre Haare glänzten und erstrahlten golden in der warmen Abendsonne.

Er lächelte und sagte zu sich: »Jetzt habe ich mein Gold am Ende des Regenbogens endlich gefunden.«

Neue Zeremonien, Rituale
und Traditionen für kommende Jahre

Unsere Nachkommen werden dieser entscheidenden Phase in der Geschichte unseres Planeten mit Hochachtung gedenken. Unsere Enkel werden einander erzählen, was wir während dieser Zeit taten. Sich jetzt die Zeit zu nehmen, den Anfang einer neuen Ära zu planen, wird Energie freisetzen. Sie haben die Möglichkeit, für die kommenden Jahre zu planen, indem Sie sich die nachfolgenden Fragen stellen: Welchen Platz hält die Zukunft für mich bereit? Welche Bedeutung wird diese Zeit für mich haben? Welche Zeremonien könnte ich abhalten, die mir den Zutritt zur Zukunft eröffnen? Wen möchte ich künftig an meiner Seite wissen?

Die meisten Menschen glauben an ihre Zweifel und bezweifeln ihren Glauben. Zweifeln Sie nicht an der Macht Ihres Glaubens. Das Universum reagiert auf symbolische Gesten. Die neuen Traditionen und Rituale, die Sie für die Zukunft schaffen, könnten verwoben sein mit den Hoffnungen, die Sie für die Zukunft haben. Sie können Ihnen helfen, Ihre tiefsten Ängste zu heilen. Sie richten Ihren Blick auf die höchsten Ziele und erinnern Sie daran, nicht Ihren schlimmsten Befürchtungen zu entsprechen, sondern stattdessen kraftvoll und mutig in ein neues Zeitalter einzutreten.

6. Kapitel

Das Tor zur Zukunft

Spirituelles Erwachen oder Apokalypse – wir haben die Wahl

Wir befinden uns gegenwärtig in der vielleicht interessantesten Zeit, die unser Planet je erlebt hat. In unseren Händen halten wir die Gelegenheit, das Schicksal unseres Planeten durch unsere Handlungen, Gedanken und Erwartungen zu beeinflussen. Das Potenzial für bedeutsame Veränderungen war niemals größer als gerade jetzt, und die damit einhergehende Verantwortung kann sich überwältigend anfühlen. Es gibt keinen Zweifel daran, dass die Herausforderungen, mit denen wir uns konfrontiert sehen, real sind. Die Probleme, die das Wohlergehen unserer Spezies und unseren gesamten Planeten bedrohen, sind groß und unmittelbar. Diese Dinge zeigen uns die Medien täglich in den Nachrichten, die zugleich wahr und beängstigend sind.

Umweltverschmutzung, Kriege, Terrorismus, Erderwärmung, Ölknappheit, Grippeepidemien, das Zurückgehen der Artenvielfalt, der Verlust gefährdeter Küstenstriche ... wir werden unablässig mit gegenwärtigen und bevorstehenden Krisen schockiert. Sie machen unsere Ängste nur allzu nachvollziehbar. Viel seltener jedoch werden wir darüber informiert, was alles geschieht, um das Blatt der Verzweiflung zu wenden. Nur dann und wann berichten die Medien über die großen und kleinen Vorstöße in die richtige Richtung. Es ist wichtig, diese Erfolge zu würdigen, denn sie stärken den Glauben an und das Vertrauen in unsere Zukunft. Schließlich sind unsere Überzeugungen der entscheidende Nährboden, wenn es darum geht festzulegen, ob wir auf dem Weg in eine strahlende Zukunft sind oder einer Zeit der globalen Verwüstung entgegensehen.

Es ist leicht, sich den fortwährenden Attacken entmutigender Fakten und damit Angst, Teilnahmslosigkeit und Untätigkeit zu ergeben. Doch diese, zwar verständliche Reaktionsweise ist ein Luxus, den wir uns nicht mehr länger leisten können. Denn was wir erwarten, das tritt häufig auch ein, und unsere Erwartungen im Hinblick auf die Zukunft könnten zu einer sich selbst erfüllenden Prophezeiung werden. Erwarten Sie kolossale geologische Veränderungen wie Erdbeben und Wirbelstürme auf unserem Weg ins neue Jahrtausend? Welche Erwartungen und Überzeugungen hegen Sie selbst mit Blick auf unsere Zukunft? Glauben Sie, dass eine Katastrophe unabwendbar ist? Stellen Sie sich vor, dass Ihre Familie mit ihren Nachkommen auch in Zukunft weiter existieren wird, eine Generation nach der anderen, dass die Menschen lernen, lieben und für ihre Nachkommen eine bessere Welt schaffen werden? Wir müssen uns unseren Ängsten entgegenstellen und ihre Wurzeln aufspüren, um ihnen auf einer grundlegenden Ebene eine positivere Richtung zu geben.

Der Reiz der Katastrophe

Wenn Sie für die Zukunft schwarzsehen und der Meinung sind, dass schwierige Veränderungen unabwendbar sind, dann stehen Sie damit nicht allein da. Der Glaube an eine heraufziehende Apokalypse gewinnt in den unterschiedlichsten Gruppierungen wie etwa unter konservativen Überlebenskünstlern, wiedergeborenen Christen, New-Age-Anhängern und radikalen Umweltschützern immer mehr Anhänger. Die Vorstellung einer drohenden Katastrophe hat einen gewissen Reiz, und es gibt eine ganze Reihe von Gründen, warum sie immer populärer wird. Falls Sie ebenfalls meinen, ein ungünstiges Schicksal sei unabwendbar, dann kann es für Sie sehr nützlich sein, in Ihnen selbst nach den Gründen für diese Überzeugung zu suchen.

Für manche Menschen ist das Einkalkulieren einer bevorstehenden Katastrophe eine Möglichkeit, die Zugehörigkeit zu einer Sache zu spüren, die größer ist als das alltägliche Leben. Wir alle sehnen uns nach dem Geheimnisvollen und Bestaunenswerten. Es verlangt uns nach außergewöhnlichen Erfahrungen oder Höhepunkten, dank derer wir uns als Bestandteil des großen Universums fühlen können. Doch überwiegend wird unser Leben bestimmt vom Bezahlen der Miete, der rechtzeitigen Fertigstellung irgendwelcher Arbeiten und einer grenzenlosen Zahl von Alltäglichkeiten. Wenn wir uns vorstellen, dass wir in einer magischen und erstaunlichen Zeit leben, in der das Schicksal der Menschheit auf der Waagschale liegt, erzeugt das in uns Euphorie und ein Gefühl von Sinn, das viele unserer gegenwärtigen religiösen und philosophischen Systeme nicht mehr in uns auszulösen vermögen. Daran zu glauben, dass unsere Gegenwart und unser Platz im Universum etwas

Besonderes ist, gibt uns ein Gefühl von Lebendigkeit. Auch wenn die Bilder einer kommenden Katastrophe äußerst negativ sind, sie stellen die Ängste mancher Menschen in einen größeren Zusammenhang und geben ihnen ihre Berechtigung.

Viele derjenigen, die vom drohenden Weltuntergang fasziniert sind, sind zugleich davon überzeugt, dass sie selbst irgendwie davonkommen werden, auch wenn alle anderen sterben müssen. Zum Beispiel gibt es diejenigen, die von Sydney in Australien ins Landesinnere in die Berge gezogen sind, weil sie fest daran glauben, dass Sydney von einer großen Flutwelle fortgeschwemmt werden wird. Die Leute sind von Kalifornien nach Oregon umgezogen, weil vorhergesagt wurde, dass Kalifornien im Meer versinken wird. Außerdem kenne ich Zeitgenossen, die Vorratskammern für den Ernstfall eingerichtet und sie mit Lebensmitteln und Waffen gefüllt haben, weil sie überzeugt sind, dass sie, wenn die Katastrophe eintritt, ihre Lebensmittel und ihr Leben werden verteidigen müssen.

Auch wenn diese Überzeugungen ihren Ursprung in etwas Aufregendem und Großem haben, sie sind dennoch gefährlich, weil sie Menschen dazu veranlassen, das Überleben von Familie und Freunden auf Kosten aller anderen zu sichern. Das instinktive Bewahren der eigenen Familie um jeden Preis ist ein Relikt aus unserer Vergangenheit und verhindert die Schaffung einer toleranteren Welt. Damit sich die Menschheit in den kommenden Jahren friedlich entwickeln kann, müssen wir dieser Neigung in uns selbst und in unserer Kultur entschieden entgegentreten.

Vielleicht haben die Vorstellung einer weltweiten Katastrophe und der Reiz, sie sich auszumalen, ihren Ursprung im Reich der Mythologie. Die Massenmedien machen es möglich, dass wir unablässig mit Informationen über die denkbar verheerenden Veränderungen auf der Erde bombardiert werden, und sorgen für die Entstehung einer kollektiven, unbewussten Angst vor gefährlicheren Zeiten. Mythen befähigen uns, die Dinge zu begreifen, die zu groß oder zu überwältigend sind, um sie auf dem üblichen Weg zu verstehen. Es könnte sein, dass wir diesen kollektiven Mythos vom Weltuntergang nur erschaffen haben, um unseren undurchsichtigen Ängsten Ausdruck zu verleihen. Der Armageddon-Mythos stellt uns eine bestimmte Form zur Verfügung, in die wir unsere diffusen Ängste einbinden können.

Der Mythos liefert uns den Drachen, den wir bekämpfen müssen. Um uns vor der potenziellen Katastrophe zu bewahren, forschen wir nach dem Ritter, der uns erlöst. Christen zum Beispiel suchen ihre Erlösung in der Wiederkehr Christi. Für manche Esoteriker kann der rettende Ritter die Form einer globalen Hinwendung zum spirituellen Erwachen um das Jahr 2012 sein, wie sie von den Maya vorhergesagt wird. Ein Armageddon-Mythos verbindet Angst und Bedrohung mit einem bestimmten Zeitpunkt, statt beides mit einer ungewissen Zukunft zu verknüpfen. Er ersetzt die nagende Sorge um unsere Zukunft mit einer Gewissheit vom Untergang, zu dessen Abwendung ein jeder von uns seinen Beitrag leisten kann. Der Mythos gibt uns die Kraft, unser Bestes zu geben, und macht unsere Ängste fassbar.

Die Vorstellung einer bevorstehenden Katastrophe ist auch deshalb so attraktiv, weil die menschliche Psyche sich auffallend von Anfängen und Abschlüssen angezogen fühlt. Wir feiern Silvester, weil es zugleich ein Ende und einen Neuanfang symbolisiert. Wir heben runde Geburtstage besonders hervor, weil sie den Abschluss eines Jahrzehnts und den Anfang eines neuen bezeichnen. Wir mühen uns unablässig, Neuanfänge in die Wege zu leiten. Auf der Suche nach Sinn feierten unsere Vorfahren in Ritualen und Zeremonien Ende und Anfang; solche Übergänge wurden als heilig empfunden. So viele Rituale sind verlorengegangen, und die Menschheit sehnt sich doch nach einer Wertschätzung und der Würdigung von Neuanfängen. Möglicherweise erfüllen ja die Bilder vom Weltuntergang und dem anschließenden Neubeginn der Erde dieses kollektive Bedürfnis.

Neuanfänge können auch symbolisch für den Tod der Sünde und die Wiedergeburt der Unschuld stehen. Buße ermöglicht in den Traditionen zahlreicher Religionen Umkehr und Neuanfang. Wir beichten unsere Sünden, um uns von ihnen zu reinigen. Weil Menschen dazu neigen, die tieferen Angelegenheiten ihrer eigenen Seele auf die Welt zu übertragen, könnte der Glaube an eine umwälzende Erneuerung das Bedürfnis unserer kollektiven unbewussten Psyche nach Reinigung von der Sünde der Erdverschmutzung und der Respektlosigkeit gegenüber dem Planeten zum Ausdruck bringen.

Die Anziehungskraft von Ausklängen und Neuanfängen tritt bei jedem Jahrhundertwechsel deutlich zutage. Man möchte meinen, das magische Zurückdrehen der Zeitrechnungen auf null stelle einen Wendepunkt im Leben dar. Von alters her wurden Weltuntergangsvorhersagen mit den Jahrhundertwenden verbunden. Möglicherweise spiegeln diese Weissagungen unseren Wunsch, einen Neustart möglich zu machen, wie ihn die Jahrhundertwende zeitlich gesehen darstellt. Doch obgleich Wahrsager und Propheten die Zeitenwende schon immer mit den schlimmsten Untergangsszenarios in Verbindung gebracht haben, besteht unser Planet weiter fort ...

Übersinnliche Vorhersagen

Weltweite katastrophenbedingte Umwälzungen wurden schon immer prophezeit, doch keine ist jemals eingetreten. Als 999 die erste Jahrtausendwende anstand, warteten ganze europäische Gesellschaften auf den Untergang. Sie meinten, die Jahrtausendwende bedeute ein Ende der Welt, wie sie sie kannten. Glücklicherweise ging das Leben ja weiter. Manche Religionen verknüpfen den Weltuntergang mit einem bestimmten Datum – Daten, die seither ohne besondere Ereignisse verstrichen sind.

Als ich für dieses Buch recherchierte, wollte ich herausfinden, wie zutreffend übersinnliche Vorhersagen maßgeblicher Veränderungen für unseren Planeten waren. Ich untersuchte zahlreiche Prophezeiungen, die bis zu vierzig Jahre zurückreichten, und fand keine einzige, die sich mit der Wirklichkeit deckte. Zum Beispiel prophezeite in den siebziger Jahren ein berühmter Wahrsager aus New York, dass die Welt 1974 oder 1975 durch ein gewaltiges Erdbeben erschüttert würde, dem ein Drittel des Planeten, darunter die Vereinigten Staaten, zum Opfer fallen und das eine schreckliche Hungersnot zur Folge haben würde. Der relativ unpräzise Charakter dieser Weissagung ist ungewöhnlich. Doch auch präzise Vorhersagen etwa über den Untergang der amerikanischen Ost- beziehungsweise Westküste, über Hunderte Meter hohe Flutwellen, Polverschiebungen und weltweite Hungerkatastrophen haben sich bisher immer als falsch erwiesen. Selbst Naturkatastrophen, die das im Januar 1967 gegründete britische Amt für Vorwarnungen oder das 1968 in New York ins Leben gerufene zentrale Büro für Vorwarnungen publizierten, erwiesen sich immer nur als teilweise zutreffend. Es gibt keinen Grund anzunehmen, dass Prophezeiungen heutzutage zuverlässiger sind als früher.

Übersinnliche Vorhersagen haben das Manko, dass sich ihre Gültigkeit erst im Rückblick offenbart. Selbst die erstaunlich genauen Prophezeiungen des Nostradamus ließen sich nur auf diese Weise bestätigen. Als ich mich mit verschiedenen individuellen Interpretationen der Vierzeiler des Nostradamus auseinandersetzte, erwiesen sie sich als kaum übereinstimmend und ungenau. Immer erst im Nachhinein gelingt es heutigen Wahrsagern, Nostradamus' Vorhersagen mit vergangenen Ereignissen in Übereinstimmung bringen.

1987 publizierte ein bedeutender amerikanischer Verleger einen maßgeblichen Führer zu den Weissagungen des Nostradamus für das neue Jahrtausend und die Zukunft. Der weithin bekannte übersinnliche Autor behauptete, Nostradamus weissage für die Mittneunzigerjahre eine Teilung Ostafrikas in drei Splitter, die Überflutung von New York und Florida und das Auseinanderbrechen der Vereinigten Staaten. Diese Ereignisse stehen bis heute aus. In dem Buch heißt es außerdem, Nostradamus prognostiziere für den Juli 1999 einen Holocaust, der zur Zerstörung der zivilisierten Welt führen würde. Außerdem sollte ganz England Ostern 2000 unter gewaltigen Überschwemmungen zu leiden haben, in deren Folge der Süden der Insel komplett im Meer versinken würde. Diese Termine sind verstrichen, und diese Interpretationen des Nostradamus haben sich als ebenso unzutreffend erwiesen wie viele Vorläufer.

Im Verlauf meiner Reisen habe ich das Glück gehabt, eine ganze Reihe hervorragender Wahrsager kennenzulernen, doch war keiner unter ihnen, dessen Weissagungen zu hundert Prozent zutrafen. Jedes Zeitalter hat seine Weissager und Propheten, die in die Zukunft blicken können. Auch ganz »normale« Menschen erinnern sich an übersinnliche Wahrnehmungen, Ahnungen oder Träume, die wahr geworden sind. Zwar gibt es im Rückblick immer Vorhersagen, die sich als richtig erwiesen haben, doch ist es schwierig und manchmal sogar unmöglich, im Vorhinein zu bestimmen, welche sich bewahrheiten werden.

Viele Hellseher verknüpften das Jahr 2000 mit der Vorhersagung katastrophaler Ereignisse. Zwar konzentrierte dieses Jahr auf sich eine ungewöhnlich hohe Anzahl solcher Prophezeiungen, doch tatsächlich ist es keineswegs ein besonderes Datum. Da die meisten Bibelgelehrten darin übereinstimmen, dass Christus gar nicht im Jahre null geboren wurde, ist das Jahr 2000 faktisch ein willkürliches Datum. Auch wenn westliche Kulturen am gregorianischen Kalender festhalten, ist das Jahr 2000 keineswegs als besonderer kultureller Wendepunkt zu betrachten. Und so verstrich auch der 1. Januar 2000 ohne besondere Vorkommnisse.

Vorhersagen der Wissenschaft

Die Prognosen von Wissenschaftlern im Hinblick auf die Zukunft sind nicht unbedingt bemerkenswerter als die ihrer übersinnlichen Kollegen. Die Wissenschaft kann Trends und Wahrscheinlichkeiten sehr genau aufzeigen, doch ein Ereignis in der Zukunft vorhersagen, das kann sie nicht. Anfang des 19. Jahrhunderts etwa sagte der angesehene Sozioökonom Thomas Malthus aufgrund der Bevölkerungsexplosion Ende des 18. Jahrhunderts einen weltweiten Kollaps voraus. Seine Meinung wurde damals weitgehend für richtig befunden. Er stelle die Hypothese auf, dass die Weltpopulation schneller wachsen würde, als es ihr gelingen konnte, die Nahrungsmittelproduktion den veränderten Verhältnissen anzupassen. Er hatte recht mit seiner These, dass die Bevölkerung exponentiell zunehmen würde; die großen Fortschritte in der Landwirtschaft jedoch konnte er nicht vorhersehen. Auf der Basis der Informationen, die Malthus zum damaligen Zeitpunkt zur Verfügung standen, war seine Prognose korrekt. Unvorhersehbare Umstände jedoch machen treffende Vorhersagen nur allzu oft schwierig.

Weniger lang liegen die Voraussagen des berühmten Club of Rome zurück – eine Studie, die sich auf spektakuläre Weise als falsch erwies. In dieser Studie aus den siebziger Jahren des letzten Jahrhunderts prognostizierten angesehene Wissenschaftler, dass unsere Zivilisation Ende der neunziger Jahre aufgrund einer durch die Bevölkerungsexplosion verursachten Hungerkatastrophe einen vollständigen Zusammenbruch erleiden würde. Diese düstere Prophezeiung wurde möglicherweise durch die sogenannte »grüne Revolution« entkräftet, in deren Verlauf die Bewohner vor allem der Entwicklungsländer lernten, durch Rotation und Hybridisierung ihre Erträge zu verdreifachen.

Immer wieder haben Wissenschaftler einen ökologischen Zusammenbruch vorausgesagt, der sich in dieser Form dann nicht ereignete. Das bedeutet natürlich nicht, dass alle gegenwärtigen Prognosen als unzutreffend abgetan werden sollen. Es heißt lediglich, dass jede wissenschaftliche Vorhersage über die Zukunft unkalkulierbare Variablen enthält. Diese Tatsache gibt der Hoffnung für die Zukunft eine Basis.

Auf die sehr große Wahrscheinlichkeit von Umweltkatastrophen auf unserem Planeten wird häufig zurückgegriffen, um den Glauben an eine kommende Apokalypse zu rechtfertigen. Dennoch zeigt sich trotz der großen ökologischen Herausforderungen Hoffnung am Horizont. Das Bewusstsein für die Notwendigkeit, eine Lösung für die Bedrohung unserer ökologischen Integrität zu finden, hat sich in den letzten 25 Jahren weltweit geschärft. In der Folge werden Lösungen für scheinbar unlösbare Probleme gefunden.

Die Art und Weise, wie die Weltgemeinschaft im Hinblick auf Fluorkohlenwasserstoffe handelt, ist nur ein Beispiel, das zu einem optimistischen Blick in die Zukunft ermutigt. Fluorkohlenwasserstoffe (FCKW) wurden von Kühlgeräten und Spraydosen freigesetzt. Sie zerstören die Ozonschicht, den Teil unserer Atmosphäre, der uns vor schädlicher Strahlung schützt. Es ist noch gar nicht lange her, da erkannten Wissenschaftler, dass irreversible Katastrophen auf globaler Ebene zu erwarten seien, falls sich die Zerstörung der Ozonschicht durch das FCKW nicht stoppen ließe. Nicht nur die Zahl der Hautkrebserkrankungen würde in die Höhe schießen mit der Folge, dass wir alle uns nur noch mit Strahlenschutzkleidung an die frische Luft wagen könnten, sondern auch zahlreiche Pflanzen- und Tierarten, die keine Strahlung vertragen, würden aussterben. Außerdem sei im Bereich der Landwirtschaft mit einer verheerenden Kettenreaktion zu rechnen.

Die übereinstimmende Einschätzung der Fluorkohlenwasserstoffe als globale Gefahr sorgte dafür, dass sich die Vertreter der Industrienationen 1987 in Montreal trafen und sich im Protokoll der Konferenz dazu verpflichteten, weltweit die

Produktion von FCKW zu verbieten. Erstmals in der Geschichte sorgte eine globale Übereinkunft in so kurzer Zeit für eine maßgebliche Verhaltensänderung. Im Verlauf der Debatten während der Konferenz brachten verschiedene Befürworter der FCKW-Hersteller die Meinung zum Ausdruck, dass es ja doch keinen Sinn mehr habe, die Industrie überhaupt nach einem Ersatz für den Stoff suchen zu lassen. Doch konnten seither tatsächlich unschädliche Ersatzstoffe entwickelt werden. Die Initiative, die auf der Basis des Protokolls von Montreal ergriffen wurde, hat die negativen Auswirkungen von FCKW auf die Ozonschicht verringert. Zwar wird es noch fünfzig bis hundert Jahre dauern, bis der Normalzustand wieder erreicht ist, doch immerhin ist die Genesungsphase eingeleitet.

Unser Planet steht gegenwärtig noch vor vielen anderen ökologischen Herausforderungen. Nicht zuletzt die Erderwärmung bereitet uns große Sorgen. Dieses Problem lässt sich sehr viel schwerer lösen als die Gefährdung der Ozonschicht durch das FCKW. Da jedoch die Kenntnisse der Wissenschaft in allen Bereichen unablässig wachsen, gibt es glaubwürdige Hinweise dafür, dass eine Lösung auch für dieses ökologische Problem gefunden werden kann und wird.

Wir als Individuen können diesen Prozess unterstützten, indem wir uns über Probleme informieren (statt sie zu ignorieren und zu hoffen, dass sie auf diese Weise verschwinden) und dann unsere persönliche Wahl so treffen, dass wir zur Lösung beitragen. Wir könnten etwa unsere Konsumgewohnheiten ändern, für entsprechende Forschung Geld spenden oder Briefe an die Regierung schreiben. Keine Handlung ist zu geringfügig, um nicht doch etwas zu bewirken, und genauso wie eine Alternative zum FCKW entwickelt wurde, könnte aus der

Sackgasse, in der wir heute stecken, noch zu unseren Lebzeiten ein Ausweg gefunden werden. Hoffnungen zu haben und gemeinsam auf ein Ziel hinzuarbeiten, ist ein mächtiges Mittel, um es tatsächlich zu erreichen.

Je mehr die Bevölkerung auf unserem Planeten anwächst, umso wichtiger wird es, kreative Lösungen für den Umgang mit unseren schwindenden Ressourcen zu finden. Ein solcher Hoffnungsstrahl ist das Gipfelabkommen von Rio de Janeiro von 1992. Obwohl kritisiert wird, dass das Abkommen nur verwässerte Resolutionen und sehr wenig konkrete Handlung bewirkte, war der Gipfel dennoch ein historisches Ereignis, das weltweit das Interesse an ökologischen Fragestellungen weckte. Es war sehr ermutigend zu sehen, wie Wissenschaftler, Politiker, Humanisten und Visionäre zusammen an einem Strang zogen, um der Umwelt zu helfen.

Gipfelteilnehmer berichteten, dass sie trotz der Sprachbarriere und so unterschiedlicher kultureller Herkunft bei allen Teilnehmern die Einsicht gespürt hätten, dass wir alle mit ein und derselben Krise des Planeten konfrontiert sind. Grundlagenarbeit wurde geleistet und eine Schablone erarbeitet, um die Umweltpolitik weltweit in die gleiche Richtung zu dirigieren. Viele der Themen und Diskussionen, die während des Gipfels die Gemüter erregten, sind weiterhin im öffentlichen Bewusstsein verankert und wurden später durch den Gipfel in Johannesburg 2002 noch einmal verstärkt. (Weitere Informationen zu der Frage, wie Sie helfen können, finden Sie auf: http://www.mylinkspage.com/earthsummit.html)

Zukunft schaffen

Wahrsager und Wissenschaftler tun sich schwer, die Zukunft vorherzusagen, aber sie sind sich darin einig, dass wir am Beginn eines der schwierigsten Jahrhunderte der Menschheitsgeschichte stehen und auf globale Visionen und gemeinsame Ziele angewiesen sind, um eine gemeinsame Lösung für unsere größten Probleme zu finden. Statt die Zukunft vorherzusagen, sollten wir uns lieber darauf konzentrieren, sie selbst zu erfinden. Zwar wissen wir noch nicht, wie wir den großen Herausforderungen unserer Zeit begegnen sollen, aber es ist absolut notwendig, dass wir unseren Pessimismus aufgeben und ihn durch Intelligenz, Vertrauen und visionäres Denken ersetzen. Wenn es zu einer Katastrophe kommt, dann haben wir keinerlei Kontrolle darüber, wann oder wo wir uns vor ihr in Sicherheit bringen können. Wir haben jedoch Kontrolle darüber, was wir tun und was wir denken und wie es unsere Mitmenschen jetzt und in Zukunft beeinflusst.

Miteinander müssen wir sagen: »Ja, die Erde liegt uns am Herzen, und wir wollen, dass sie überlebt.« Hierzu bedarf es einer globalen Vision, wie wir sie noch niemals zuvor bezeugt haben. Statt dass wir uns über schreckliche Vorhersagen Sorgen machen, müssen wir 200 oder sogar 2000 Jahre vorausdenken. Wir können noch etwas von den Irokesen lernen, die versuchten, in ihren Beschlüssen deren Auswirkungen auf die nächsten sieben Generationen zu bedenken.

So unvollkommen wir Menschen auch sind, wir sind dennoch eine kostbare und einzigartige Lebensform im Universum. Vielleicht ist es ja ein bisschen zu egozentrisch, auf die Fortsetzung menschlichen Lebens auch im zweiten und dritten

Jahrtausend und darüber hinaus zu hoffen, da doch 99 Prozent aller Lebensformen, die jemals auf unserem Planeten existierten, inzwischen ausgestorben sind. Aber ich stelle mir vor, dass das, was wir hier und jetzt tun, Energie in die Zukunft projiziert und auch noch Tausende Jahre später Wirkung zeigt. Es ist nicht unvorstellbar, dass dies geschieht. Sehen Sie sich doch an, welche Wirkung ein Mann mit seiner Liebe zu Gott vor 2000 Jahren auf uns hatte. Gemeinsam können wir Einfluss nehmen.

Der Umwelt helfen

Wenn Sie einen positiven Beitrag zur Ökologie der Zukunft leisten möchten, dann müssen Sie, Ihre Familie und Ihre Freunde zunächst einmal auf den gegenwärtigen Wissensstand gelangen. Informieren Sie sich über die Erderwärmung, die Ozonschicht, die Vogelgrippe, das Waldsterben, die Überbevölkerung und den Artenrückgang. Pläne für die Zukunft zu machen bedeutet nicht, den Kopf in den Sand zu stecken und die Wirklichkeit der Welt zu leugnen. Es wäre naiv, sich nicht darüber im Klaren zu sein, dass wir und unser Planet vor großen Schwierigkeiten stehen. Es gibt genug Beweise dafür, dass die industrielle Umweltverschmutzung von Boden, Luft und Wasser überwältigende Ausmaße angenommen hat. Der Treibhauseffekt lässt sich nicht leugnen. Der Verschmutzungsgrad der Weltmeere ist so groß, dass selbst Tiefseefische kontaminiert sind. Robben und Delphine, die an der Spitze der Nahrungskette stehen, weisen Mutationen durch Umweltgifte auf. Die Chemikalien, die unsere Bauern verwenden, sickern in die Flüsse, die Speicherseen und ins Grundwasser.

Die Luftqualität hat sich weltweit so sehr verschlechtert, dass Frösche, die in einem ökologisch vermeintlich intakten Gebiet leben, einen qualvollen Tod sterben, weil ihre dünne Haut sie anfällig für Luftverschmutzung macht. Saurer Regen und Waldsterben sind alltäglich geworden. Es ist wichtig zu wissen, wo wir mit unserem Planeten aus ökologischer Sicht stehen. Indem Sie sich selbst und andere bilden, schaffen Sie die Basis, um vielleicht mit nützlichen Antworten einen Beitrag für die Zukunft zu leisten. Rüsten Sie sich mit Wissen statt mit Angst.

Visualisieren Sie das Potenzial, das in einer positiven Veränderung hin zum Guten liegt. Es stellt eine gute Alternative zur sorgenvollen Angst um die Umwelt dar. Stellen Sie sich nicht den Weltuntergang vor, sondern das Ende der Welt, wie wir sie kennen, damit mit unserer Hilfe eine bessere, gerechtere und schönere Welt entstehen kann. Tragen Sie diese Vision in Ihrem Herzen. Erwecken Sie sie vor Ihrem inneren Auge zum Leben, strahlend, pulsierend und real. Wenn Sie der überall um Sie herum wuchernden Angst und der daraus folgenden Tatenlosigkeit widerstehen, dann leisten Sie bereits einen wichtigen Beitrag, der viel positive Energie freisetzt.

Indem ein einzelner Mensch sich für die Hoffnung und gegen die Verzweiflung entscheidet und seine Position behauptet, bewirkt er im Strom des kollektiven Unbewussten bereits eine bedeutsame Veränderung. Diese Wahl wirkt wie ein Magnet und ermutigt andere, die vielleicht unentschlossen waren oder in ihrem Entschluss schwankten, sich von der Angst zu befreien und aktiv zu werden. Ein Einzelner, der mutig seinen Standpunkt behauptet und Verantwortung übernimmt, kann eine positive Kettenreaktion in Gang setzen, die er sich niemals vorzustellen gewagt hätte. Indem Sie sich entscheiden, an eine strahlende Zukunft zu glauben, statt sich für die Prophezeiungen von Verhängnis und Verzweiflung zu öffnen, werden Sie zum Mitschöpfer einer Wirklichkeit, die die Zukunft der gesamten Menschheit ist.

Widerstand leisten

Seien Sie jederzeit bereit, der vorherrschenden Überzeugung, dass wir finsteren Zeiten entgegengehen, zu widersprechen. Weil diese Auffassung so weit verbreitet ist, hat das Weltuntergangsvokabular bereits Eingang in unsere Sprache und in unser Denken gefunden. Wenn Sie Menschen vom drohenden Untergang reden hören, dann machen Sie den Mund auf. Seien Sie rücksichtsvoll, aber machen Sie klar, dass Sie die Dinge anders sehen. Die meisten Menschen warten nur darauf, dass endlich einer eine positive Stellung bezieht. Kein Mensch, der nicht lieber die Hoffnung wählen würde, doch die meisten fürchten sich davor, sich lächerlich zu machen. Wenn Sie Ihre Meinung sagen, dann fühlen sie sich in ihren geheimen Hoffnungen bestätigt und werden bald ebenfalls gegen die allgemeine Weltuntergangsstimmung Widerstand leisten.

Vor fünfzig Jahren war es in den Vereinigten Staaten noch weit verbreitet, dass die Leute geringschätzige Kommentare über Abstammung oder Geschlechtszugehörigkeit abgaben. Niemand machte sich über solche abschätzige Äußerungen Gedanken, obwohl sie für die Personen, gegen die sie sich richteten, äußerst verletzend waren. Die Opfer dieser Behandlung wehrten sich nicht, sondern versuchten, sie als normalen Bestandteil eines Gesprächs zu betrachten, auch wenn sie sich insgeheim beleidigt fühlten.

Doch dann setzten sich plötzlich einige doch zur Wehr. Anfangs wurde ihre Kritik als überzogen empfunden, doch nach und nach entwickelte ihr Widerstand eine eigene Dynamik, und inzwischen ist es äußerst unpassend, sich über irgendeine Minderheit lustig zu machen; wer es dennoch tut, begibt sich ins soziale Abseits. Manche äußern vielleicht die Ansicht, dass das Pendel der politischen Korrektheit in den USA inzwischen zu weit in die entgegengesetzte Richtung ausschlägt, doch die sollten sich darauf besinnen, wie kurz es erst her ist, dass man die Geringschätzung, die man für andere Menschen empfand, unwidersprochen und ungestraft in der Öffentlichkeit äußern durfte.

Ein paar wenige, die mit Aufrichtigkeit im Herzen das sagen, was sie denken, reichen aus, um andere zu inspirieren, die ihrerseits die Botschaft in ihr soziales Umfeld hineintragen. Die resultierende Aufwärtsentwicklung ist phänomenal. Eine einzige Person kann einen solchen Unterschied bewirken! Viele der großen Bewegungen im Verlauf unserer Geschichte sind nicht so in Gang gekommen, wie die Geschichtsbücher, die nur die Taten von Königen und Kriegern und die Daten großer Schlachten wiedergeben, von ihnen berichten. Oft kam der Impuls, der große Schlachten auslöste und die Könige zum Handeln veranlasste, aus kleinen Dörfern überall auf dem Land, wo Nachbarn miteinander über ihre Probleme sprachen und über ihre möglichen Lösungen.

Veränderung beginnt häufig an der Basis und breitet sich von dort her aus. Das ist es, was große Umwälzungen bedeutend macht – die große Zahl von Menschen, die sie unterstützen. Was als kleine Welle beginnt, kann Schwung aufnehmen und zu einer großen Flutwelle anwachsen, die Berge zum Einstürzen bringt! Sie könnten die kleine Welle sein, die alles in Bewegung setzt. Was Sie denken, was Sie erhoffen, die kleine Handlung, zu der Sie sich heute durchringen ... dies ist der entscheidende Unterschied. Lassen Sie niemals Ihre Fähigkeit, große und bleibende Veränderungen in Gang zu setzen, unberücksichtigt. Vielleicht werden Sie niemals erfahren, welche Wirkung Ihre Handlungen haben, aber Sie werden immer wissen, dass Sie Ihr Bestes gegeben haben, dass Sie auf Ihr Herz gehört haben und dass Sie den Mut und das Vertrauen aufgebracht haben, das zu tun, was Ihnen Ihr Herz aufgetragen hat.

> *»Wenn Spinnennetze zusammengefügt werden, dann können sie einen Löwen fesseln.«* ÄTHIOPISCHES SPRICHWORT

Sich für Dinge einsetzen, an die man glaubt

Zahlreiche heutige Rechte und Vorzüge, die wir als gegeben hinnehmen, sind tatsächlich Bestandteil des spirituellen Vermächtnisses unserer Vorfahren, die sich für Dinge eingesetzt haben, die ihnen wichtig waren. Die Tatsache, dass Frauen wählen dürfen, die Fortschritte im Bereich des Zivilrechts, das Verbot der Kinderarbeit, der Achtstundenarbeitstag – sie sind das direkte Ergebnis der Arbeit unserer Vorfahren, die wollten, dass wir es einmal besser haben als sie selbst. Ein Gefühl der Dankbarkeit für das, was wir erhalten haben, kann uns das Vertrauen einflößen, das wir brauchen, um denen, die uns nachfolgen, ebenfalls eine bessere Welt zu bereiten. Wer sich für eine Sache einsetzt, an die er leidenschaftlich glaubt, der hinterlässt seinen Nachfahren ein spirituelles Vermächtnis, so wie es unsere Vorfahren für uns getan haben.

Schon kleine Schritte zeigen Wirkung

Das Gefühl, dass man selbst nichts tun kann, was wirklich ausreicht, um eine Veränderung zu bewirken, ist die Blockade, die viele Menschen daran hindert, sich leidenschaftlich für eine Sache einzusetzen. In unseren über die Maße angefüllten Leben haben die wenigsten von uns Zeit und Energie übrig, um ihre gesamte Zeit irgendeiner Sache zu widmen, geschweige denn allem, was es in unserer Welt zu verbessern gilt. Es mag vieles geben, wofür wir uns interessieren, doch wir müssen Rechnungen bezahlen, uns um unsere Familien kümmern und unsere Arbeit tun, da bleibt kaum noch Zeit übrig. Angesichts der Anforderungen, die an uns gestellt werden, haben wir dennoch manchmal Schuldgefühle, weil wir nicht mehr tun. Die aus diesem Gefühl resultierende Machtlosigkeit führt gelegentlich dazu, dass wir uns schließlich für gar nichts mehr einsetzen.

Die beste Art, mit dieser zerstörerischen Haltung umzugehen, ist es, sich kleine positive Schritte vorzunehmen. Tun Sie das, was Sie mit Ihren Mitteln und an dem Punkt in Ihrem Leben tun können. Wenn Sie nur einen kleinen Geldbetrag spenden können, wenn Sie nur einmal im Monat eine Stunde für das Einsammeln von Spendengeldern für eine Organisation, an die Sie glauben, erübrigen können oder wenn Sie nur ein wenig Abfall vom Straßenrand aufheben, Sie haben dennoch positiv Einfluss genommen. Sie sind nicht allein. Sie müssen keine Riesenschritte machen, da viele kleine Schritte vereint große Ergebnisse ermöglichen. Es gibt eine Verbindung zwischen all den kleinen positiven Entscheidungen, die wir auf der alltäglichen Basis treffen und die uns zwar klein und folgenlos erscheinen, die aber dennoch große Entwicklungen ermöglichen, weil sie von gebündelten Kräften jenseits unserer eigenen vorangetrieben werden. Jede kleine positive Wahl, die Sie treffen, leistet einen Beitrag. Auf diesen kleinen Beitrag zu verzichten, ist eine denkbar schlechte Entscheidung.

Folgen Sie dem Diktat Ihres Herzen. Suchen Sie sich eine Sache, für die Sie sich begeistern können. Engagieren Sie sich in dem Maße, das Ihnen möglich ist, und verbannen Sie Schuldgefühle. Sich schuldig dafür zu fühlen, dass Sie nicht mehr tun, wird Sie lediglich entmutigen und Sie veranlassen, noch weniger zu tun. Loben Sie sich aufrichtig für alles, was Sie beitragen können. Sie verändern etwas. Welchen Beitrag Sie auch zu leisten vermögen, er ist entscheidend für das Ergebnis, das Sie anstreben zu erreichen. Wer weiß schon, welchen Einfluss Ihre Handlungen haben werden? Jeder weiß, welche Rolle Gandhi bei der Befreiung Indiens von der britischen Vorherrschaft gespielt hat, doch ohne die tausend und abertausend Einzelpersonen, die ihn mit ihrem kleinen individuellen Beitrag unterstützten, hätte Indien niemals seine Freiheit gewonnen.

Einer allein kann es nicht schaffen

Es gibt niemanden, der alles allein schaffen kann. Wählen Sie für sich den Bereich aus, mit dem Sie sich am besten fühlen, und freuen Sie sich an allem, was Sie darin erreichen können. Beispielsweise könnten Sie sich mehr für Mülltrennung einsetzen. Es ist für Sie mit geringem Aufwand verbunden, den Müll den Vorschriften gemäß zu sortieren, und Sie könnten sich dabei vorstellen, welch schöne neue Dinge aus Ihrem Altpapier entstehen werden. Oder aber, wenn Sie auf dem Lande wohnen, Sie betrachten die schönen hohen Bäume in Ihrem Wald und führen sich vor Augen, dass sie verschont werden, weil Sie Ihr Altpapier vom übrigen Abfall trennen und regelmäßig in den dafür zugewiesenen Container bringen. Schon möglich, dass es Sie noch nicht zum Helden macht, bloß weil Sie Ihr Altpapier vorschriftsmäßig entsorgen, statt es in den Restmüllcontainer zu werfen, aber Sie werden sich wie einer fühlen. Ihr wöchentlicher Beitrag zur Müllvermeidung und zur Bewahrung der Bäume wird zwar allein noch nicht dafür sorgen, dass die Urwälder erhalten bleiben, doch ist er Bestandteil einer Bewegung, die in diese Richtung führt.

Wenn Sie mit dem Bus statt mit dem eigenen Auto zur Arbeit fahren, dann leisten Sie einen Beitrag. Außerdem können Sie sich im Bus entspannen und ein gutes Buch lesen, statt sich vom Berufsverkehr stressen zu lassen. Wenn Sie sich in Ihrem örtlichen Lebensmittelgeschäft zum Kauf von Bio-Lebensmitteln entscheiden, dann helfen Sie, die Erde zu säubern und unterstützen außerdem kleine, arbeitsintensive Unternehmen. Und zugleich übernehmen Sie die Verantwortung für die Gesundheit Ihres Körpers. Jede positive Wahl, die Sie treffen, sendet zum Segen unserer Nachkommen positive Energie in ihre Zukunft und bereichert und segnet außerdem Ihr eigenes Leben im Hier und Jetzt.

Jede noch so kleine Handlung, die Sie in diese Richtung unternehmen, setzt wichtige soziale Kräfte in Bewegung. Ihre Entscheidung für Bio-Lebensmittel erhöht die Nachfrage, die wiederum mehr Bauern veranlasst, sich für diese rückstandfreie Bewirtschaftung ihres Landes zu entscheiden. Wenn Sie Produkte aus rückgewonnenen Rohstoffen kaufen, dann stellen Sie sich dabei wahrscheinlich wohl kaum vor, welche Auswirkung das auf Menschen in fernen Ländern hat, doch ich versichere Ihnen, es hat eine ganz entscheidende. Nehmen Sie sich die Zeit, um sich den positiven Einfluss vorzustellen, den Ihr Handeln auf die Schaffung einer Welt hat, die Sie voller Stolz an Ihre Kinder weiterreichen können. Jedes Mal, wenn Sie so handeln, und jedes Mal, wenn Sie innehalten und sich das Ergebnis Ihrer guten Arbeit vorstellen, nehmen Sie auf positive Weise Einfluss auf das kollektive Unbewusste. Dies ist eine der besten Möglichkeiten, um sich aus dem negativen Zyklus von Frustration und Verzweiflung zu befreien.

Schuldgefühle aufgeben

Es ist von großer Bedeutung, sich den Fallstricken der Schuldgefühle zu entziehen, die Sie vielleicht deshalb entwickeln, weil Sie meinen, nicht genug zu tun. Falls die Zeit, die Sie morgens auf dem Weg zur Arbeit allein im Auto verbringen, für Ihr Wohlbefinden entscheidend ist, weil es Ihnen dort besser gelingt, zu sich selbst zu finden, als in einem überfüllten Fahrzeug des öffentlichen Nahverkehrs, dann dürfen Sie sich deshalb nicht schuldig fühlen. Kein Mensch kann alles allein schaffen. Wenn wir anfangen, uns in Vorstellungen von »Ich sollte aber ...« zu verstricken, dann entmutigt uns das derart, dass wir jegliche Bemühungen einstellen. Wenn wir helfen wollen, dann müssen wir es auf eine Weise tun, die uns persönlich entspricht. In den Bereichen, die unsere Lebensfreude erhöhen und uns Kraft geben, sind wir am erfolgreichsten. Ist Ihnen Ihr Beitrag zuwider, dann werden Sie damit bestimmt nicht zur Entstehung positiver Energie beitragen. Ihre Abscheu könnte sogar das zunichtemachen oder ungünstig beeinflussen, was andere um Sie herum investieren.

Außerdem könnte es ins Auge gehen, wenn Sie neue Angewohnheiten zu dogmatisch zu festigen versuchen. Seien Sie sich selbst gegenüber freundlich. Engagieren Sie sich in kleinen Schritten, und achten Sie sorgsam darauf, die eingegangenen Verpflichtungen einzuhalten. Auf diese Weise profitieren Sie am meisten von Ihrem gesteigerten Selbstwertgefühl und Ihrem Glück. Wenn Sie übertriebene Anforderungen an sich stellen wie etwa »Ich werde nie wieder etwas anderes als Bio-Produkte kaufen« und es dann nicht schaffen, Ihren Vorsätzen treu zu bleiben, dann werden Sie sich schuldig und unzulänglich fühlen. Nehmen Sie sich lieber vor: »Ich weiß nicht, ob es mir immer gelingt, Bio-Produkte zu kaufen, aber wenn ich die Wahl habe, dann entscheide ich mich für Obst, Gemüse und Fleisch aus biologisch-dynamischem Anbau.« Dann brauchen Sie, wenn die Lebensmittel auf Ihrem Wochenspeiseplan nicht in der gewünschten Qualität erhältlich sind, nicht in Schuldgefühlen erstarren und müssen auch Ihrem Vorsatz nicht untreu werden. Vielmehr wird es Ihnen jedes Mal dann ein Hochgefühl verschaffen, Mahlzeiten ausschließlich aus gesunden Bestandteilen zuzubereiten.

Und wenn Sie, wie es sicher von Zeit zu Zeit vorkommen wird, nicht bei Ihren Vorsätzen bleiben, dann seien Sie sanft mit sich. Machen Sie sich bewusst, dass es genau die Unvollkommenheit ist, die Menschen interessant macht, also lassen Sie Ihr Versagen los, und fangen Sie von vorne an. Von Bedeutung sind allein Ihre Absicht und die allgemeine gute Richtung, die Sie eingeschlagen haben.

Machen Sie sich einen Plan

Zwar ist die Zahl der Probleme, mit denen wir konfrontiert sind, überwältigend groß, doch die Zahl der Lösungsmöglichkeiten steht dem in nichts nach. Es gibt ebenso viele Möglichkeiten zu helfen und etwas zu verändern wie Menschen, die entsprechend in Aktion treten können. Wenn Sie die Schwierigkeiten, vor denen wir stehen, in ihrer Gesamtheit betrachten, dann werden Sie sich überfordert fühlen und versucht sein aufzugeben. Doch es gibt eine viel bessere Herangehensweise, die zugleich aufregend ist und Ihnen Schwung geben wird. Fragen Sie sich, was Sie am liebsten tun. An welchen Veränderungen hätten Sie gerne Anteil, welche würden Ihnen Spaß machen und vielleicht sogar ein seit Jahren vorhandenes Bedürfnis stillen? Haben Sie Freude an der Zusammenarbeit mit anderen oder organisieren Sie gerne? Wie wäre es dann, wenn Sie sich vor Ort für eine Sache, an die Sie glauben, mit dem Sammeln von Spendengeldern engagieren würden? Oder haben Sie bisher vernachlässigte künstlerische Fähigkeiten? Suchen Sie Kontakt zu einer Organisation, deren Arbeit Ihre Phantasie anregt, und schlagen Sie ihr vor, für ihre nächste Spendensammelaktion Plakate zu entwerfen. Oder spenden Sie eine Ihrer selbst gefertigten Skulpturen für ihre nächste Tombola.

Nehmen Sie sich die Zeit, realisierbare Pläne zu entwickeln, deren Umsetzung Ihnen Freude macht und Ihnen Energie gibt. Nehmen Sie sich Ihr Leben vor und finden Sie heraus, wo Sie Veränderungen vornehmen möchten – diese Woche, diesen Monat, im Laufe der nächsten zehn Jahre. Was würde dafür sorgen, dass Sie sich besser fühlen und zugleich für uns alle von Nutzen sein? Ihr Projekt soll und darf Spaß machen. Jeder Mensch hat Träume und Hoffnungen, spürt den Ruf seines höheren Selbst. Diese kleinen Fingerzeige »von oben« treffen häufig mit Ihren Vorstellungen von Verbesserungen für das Leben auf diesem Planeten zusammen. Ein jeder von uns ist für die Schaffung einer strahlenden Zukunft unverzichtbar. Jeder Mensch besitzt Gaben, über die nur er allein verfügt und die als einzigartige Bausteine dringend benötigt werden für die Schaffung unserer neuen Wirklichkeit. Die Tätigkeiten, mit denen zu helfen wir uns berufen fühlen, sind am besten geeignet. Was wir schaffen, das reicht aus; es ist genau das, mit dem wir unseren Beitrag leisten sollten. Falls Sie eine alleinstehende Mutter sind, die vier Kinder aufzieht, dann dürfen Sie sich nicht schuldig fühlen, weil Sie keine Zeit haben, sich für die Belange von Obdachlosen zu engagieren. Ihre Leistung bei der Erschaffung unserer schönen neuen Welt besteht darin, dass Sie vier junge Menschen fördern und ihnen helfen, kompetente Erwachsene zu werden. Das reicht aus, und es ist ein ausgezeichneter, schätzenswerter Beitrag.

Behalten Sie Ihr Ziel im Auge

Wenn man sich für Dinge einsetzt, an die man glaubt, dann kann es leicht geschehen, dass man an dem hängenbleibt, was alles nicht funktioniert. Sollten Sie sich zum Beispiel für den Schutz des Regenwaldes einsetzen, dann ist es leicht, den Blick ausschließlich auf den gegenwärtig hohen Grad seiner Zerstörung zu richten. Statistiken, die aufzeigen, wie viele Hektar Regenwald jeden Tag der Axt anheimfallen, sind leicht zugänglich. Diese Statistiken sind zutreffend und als solche ernüchternd und lösen nicht nur bei Ihnen ein Gefühl der Hilflosigkeit aus. Egal wofür Sie sich einsetzen, halten Sie sich an den Ergebnissen fest, die Sie erzielen wollen, und hören Sie auf, sich ständig den schrecklichen Status quo vor Augen zu halten. Setzen Sie sich etwa für den Erhalt des Regenwaldes ein, dann visualisieren Sie, jedes Mal wenn Sie eine Spende machen, ausgedehnte mit jungen gesunden Bäumen bestandene Flächen, die außerdem von Blumen und wilden Tieren mit Leben erfüllt werden. Machen Sie sich klar, dass Ihr Beitrag, wie klein er auch sein mag, die Realisierung Ihrer Vision der Wirklichkeit einen Schritt näher bringt. Solche Visualisierungen verleihen Ihren Anstrengungen erheblich mehr Macht. Sie werden spüren, dass Sie Ihr Leben voller und zielgerichteter führen, und Sie werden sich nicht mehr leer und machtlos fühlen. Und die Kraft, die Sie einbringen, wird Bestandteil Ihres Vermächtnisses an Ihre Nachfahren sein.

Denken Sie daran, Ihr Ziel immer vor Augen zu behalten, statt sich an den entmutigenden Statistiken und der erbarmungslosen Wirklichkeit festzuhalten, die Sie überhaupt erst dazu bewogen haben, aktiv zu werden. Es ist eine Tatsache, die sich im Sport, in den Kampfkünsten und in vielen anderen Bereichen bewahrheitet hat, dass die Visualisierung und die Konzentration auf das Ziel die Fähigkeit steigert, es tatsächlich zu erreichen. Wer seinen Blick nur auf den Punkt richtet, den er bereits erreicht hat, statt auf das Ziel, das vor ihm liegt, der lässt sich von der Gegenwart festhalten und dazu verleiten, sich nur mit den Schwierigkeiten der bevorstehenden Reise zu beschäftigen. Konzentrieren Sie sich auf die Ergebnisse, die Sie sich wünschen!

Machen Sie Freude zu Ihrer Grundeinstellung

Wir meinen gerne, dass unser Beitrag für die Zukunft eine ernste Angelegenheit ist. Es stimmt, es gibt große Aufgaben, die wir für unseren Planeten meistern müssen, doch unangemessene Sorge und übergroßer Ernst vergrößern nur die Schwierigkeiten, die vor uns liegen. Übertriebene Ernsthaftigkeit geht manchmal zu Lasten der Wirksamkeit. Freude hingegen öffnet Sie für neue Energien und vergrößert die Wirksamkeit Ihres Handelns. Trübsinnige Menschen verstehen es nicht, zu lachen, zu tanzen oder zu spielen. Sie werden leicht zu den Gefangenen ihrer Überzeugungen und Entscheidungen. Sie verlieren die Fähigkeit, einen kraftvollen Eindruck zu machen.

Ich habe zahlreiche ernste Menschen kennengelernt, unter ihnen Umweltaktivisten und Esoteriker, die sich für die Rettung des Planeten einsetzten. Obwohl es ihnen zweifellos ernst ist mit ihren Anstrengungen, habe ich das Gefühl, dass ich mir ständig den Wert ihrer Bemühungen ins Gedächtnis rufen muss, weil mein Geist vor der Aufgeblasenheit solcher Personen zurückschreckt. Oft gehe ich erschöpft aus solchen Begegnungen, statt begeistert zu sein oder mich durch ihre Botschaft inspiriert zu fühlen.

Wenn mir jedoch ein Mensch begegnet, der Begeisterung und Freude ausstrahlt, dann lasse ich mich leicht anstecken und will ihn zum Wohl des Planeten in seinem Vorhaben gerne unterstützen. Wir fühlen uns von Menschen angezogen, die fröhlich sind und die über sich selbst und das Leben lachen können. Ihr Lachen belebt und stärkt die Menschen um Sie herum. *Wenn Sie in der Welt wirklich etwas verändern wollen, dann seien Sie fröhlich.* Bringen Sie Freude und Liebe, wohin auch immer Sie gehen. Pflanzen Sie Blumen. Lassen Sie

Drachen steigen. Begegnen Sie Fremden mit Herzlichkeit. Tanzen Sie im Regen. Seien Sie kreativ. Seien Sie dankbar für alles, was gut und schön auf unserem Planeten ist. Diese Art Freude ist ansteckend. Sie strahlt von Ihnen aus und verbreitet sich in immer größeren Kreisen. Was wäre, wenn die Politiker auf der ganzen Welt fröhlich wären? Würde jemand, der wirklich glücklich ist, einen Krieg vom Zaun brechen? Würde ein vergnügter Mensch einem anderen weh tun?

Wir stecken mitten in einer Krise, der gefährlichsten, mit der unser Planet je konfrontiert war. Das ist nicht zu leugnen. Doch wir brauchen mutige Menschen, die unsere Schwierigkeiten erkennen und sich dennoch von Sorge und Angst lösen, um ein verantwortungsbewusstes *und* freudvolles Leben zu führen. Das ist durchaus möglich. Vielleicht müssen Sie erst die Dämonen aus Ihrem Herzen vertreiben und alte Familienwunden heilen, bevor Sie Ihre Freude finden, doch *dass* Sie es tun, ist unglaublich wichtig. Wenn Sie den Zugang zu Ihrer Seele finden und sich daran erinnern, wer Sie wirklich sind, dann setzen Sie eine der größten Kräfte im Universum frei. Je mehr Mitgefühl, Verständnis und Frieden Sie empfinden, desto größer wird Ihr Beitrag für die Zukunft der Welt sein.

Ihr Beitrag zum kollektiven Unbewussten

Indem Sie für sich eine freudige Grundstimmung übernehmen und lernen, sich selbst spontan zum Ausdruck zu bringen, damit Sie Ihre Lebensenergien nicht unterdrücken, leisten Sie mit dieser Energie einen positiven Beitrag zum kollektiven Unbewussten. Dies wiederum unterstützt den Planeten. Der große Schweizer Psychoanalytiker Carl Gustav Jung hat in seinen Büchern dieses Phänomen ausführlich beschrieben. Im Laufe seines langen Berufslebens beobachtete Jung, dass in den Träumen und Phantasien seiner Patienten immer wieder die gleichen Symbole auftauchen. Nach eingehender Recherche kam er zu dem Schluss, dass diese Symbole von universeller Bedeutung und von alters her Allgemeingut aller Menschen sind. So fällt auf, dass die überlieferten Geschichten von Kulturen, die ansonsten in keinerlei Verbindung miteinander stehen, immer wieder die gleichen Themen aufgreifen. Auch haben die Völker, ohne voneinander zu wissen, für zentrale Inhalte immer dieselben Piktogramme als Symbole gewählt. Jung bezeichnete diese universellen Themen und Symbole als »Archetypen«.

Jung war überzeugt, dass sich das kollektive Unbewusste aus allen menschlichen Erfahrungen zusammensetzt und dass jeder Mensch daran Anteil hat. Obgleich natürlich ein jeder von uns seine individuellen Erinnerungen hat und seine eigenen Erfahrungen macht, die im eigenen Gedächtnis gespeichert werden, steht das kollektive Unbewusste in Beziehung zu all den ursprünglichen Erinnerungen, die wir miteinander gemeinsam haben. Das kollektive Unbewusste ist kein statisches Phänomen. Wir sind unablässig an seiner Entstehung mit unseren persönlichen Gedanken, Ängsten, Hoffnungen, Träumen und Handlungen beteiligt. Wir alle werden auf subtile, unablässige Weise vom Inhalt dieses kollektiven Unbewussten beeinflusst und beeinflussen es unsererseits selbst.

Sie haben die Möglichkeit, mit Ihren positiven Gedanken und mit Ihren kreativen Handlungen günstig auf das kollektive Unbewusste einzuwirken. Wenn Sie Liebe und Freude empfinden und Verständnis aufbringen, dann erzeugen Sie eine Energie, die sich günstig auch auf andere auswirkt, denn jeder Mensch steht in einer energetischen Verbindung zu seinen Mitmenschen, seinem Land, seiner Kultur und zu unsrem Planeten. Wir alle stehen zueinander in energetischer Beziehung, und ein jeder von uns kann durch seine Einstellung zum Leben positiven Einfluss ausüben.

Welche Erwartungen haben Sie an die Zukunft unserer Zivilisation?

Um Ihre Energie in eine Vision für die Zukunft zu projizieren, ist es sinnvoll, zunächst herauszufinden, welche Einstellung Sie im Hinblick auf die Zukunft der Welt haben. Kein Mensch kann wissen, was die Zukunft bringt. Über die Zukunft selbst haben wir keine Kontrolle, aber wir haben die Möglichkeit, unsere gegenwärtigen Überzeugungen zu beeinflussen. Unsere gegenwärtigen Überzeugungen und Erwartungen formen unser Schicksal, doch was uns *unbewusst* motiviert, muss nicht deckungsgleich sein mit dem, was wir *bewusst* glauben.

Die nachfolgende Übung soll Ihnen helfen, Ihre in Ihrem Unbewussten verborgenen Erwartungen im Hinblick auf Ihre Zukunft aufzudecken. Stellen Sie sich als Vorbereitung auf die Übung folgende Fragen:

»Welche Erwartungen habe ich an die kommenden Jahre? Glaube ich, dass es in fünf Jahren noch Menschen auf diesem Planeten geben wird? In zehn Jahren? In fünfzig Jahren? In hundert Jahren? In fünfhundert Jahren? In tausend Jahren?« (Dass der Planet von Bestand ist, davon gehen wir aus; die Frage ist: Glauben Sie, dass die Menschheit überlebt?) Falls Sie feststellen, dass Sie an eine weltweite Verheerung glauben oder der Erde nur noch ein paar wenige Jahre geben, dann denken Sie darüber nach, warum Sie so denken. Sollten sich bei Ihrem Nachdenken über Ihre Vorstellung von der Zukunft unseres Planeten apokalyptische Phantasien einstellen, dann versuchen Sie, diese mit Bildern von einer positiven, lebendigen Zukunft auszugleichen. Nachfolgend eine Übung, die Ihnen hilft, Ihre unbewussten Überzeugungen zu bewerten.

ÜBUNG:
IHRE ERWARTUNGEN AN DIE ZUKUNFT AUFDECKEN

Stellen Sie sich vor, dass Sie bei sich zu Hause eine Zeitmaschine haben. Begeben Sie sich in die Maschine und reisen Sie damit in die Zeit heute in einem Jahr. Treten Sie hinaus, gehen Sie durch Ihr Zuhause und blicken aus den Fenstern. Schließlich öffnen Sie die Haustür und stellen fest, was sich dort verändert hat. Sieht alles mehr oder weniger so wie jetzt auch aus, oder haben sich die Dinge im Laufe des einen Jahrs verändert? Sind etwa die Pflanzen vor Ihrer Haustür gewachsen? Begeben Sie sich wieder in die Zeitmaschine und reisen Sie damit in die Zeit heute in fünf Jahren. Wieder sehen Sie sich in Ihrem Zuhause um, blicken aus den Fenstern und betrachten das, was Sie bei geöffneter Haustür sehen. Kehren Sie ein weiteres Mal zurück in Ihre Zeitmaschine und reisen nun in die Zeit heute in zwanzig Jahren. Machen Sie sich keine Sorgen, falls sich das Gebäude irgendwie verändert haben sollte; Sie sind in Ihrer Zeitmaschine sicher.

Jedes Mal, wenn Sie aus Ihrer Zeitmaschine aussteigen, steht die Zeit still, so dass Sie die Zukunft leicht und bequem betrachten können. Reisen Sie immer weiter in die Zukunft und beobachten Sie, was sich in Ihrer Umgebung alles verändert. Sobald Sie Ihre Beobachtungen angestellt haben, wählen Sie in Ihrer Zeitmaschine wieder die heutige Zeit und kehren in die Gegenwart zurück.

Von jedem beliebigen Punkt auf der Zeitachse weisen beliebig viele mögliche Wege, die aussehen wie die Speichen eines Wagenrades, in die Zukunft. Indem Sie sich mit Ihrer Zeitmaschine in die Zukunft begeben, wählen Sie lediglich einen dieser möglichen Wege aus. Falls Sie dort etwas erblicken, was Ihnen nicht gefällt, dann wiederholen Sie die Übung und wählen so lange einen der anderen möglichen Wege in die Zukunft, bis Sie einen positiven finden. Dann bewahren Sie in sich eine starke Vision dieses Weges; damit können Sie dazu beitragen, dass er Wirklichkeit wird.

Eine Vision für die Zukunft

Sie können tatsächlich etwas dazu beitragen, dass sich in der Welt etwas ändert, einfach indem Sie sich der Macht Ihrer Absicht bedienen. Indem Sie durch Entspannung, Visualisierung und Fokussierung die kreativen Kräfte Ihres Geistes bündeln, erzeugen Sie einen gewaltigen positiven Energiestrom, der von Ihnen ausgeht und zum Nutzen der Welt ausstrahlt.
Vor vielen Jahren wurde in Brighton, einem kleinen Badeort an der südenglischen Küste, ein bemerkenswertes Experiment

durchgeführt. Eine Gruppe von Personen, die sich große Sorgen um den Zustand der Welt machten, kam dort zusammen, um zu besprechen, was sie tun könnten, um etwas zu verändern. Diese Leute glaubten an die Macht von Meditation und Visualisierung, also kamen sie überein, jeden Tag ein paar Minuten lang friedfertige Gedanken an einen zuvor bestimmten Platz in Brighton zu senden. Das Ziel, das sie ausgewählt hatten, war ein zentral gelegener Brunnen in der Stadt. Ein Jahr lang schickten sie dorthin einen stetigen Strom positiver Energie.

Als das Jahr vorüber war, fragten sie sich: »Haben wir etwas bewirkt? Haben unsere Bemühungen der Gemeinde etwas gebracht?« Um Antworten auf diese Fragen zu finden, verglichen Sie die Statistiken aus dem Vorjahr mit den zwölf Monaten, während derer sie positive Energie zu dem Brunnen geschickt hatten. Der Unterschied war bemerkenswert. Die Zahl der Notfallaufnahmen im Krankenhaus war zurückgegangen – ebenso wie die Kriminalität. Auch die Zahl der Autounfälle fiel geringer aus. Die Ergebnisse waren so ermutigend, dass sich die Kunde von diesem bemerkenswerten Experiment verbreitete. Es dauerte nicht lange, und überall in England und schließlich auch im Rest der Welt schossen Brunnen-Gruppen, wie sie genannt wurden, aus dem Boden. Überall, wo diese Gruppen sich bildeten, war das Ergebnis das gleiche: Indem sie sich auf Frieden und Liebe konzentrierten, konnten sie Veränderung bewirken.

Ich glaube fest an die Macht von Meditation und Gebet. Ich weiß, dass unsere positiven Gedanken in unserer Gemeinde und auf unserem Planeten die Dinge zum Besseren wenden können. Natürlich wird es immer Zyniker geben, die behaupten, dass Meditation und Visualisierung doch wohl kaum positiven Einfluss auf die Kriminalität in einem Ort oder auf eine ganze Gemeinde nehmen können. Doch selbst, wenn ich mich irre (und ich bin überzeugt, ich irre mich nicht!) und es nicht die erwähnten günstigen Auswirkungen hat, wenn man ein paar Minuten jeden Tag positiven und friedvollen Gedanken nachgeht, dann ist Meditation an sich immer noch von Wert. Wenn ein einziger Mensch sich entspannt und im Frieden mit sich fühlt, dann wirkt sich dieser Zustand auf alle Personen aus, mit denen er im Laufe eines Tages in Berührung kommt, und das wiederum ist ein wertvoller Beitrag zum Wohle unseres Planeten. Anders ausgedrückt, Sie haben nichts zu verlieren, wenn Sie positive Gedanken in die Welt hinaussenden, aber vielleicht erreichen Sie mehr, als Sie ahnen.

Auch wenn es Ihnen vielleicht schwerfällt, Ihre Vorstellungskraft weit hinaus in die Zukunft zu projizieren, so hat der Versuch an sich schon einen großen Nutzen. Sich in seiner Vorstellung ein Bild einer strahlenden Zukunft zu machen und an dieser Vision festzuhalten, trägt dazu bei, dass sie Wirklichkeit werden kann. Die sich anschließende Übung ist deshalb von großer Bedeutung, denn sie kann für die Zukunft unseres Planeten eine Veränderung zum Besseren bewirken. Indem Sie Ihre Kraft und Liebe in die Zukunft projizieren, bringen Sie etwas in Gang, das noch an den am weitesten entfernten Küsten der Menschheit zu spüren sein wird.

ÜBUNG:
KRAFT IN DIE ZUKUNFT PROJIZIEREN

In dieser Übung schaffen Sie eine positive Vision für die Zukunft: eine Vision für sich selbst, für die Welt und für Ihre Nachkommen.

Machen Sie sich ein Bild davon, wie Sie sich in der Zukunft vorstellen. Zeichnen Sie einen Grundriss von dem Zuhause, in dem Sie wohnen möchten, in zehn Jahren, in zwanzig Jahren, in dreißig Jahren. Sehen Sie sich, wie Sie in den Räumen umhergehen. Stellen Sie sich vor, wie es draußen aussieht. Machen Sie sich ein Bild von dem Leben, das Sie führen und das Sie an diesen Ort geführt hat. Stellen Sie fest, wie es sich anfühlt, hier zu leben. Sobald Sie sich durch den Anblick Ihrer zukünftigen Lebensumstände angeregt und beflügelt fühlen, verankern Sie die mit diesem Heim verbundenen Gefühle fest in Ihrem Körper.

Zu diesem Zweck müssen Sie zunächst die positiven Gefühle ausfindig machen. Dazu stellen Sie fest, wo in Ihrem Körper sie ansässig sind. (Jede Emotion hat einen mit ihr verbundenen Körperbereich.) Dann gestatten Sie dem Gefühl, sich in Ihnen auszudehnen. Lassen Sie es so lange anwachsen, bis es Sie nahezu vollständig ausfüllt. Dadurch verankern Sie das Gefühl in Ihrem Körper. Es ist viel einfacher, der Zukunft entgegenzutreten und sie zu erschaffen, wenn Sie die mit ihr verknüpften Gefühle bereits in Ihrem Unterbewusstsein gespeichert haben. Sobald eine Wunschvorstellung »eingepflanzt« ist, verlangt sie eine Reaktion des Universums.

Sobald Sie Ihre persönliche Vision von der Zukunft geschaffen haben, visualisieren Sie die Welt in zehn, in zwanzig, in dreißig Jahren und darüber hinaus. Bedienen Sie sich des eben beschriebenen Verfahrens, um die dazugehörigen Gefühle zu verankern. Erschaffen Sie eine Vision, in der die Zukunft strahlend und für alle Bewohner des Planeten belebend ist.

Nun begeben Sie sich entlang der Zeitschnur zu Ihren Nachfahren, sowohl zu Ihren direkten als auch zu Ihren weiter entfernten bis hin zur siebten Generation. Machen Sie sich ein Bild von ihnen, wie sie in Freude und Harmonie einen Planeten bewohnen, der alles Leben auf humane und gütige Weise unterstützt.

Ihre Visionen sind von enormer Kraft, und Ihre Bereitschaft, Energie zu visualisieren und in die Zukunft zu projizieren, wird etwas bewirken!

Zusätzlich zu Ihrer Zukunftsvision könnten Sie den Menschen, die Ihnen nahestehen, regelmäßig liebevolle und friedfertige Gedanken schicken. Vielleicht möchten Sie es ja sogar in Betracht ziehen, sich einmal im Monat mit geistesverwandten Menschen zusammenzufinden, um gemeinsam Frieden zu visualisieren. Oder aber Sie machen es den Brunnen-Gruppen nach und senden einmal am Tag friedvolle Gedanken in das Zentrum Ihres Heimatortes.

Das Tor zur Zukunft

Die Bedeutung der spirituellen und ökologischen Krise, vor der die Menschheit steht, bedarf mutiger und visionärer Methoden der Abhilfe. Indem Sie Ihren Horizont radikal um Ihre Vorfahren und Ihre Nachkommen erweitern, indem Sie Mythen für die Zukunft und ein Vermächtnis für Ihre Kindeskinder schaffen, können Sie auf die Zukunft hoffen. Der beste Händler für die Hoffnung im 21. Jahrhundert ist das Vertrauen. Ich vertraue auf einen liebevollen und mitfühlenden Schöpfer, und ich glaube fest daran, dass wir in unserem Leben und in unserem Schicksal geführt werden. Unsere Kinder und Enkel werden in der Zukunft vor großen Herausforderungen stehen; doch ich bin sicher, dass wir mit Vertrauen und Leidenschaft ein Vermächtnis schaffen können, das in den kommenden Jahren und noch darüber hinaus verheißungsvoll vor uns erstrahlt.

Wir *können* eine wunderbare Welt erschaffen und sie an unsere Nachkommen übergeben – vielleicht nicht sofort und mit einem Fingerschnippen, aber es ist möglich. Wir werden Vertrauen aufbringen müssen; und wir werden unseren ganzen Mut brauchen. Mit anderen Worten, wir müssen uns etwas einfallen lassen. Außerdem werden wir auf unsere Herzen hören müssen, um herauszufinden, was sie herbeisehnen. Doch all dies wird nicht nur die Wirklichkeit erschaffen, die wir weiterreichen wollen, sondern auch unser eigenes Leben in der Gegenwart unermesslich bereichern. Unsere Anstrengungen müssen nicht vollkommen sein, um auszureichen. All unsere positiven Handlungen, unsere Hoffnungen und Träume zusammengenommen werden sich in einen breiten Bewusstseinsstrom ergießen und die bessere Welt schaffen, nach der wir uns sehnen und in der unsere Kindeskinder bis hin zur siebten Generation und noch darüber hinaus leben und lieben werden. Ich sehe, wie sich diese Zukunft am Horizont abzeichnet, und ich bin voller Vorfreude.

DANKSAGUNG

Dieses Buch ist aus meinem leidenschaftlichen Wunsch erwachsen, für meine Tochter, ihre Kinder und alle zukünftigen Kinder eine menschlichere Welt zu schaffen. Obwohl die Ausmaße der spirituellen wie ökologischen Krisen unserer Zeit mehr als leidenschaftliche Methoden verlangen, spüre ich doch in meinem Herzen, dass es möglich ist, sowohl für unser eigenes persönliches Schicksal als auch für die Probleme des Planeten Lösungen zu finden.

Ich habe dieses Buch geschrieben, um für jedermann zugängliche praktische Informationen zur Verfügung zu stellen, mit deren Hilfe wir für uns selbst eine positive Zukunft schaffen können. Ich bin davon überzeugt, dass jedes Individuum, ganz unabhängig von seinen äußeren wie inneren Umständen, einen wertvollen Beitrag leisten kann. Große Bewegungen beginnen immer mit einem kleinen ersten Schritt, und selbst der größte See setzt sich aus einer unendlichen Anzahl winziger Regentropfen zusammen. All unsere Handlungen, unsere Hoffnungen und Träume zusammengenommen ergeben einen breiten Bewusstseinsstrom, der eine bessere Welt schaffen kann – eine Welt, die wir stolz an zukünftige Generationen weiterreichen werden.

Die grundlegenden Ideen in diesem Buch haben ihren Ursprung im Wesentlichen in der reichen Erfahrung, die ich im Rahmen meiner Großfamilie machen durfte. Es erfreut mich, meiner Familie den ihr gebührenden Platz in meinem Leben einzuräumen, denn durch sie bin ich zu einem tieferen Verständnis meiner selbst gelangt. Es war nicht immer leicht, doch was ich durch sie hinzugewonnen habe, überwiegt alle Herausforderungen.

Ich danke meinen Großeltern Jenny und Hamp Scudder sowie Roy und Gladys Fortner; meinem Vater Dick Fortner und seiner Frau Edna Fortner; meiner Mutter Jean Fortner; meiner Tante Galela Pisarra; meinem Onkel Wade Scudder; meinen Geschwistern Heather Fortner, Gordon Fortner und Brand Fortner; meinen Stiefschwestern und ihren Ehemännern Chellie und Mike Kammermeyer sowie Sandy und Jeff Grafton; den Eltern meines Ehemannes Alvin und Harriet Linn; den Schwestern meines Mannes und ihren Ehemännern Susan Linn, Terri und KC Anderson sowie Sandi und Alan Levi.

Insbesondere geht mein Dank an meinen Mann David und an meine Tochter Meadow.

Außerdem bin ich dankbar für die Informationen, die Nundjan Djiridjakin (Ken Colbung), Credo Mutwa, Joseph Winterhawk Martin und Brand Fortner so großzügig für dieses Buch zur Verfügung gestellt haben. Aufrichtiger Dank geht zudem an meine Freundin Allison Harter sowie an Lele Galer und Claire Brown. Und schließlich fühle ich mich meinen wunderbaren Lektorinnen Judith Kendra, Joanne Wyckorff und Jill Kramer zu Dank verpflichtet wie auch der Grafikerin Amy Gingery in der Herstellung des Hay House Verlags.

VERWENDETE UND EMPFOHLENE LITERATUR

Joseph Campbell, *Die Masken Gottes*, 4 Bände. München: dtv, 1996.

Joseph Campbell, *Der Heros in tausend Gestalten*. Frankfurt: Insel, 1999.

David Feinstein & Stanley Krippner, *Persönliche Mythologie. Die psychologische Entwicklung des Selbst.* München: Heyne, 1998.

Meyer Fortes, *Ödipus und Hiob in westafrikanischen Religionen.* Frankfurt: Suhrkamp, 1966.

Al Gore, *Wege zum Gleichgewicht. Ein Marshallplan für die Erde.* Frankfurt: Fischer, 1992.

John Hogue, *Nostradamus, Jahrtausendwende. Was bringt uns die Zukunft?* Kehl: SWAN, 1995.

Carl Gustav Jung, *Seelenprobleme der Gegenwart.* München: dtv, 2001.

Denise Whitefeather Linn, *Ein Kissen voller Träume. Das magische Traumbuch.* Smaragd, 1994.

Denise Linn, *Die Magie des Wohnens: Ihr Zuhause als Ort der Kraft, der Kreativität und der Zuflucht.* München: Goldmann, 1996.

Denise Linn, *Praxisbuch Vision Quest. Selbstfindung in der Einsamkeit der Natur.* Stuttgart: Lüchow, 2003.

Denise Linn, *Quellen der Inspiration. Orte der Kraft für Geist und Seele im eigenen Zuhause.* München: Droemer Knaur, 2001.

John-Roger McWilliams & Peter McWilliams, *Das 1 × 1 des Lebens.* Berlin: Ullstein, 1992.

Kenneth Meadows, *Die Kraft der Indianer. Praktische Anleitung zum Schamanismus in heutiger Zeit.* Berlin: Ullstein, 2004.

Robert E. Ornstein, *Die Wurzeln der Persönlichkeit. Das Geheimnis der Individualität und ihrer Entfaltung.* Scherz, 1994.

Daniel Quinn, *Ismaels Geheimnis.* München: Goldmann, 1999.

Sidney B. Simon & Suzanne Simon, *Verstehen. Verzeihen. Versöhnen.* München: Droemer Knaur, 2000.

DIE AUTORIN

Denise Linn ist eine international anerkannte Spezialistin auf dem Feld der persönlichen spirituellen Weiterentwicklung. Sie ist die Autorin des Bestsellers *Sacred Space* und des preisgekrönten Buches *Feng Shui for the Soul* und hat 15 weitere Bücher geschrieben, die in 24 Sprachen vorliegen. Denise hat Anteil an zahlreichen Dokumentationen und Fernsehsendungen überall auf der Welt, hält Seminare auf sechs Kontinenten und ist die Begründerin des International Institute of Soul Coaching®, das professionelle und zertifizierte Kurse zum Lebens-Coaching anbietet.

Informationen über das Zertifizierungsprogramm und die Vortragstätigkeit von Denise Linn finden Sie auf ihrer Website: www.DeniseLinn.com, oder schreiben Sie an: Denise Linn Seminars, P. O. Box 759, Paso Robles, California 93447, USA.